NCS 기반 사회복지 프로그램 개발과 평가

김 장 권

KNOWLEDGE COMMUNITY 공동체

사회복지 프로그램 개발과 평가는 일선 사회복지현장에 근무하는 사회복지사들에게 현실적으로 가장 필요한 과목이다. 일선 사회복지사들은 늘어나는 사회복지 수요와 욕구에 대응하기 위한 사회복지서비스를 제한적인 자원을 가지고 최대한의 성과를 냄으로써 사회복지기관의 책임성과 전문성을 입증해야 하는 요구에 직면하고 있다. 그동안 우리나라도 선진국 수준에는 못 미치지만 사회복지지원단체들이 많이 증가하고 있고, 이들의 지원방식이 사회의 문제와 욕구를 해결하고 예방하는 데에 필요한 프로그램 제안(proposal)을 통해 이루어지고 있다. 따라서 현장 사회복지사에게 사회복지 프로그램 개발과 평가에 대한 지식과 프로그램 운영 능력은 곧바로 그들의 전문성과 능력으로 인정된다. 그러나 사회복지 프로그램 개발과 평가의 중요성에도 불구하고 지금까지 대다수 사회복지사와 학생들에게는 이 과목이 무언가 자신이 없고 부담스러운 과목이 되어 왔다는 것은 사실이다. 사실 사회복지 프로그램은 단순한 작성기술과 기교만 가지고는 우리가 원하는 좋은 프로그램이 나올 수 없다. 사회복지에 대한 지식과 많은 경험과 창의적 노력이 수반되어야 비로소 좋은 프로그램을 생산할 수 있기 때문이다. 그래서 사회복지현장에서도 그만큼 프로그램 개발과 평가라는 제목의 연수가 많았고 관심 또한 많았다고 본다.

이 책의 집필은 우리의 그러한 부담을 조금이나마 들어줄 수는 없을까 하는 고민에서 시작했음을 밝힌다. 이 책은 기존 교재의 틀을 벗어나 프로그램에 대한 이론과 병행해서 실제로 프로그램을 계획하고 실행하고 평가하는 프로그램 개발의 전 과정에서 이루어지는 지식과 기술의 습득뿐만 아니라 수행순서에 따라 한 단계식 구체적으로 준비하고, 확인하고, 서술하고, 일정을 잡고, 예산을 잡고, 정보를 수집하고, 연계활동을 하는 등 사회복지 프로그램 개발과 실행 및 평가를 하기 위한 구체적 행위에 대한 수행내용을 순서에 입각하여 진행할 수 있도록 구성하였다. 또한 시기적으로 국가가 고등직업교육의 현실화를 위해 NCS(National Competency Standards : 국가직무능력표준) 교육과정을 도입하고 있는 것과 맥을 같이하여 NCS 기반 교재 개발로 기존 교재의 한계점을 보완하기 위해 필요에 따라 NCS 학습모듈의 많은 부분을 접목하여 교재를 구성하였음을 밝혀둔다.

교재의 구성을 4개 파트로 나누고 Part 1은 프로그램에 대한 전반적인 이론을 담았고, 이를 기반으로 Part 2에서 프로그램 개발, Part 3에서 프로그램 실행, Part 4에서 프로그램 평가에 대한 내용을 수록하였다. Part 1를 제외하고 Part 2, 3, 4는 각 장마다 설명이 끝나면 실제 프로그램을 만들고 운영할 수 있는 수행내용을 순서에 따라 단계별로 제시하였다. 특히 Part 2 프로그램 개발 부분은 수행내용에 따라 작업한 것을 작성하여 하나의 프로그램 계획서를 완성할 수 있도록 각 장의 마지막 부분에 수행과제를 제시하였다.

지금까지 '프로그램 개발과 평가' 과목이 이론과목이기보다 실천과목이기 때문에 가능하면 실천에 적용하기에 더 적합한 형태의 교재가 필요했고, 또한 그러한 교재 집필을 위해 노력해 왔다. 그런 면에서 이 책을 접하는 독자제위께 이 책이 또 한 번의 새로운 시도이고 노력이라 긍정적으로 봐주시길 희망하면서 부족한 부분은 추후 더 나은 사회복지서비스 실천에 미력하나마 도움이 되는 안내서가 되도록 계속 보완할 것을 약속드린다.

마지막으로 이 책이 나오기까지 애써주신 공동체 출판사 가족 여러분께 감사의 말을 전한다.

2023년 10월

가톨릭상지대학 소피아관에서 저자 김장권

차 례

Contents

PART 03 사회복지 프로그램의 실행

PART 04 사회복지 프로그램의 평가

Contents

부록

PART

01

사회복지 프로그램에 대한 지식

CHAPTER

01 사회복지 프로그램의 개념과 의의

1. 사회복지 프로그램의 개념

프로그램의 사전적 정의는 "일의 진행 계획이나 순서"이다. 이는 일련의 일을 성공적으로 수행하기 위해서 사전에 그 일의 진행을 면밀하게 계획하는 것을 의미한다. 따라서 어떤 일을 잘 해내기 위해서는 프로그램이 필요하며 상식적으로 프로그램 없이 어떤 일을 한다는 것은 상상할 수 없는 일이다.

여기서 프로그램에 대한 이해를 돕기 위해 프로그램에 대한 학자들의 정의를 살펴볼 필요가 있다. Barker(1995)는 프로그램을 "해야 할 일에 관한 계획과 지침"이라 정의하고 있고, Rapp과 Poertner(1992)는 "하나의 목적을 달성하기 위한 여러 활동들의 집합체"로 정의하고 있으며, York(1982)는 "목적을 달성하기 위한 일련의 상호 의존적인 활동"으로 정의하고 있다. 국내 학자 중 황성철(2005)은 "특정한 목적 달성을 위하여 자원과 기술이 투입되어 일정한 절차에 따라 이루어지는 조직의 계획적인 활동체계"로, 김통원(2004)은 "특정 목적을 달성하기 위해 설계된 일련의 계획적인 활동들의 집합체"라 정의하고 있다.

이상의 정의에서 프로그램과 관련된 중심단어가 '목적달성'과 '계획적인 활동'이라는 것을 알 수 있다. 즉, "프로그램은 어떤 일을 성공적으로 수행하기 위해, 즉 목적달성을 위해 필요한 일련의 활동들을 체계적으로 잘 구성해 놓은 하나의 계획"이라고 볼 수 있다. 이를 사회복지 프로그램을 정의하는 데 적용하면, 사회복지 프로그램이란 “사회복지서비스를 그 목적하는 바에 따라 성공적으로 수행하기 위해 필요한 활동들을 체계적으로 잘 구성해 놓은 서비스 실천계획”이라 할 수 있다.

사회복지서비스는 개인, 가족, 집단, 지역사회의 다양한 문제와 요구에 대응하기 위해 이루어지고 있다. 어떻게 해야 욕구를 해소하고 문제를 해결하여 개인과 가족, 집단, 지역사회를 바람직한 상태로의 변화로 이끌 수 있는지 하는 것이 사회복지서비스를 하는 이유이고 사회복지의 목적이다. 사회복지 프로그램은 이러한 사회복지적 목적을 달성하기 위해서 문제와 욕구를 분석하고 이를 해결하기 위한 최적의 대안, 즉 활동들을 만들어 내고 이를 실행하기 위해 필요한 인력, 재원, 실행기술, 지원체계, 일정 등 구체적인 실행계획을 체계적으로 수립한 것이다. 최근에 와서는 평가영역이 강화되면서 평가계획이 프로그램의 중요한 한 부분이 되었다. 이렇게 프로그램이 완성되면 실제에 적용하여 실행하고 실행한 결과를 평가하여 프로그램의 성과를 입증하고 개선, 환류한다. 이러한 일련의 과정의 일이 사회복지 프로그램의 개발이다. 이렇게 본다면 사회복지실천현장에서 사회복지서비스를 성공적으로 잘 수행하기 위해서는 반드시 프로그램 개발이 전제가 되어야 한다는 사실을 알 수 있다.

2. 책임성의 요구와 사회복지 프로그램의 의의

사회복지에 있어서의 책임성 혹은 책무성(accountability)은 사회복지서비스의 효과성과 효율성 보증을 위한 사회복지조직이나 그 구성원이 마땅히 져야 하는 책임과 의무로, 주어진 자원을 가지고 얼마나 효과적 또는 효율적으로 소기의 목적을 달성했는가 하는 것을 객관적으로 증명할 것을 요구하는 것이다. 사회복지조직과 그 종사자들은 우선 사회복지 프로그램을 지원하는 재정지원자(funder)들에게 프로그램의 효과성과 효율성을 입증해 보여야 할 책임을 가진다. 또한 이 책임은 프로그램과 연관이 있는 이해당사자(stakeholder), 즉 후원자, 이사회, 정부, 전문가, 지역사회 주민, 그리고 클라이언트와 그 가족들에게도 당연히 져야 한다.

이러한 사회복지 분야에서의 책임성 문제는 근래에 들어 일반 국민들의 사회복지에 대한 인식이 높아지고, 복지에 대한 권리를 주장하게 됨으로써 인적·물적 자원이 정부나 민간에서 사회복지 영역에로 많이 유입되면서 더욱 요구되고 있다. 즉, 사회복지 비용은 증가되고 사회복지 비용의 증대는 결국 국민들의 세금부담으로 작용하고, 이는 정치가들로 하여금 유권자들의 세금부담을 줄여야 하는 정치적 압박으로 작용하면서 자연히 사회복지 분야에 대한 책임성 요구가 강하게 제기되었던 것이다(정무성 외, 2001). 이제 사회복지조직은 한정된 자원 안에서 최대의 효과를 내어야 하는 압박을 받는 입장이 되고, 조직의 특성상 외부환경의 영향을 많이 받을 수밖에 없는 조직이다. 그것은 사회복지의 재원이 대부분 국민의 세금, 기업의 지원금, 일반 국민의 후원금으로 이루어지기 때문이다. 따라서 사회복지를 실천하는 조직과 종사자들은 재원제공자인 정부, 기업, 후원자, 일반 국민들에게 재정지원에 따른 결과를 당연히 알려야 하고 그 결과에 따라 평가를 받게 된다. 여기서 평가의 결과는 당연히 추후 그 일을 수행한 사회복지조직과 종사자들에 대한 지원의 규모와 지속 여부에 귀결될 수밖에 없다. 이렇게 볼 때 평가의 결과는 사회복지조직 및 종사자들의 책임성 보증을 위한 근거가 될 뿐 아니라 사회복지조직의 존립과도 관계가 된다고 볼 수 있다.

한편으로 이러한 책임성 요구는 사회복지조직과 종사자들에게는 하나의 위기였지만 지금까지의 사회복지실천에 대한 반성의 계기가 되어 사회복지 서비스의 효과성과 효율성을 증대시키는 방법으로 사회복지 프로그램에 대한 중요성이 대두되었다. 사회복지에 대한 욕구와 문제해결을 위한 체계적인 프로그램 개발과 이를 시행한 후 성과를 객관적으로 증명해 보일 수 있는 평가방법과 평가도구의 개발은 사회복지를 보다 전문화하여 서비스의 질을 향상시키고 동시에 사회복지의 발전과 책임성 요구에 부응하는 순기능의 역할을 하게 되었다. 이런 의미에서 사회복지 프로그램이 사회복지실천 영역에 주는 의의는 매우 크다고 볼 수 있다.

CHAPTER

02 사회복지 프로그램의 유형

1. 사회복지공동모금회 배분사업에 의한 분류

사회복지 프로그램의 유형은 다양하게 구분되고 있으나 사회복지공동모금회 배분신청사업 중 프로그램 사업 신청 부분에서 제시한 프로그램 유형은 1차적으로 서비스 대상에 따라 분류하고 이를 2차적으로 서비스 내용에 따라 분류하고 있다.

1) 서비스 대상별 프로그램

- 아동/ 청소년 프로그램
- 장애인 프로그램
- 노인 프로그램
- 여성/ 다문화 프로그램
- 지역사회 프로그램
- 해외지원 프로그램

2) 서비스 내용별 프로그램

- 교육/ 훈련 프로그램

- 기초생활/ 생계/ 주거 지원 프로그램
- 보호/ 양육/ 안전 서비스 프로그램
- 심리/ 정서/ 상담 서비스 프로그램
- 여가/ 문화/ 예술 프로그램
- 의료/ 건강 서비스 프로그램
- 인식개선 프로그램
- 편의/ 차별개선 프로그램
- 지역사회역량 강화 프로그램
- 취업/ 자활 프로그램
- 학대/ 폭력예방 프로그램
- 자원봉사 프로그램
- 환경개선 프로그램

여기서 만일 프로그램의 대상을 장애인으로 하고 내용을 장애인의 자활을 위한 교육/ 훈련으로 한다면, 앞에 나열된 프로그램의 유형들 중 대상별 기준으로 보면 장애인 프로그램이 될 것이고, 내용별 기준으로 본다면 교육/ 훈련 프로그램이 될 것이다. 그러나 이런 경우 대상과 내용을 조합해서 장애인 교육/ 훈련 프로그램이라고 하면 프로그램의 성격이 더 분명하게 될 것이다.

2. 서비스 특성에 따른 분류

사회복지 프로그램은 단순히 서비스 내용에 따라 분류도 하지만 내용의 특성을 좀 더 구체적으로 구분하여 분류되기도 한다. 김희성(2009)은 사회복지 프로그램을 내용의 특성에 따라 문제해결을 위한 전문임상 프로그램, 문화 및 여가지원 프로그램, 발달 및 성장 프로그램, 사회연계 프로그램, 사회운동 프로그램, 소득보장 프로그램 등 여섯 가지로 분류하였다(사회복지 프로그램 운영 NCS 학습모듈/ 사회복지 프로그램 계획수립, 4-6 재구성).

1) 문제해결을 위한 전문 임상프로그램

개인이나 가족 등 개별화된 대상의 심리적 문제 해결이나 감소를 돕기 위한 전문적 개입 프로그램을 의미한다.

예 가족치료, 심리상담, 심리치료 등

▌그림 2-1▌ **심리치료 프로그램**

▌그림 2-2▌ **집단상담 프로그램**

2) 문화 및 여가지원 프로그램

보편적인 삶의 질을 높일 수 있는 문화 및 여가 관련 프로그램을 의미한다.

예 예술활동 체험 프로그램, 여행 프로그램 등

▌그림 2-3▌ **노인 여가 프로그램**

▌그림 2-4▌ **야외 나들이 프로그램**

3) 발달 및 성장 프로그램

단계별 인간 발달에 필요한 욕구를 충족시키거나 사회화나 발달을 돕는 프로그램을 의미한다.

㉠ 사회성 향상 프로그램, 아동 야간보호 프로그램 등

▎그림 2-5▎ 아동 야간보호 프로그램

▎그림 2-6▎ 청소년 사회성 향상 프로그램

4) 사회연계 프로그램

지역사회를 중심으로 필요로 하는 이들에게 자원을 발굴하고 연결시켜 주는 프로그램을 의미한다.

㉠ 자원봉사 프로그램, 결연 후원 프로그램, 자조집단 프로그램 등

▎그림 2-7▎ 정서지원 자원봉사 프로그램

▎그림 2-8▎ 주거환경 개선 자원봉사 프로그램

5) 사회운동 프로그램

정책이나 제도 등의 변화를 위한 프로그램을 의미한다.

㉮ 캠페인, 권익옹호 활동, 법률개정 운동, 지역공동체 프로그램 등

▌그림 2-9▌ **캠페인 프로그램**

▌그림 2-10▌ **지역공동체 프로그램**

6) 소득보장 프로그램

소득 유지나 증진을 위한 프로그램을 의미한다.

㉮ 기초생활보장제도, 공적연금제도, 직업훈련 프로그램, 직업알선 프로그램 등

▌그림 2-11▌ **자격증 취득 프로그램**

▌그림 2-12▌ **직업훈련 프로그램**

CHAPTER

03 사회복지 프로그램 개발 모형과 과정

1. 프로그램 개발의 개념과 절차

프로그램 개발이라 함은 프로그램을 만들어 내는 전체 행위를 의미한다. 일반적으로 프로그램 개발을 협의적으로는 새로운 프로그램을 기획하여 설계하는 것을 의미하고, 광의적으로는 프로그램의 기획과 설계뿐 아니라 프로그램 실행과 평가까지를 의미한다(황성철, 2005). 즉, 하나의 사회복지 프로그램이 완성되기 위해 기획단계를 통해 프로그램을 설계하고, 이를 실행에 옮기고 이들 과정과 결과를 평가해서 환류하는 전 과정에 걸친 작업을 프로그램 개발이라 말할 수 있다.

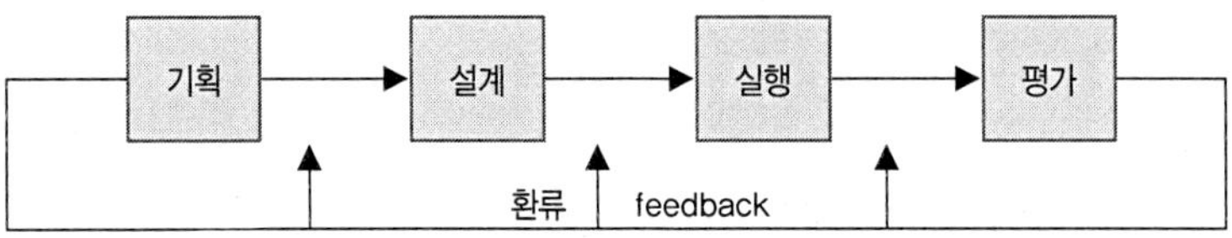

▌그림 3-1▌ 프로그램 개발의 개념적 모형

위의 ▌그림 3-1▌에서와 같이 사회복지 프로그램 개발의 절차는 첫째, 기획과정으로부터 시작되는데, 프로그램 기획단계에서는 프로그램 개발의 기본 방향을 설정하여 잠재적 프로그램 대상자(클라이언트)들의 제반 문제와 욕구와 환경을 분석하고, 이 결과를 토대로 프로그램의 목적과 목표를 잘 설정하는 것이 가장 핵심적인 활동이다.

둘째, 설계단계에서는 기획에서 분석한 자료를 바탕으로 프로그램의 목적과 목표를 설정하고, 이를 성취하는 데 필요한 프로그램의 활동내용을 선정하여 조직하는 활동이 중심이 된다.

셋째, 실행단계에서는 실제로 프로그램을 실시하고 운영하여 프로그램의 목적과 목표를 달성하여 프로그램 대상자들의 문제와 욕구를 해결하고 충족시키기 위한 제반 활동을 펼치게 된다.

넷째, 평가단계에서는 실행된 프로그램의 과정과 결과를 확인하는 활동이 이루어지고 이를 바탕으로 프로그램의 질적 향상을 도모하기 위한 환류로 이어진다.

여기서 용어의 혼란을 없애기 위해 기획(planning)과 계획(plan), 설계(design)에 대한 개념 설명을 명확히 하고자 한다. 일반적으로 기획(planning)은 일련의 목적을 성취하기 위한 계획(plan)을 수립해 나가는 과정과 활동으로, 계획(plan)은 기획을 통해서 나오는 결과물로 이해된다. 설계(design)는 기획의 과정을 거쳐 나오는 계획을 만드는 작업을 말한다. 한편 Skidmore(1995)는 기획을 "목적과 표적물을 기대하는 과정인 동시에 목적과 기대에 도달하기 위해 하나의 계획을 준비하는 과정"이라고 하였고, 황성철(2005)은 "기획은 계획을 세워 나가는 활동과 과정을 가리키며 계속적 행동과정으로 이해되고, 계획은 이러한 과정을 통해서 얻어진 결과의 의미로 해석된다"고 하였다. 또한 지은구(2005)는"planning은 계획을 수립하는 과정을 의미하기 때문에 하나의 계획을 의미할 때는 계획으로 그리고 계획을 수립하는 과정을 의미할 때는 기획으로 사용하도록 한다"라고 하였다. 이러한 견해들을 요약하면 기획(planning)은 계획을 수립하는 과정이고, 계획(plan)은 기획을 통해서 얻어진 결과 산출물이고, 설계(design)는 계획을 수립하는 작업으로 이해할 수 있다. 따라서 기획과 설계는 그 의미가 다분히 중첩되는 면이 있고, 설계를 기획과정의 한 요소로 포함시켜 볼 수도 있으나 사회복지 프로그램 개발 과정에서는 기획의 의미를 프로그램을 설계하기 위한 전초단계로 국한시켜서 보려고 한다. 즉, 기획단계에서는 우선 프로그램 개발팀을 구성하여 프로그램의 기본 방향을 설정하는 일이다. 물론 프로그램의 기본 방향은 프로그램의 대상이 될 클라이언트의 문제와 욕구가 무엇인가와 더 나아가 이를 해결할 자원체계와 관련이 있다. 따라서 프로그램 개발자는 먼저 프로그램을 지원할 자원체계를 분석하고, 그 다음 클라이언트의 문제양상과 욕구를 분석하여 우선순위를 결정한다. 이렇게 하여 프로그램에서 다루고자 하는 문제와 욕구를 결정하고, 결정된 문제와 욕구에 관련된 대상집단을 분석하여 프로그램의 규모와 프로그램 실행기간을 정하는 등 프로그램의 실효성과 타당성을 가늠함으로써 본격적인 프로그램 설계를 준비한다.

한편 프로그램 설계(program design) 단계에서는 프로그램 기획 단계에서 분석하고 확인한 클라이언트의 문제와 욕구와 프로그램 운영기관의 이념, 철학, 능력 등을 감안하여 결정한 프로그램의 방향에 따라 구체적인 프로그램을 만드는 단계로서 ① 서비스 대상자 선정, ② 프로그램의 목적과 목표 설정, ③ 프로그램 내용 선정 및 구성, ④ 프로그램 평가계획 수립, ⑤ 프로그램 예산편성 등 프로그램을 실행에 옮기기 위한 프로그램을 작성한다. 여기서 프로그램을 사회복지서비스를 지원하기 위한 프로그램 공모사업에서는 '사업계획'으로 표현하기도 한다.

2. 프로그램 개발 모형

양질의 프로그램을 개발하기 위해서는 프로그램 개발에 대한 이론적 틀이 매우 중요하다(서인해 외, 2003). 프로그램 개발에 관한 이론적 모형은 학자에 따라 주장이 상이하지만, 여기서는 그중 대표적인 몇 가지 모형을 중심으로 소개하고자 한다(김상아 외, 2013 : 17-19).

〈표 3-1〉 **프로그램 개발 모형**

모 형	내 용	활동과정(단계)
Kamerman 모형	사회복지기관, 시설의 정책이나 목적이 설정되면, 그 목적을 달성하기 위한 구체적 활동과정을 프로그램이라 봄	1. 기획(planning) • 지역사회의 당면문제 인식과 클라이언트 집단의 욕구 파악 • 지역사회의 이해당사자들의 참여 보장 • 지역사회의 지도자와 세력집단의 관심과 의도 식별 • 목적 및 목표의 구체화, 개입방법과 기술의 선택, 프로그램 수행에 적절한 조직구도의 설계, 행정 및 재정적 자원 확보와 지원 등의 과업 수행 2. 개시(initiation) • 프로그램을 시행하는 단계 • 프로그램의 목표를 논리적으로나 범주적으로 조직의 이념 및 사명에 일치시키는 작업 • 프로그램 수행을 위한 조직구조 형성, 목표의 세분화, 개입의 직접적 표적집단 선정, 개입전략 확정, 서비스 제공 활동 시작 3. 실행(implementation) • 프로그램을 구체적으로 실행에 옮기기 위한 실제적인 단계 • 프로그램 수행에 필요한 기제들이 충분히 작동되고 성과가 나타나서 평가가 될 수 있을 때 실행단계가 시작됨 • 계획된 서비스가 완전히 제공되어 성과와 영향이 평가되면 종료됨
Thomas의 디자인 개발 모형	혁신적 사회복지 프로그램을 개발하기 위해서 기존의 과학적이고 경험적인 지식을 최대한 활용하여 사회문제를 분석하고 개입방법을 설계하고 개발하여 평가하는 일반적 단계를 제시하는 차원에만 머무르지 않고 이를 확산하여 보다 광범위하게 활용하는 것을 강조하는 모형으로 혁신적인 개입방법이나 프로그램을 창출하기 위한 매우 구체적인 절차와 활동양태를 자세히 기술함	1. 분석(analysis) • 문제 확인과 분석 • 기존 및 현 상황 검토 • 개발 및 실행 가능성 조사 2. 디자인(design) • 혁신목표의 확정 • 혁신을 위한 요구사항 확인 • 설계문제의 확인 • 자료 및 정보원천 선별 • 자료수집 및 처리 • 해결대안 개발 및 선정 • 종합 • 현장적용의 대표적 형태 결정

		3. 개발(development) • 개발계획 수립 • 조작화 준비 • 시범적 사용과 개발 테스트 4. 평가(evaluation) • 평가계획 수립 • 평가자료 확보 및 평가 5. 확산(diffusion) • 미디어를 통한 전파와 확산준비 • 사용자에 의한 사용 6. 채택(adoption) • 광범위한 활용
Rapp과 Poertner의 설계모형	사회복지 프로그램 관리에서 가장 중요한 가치는 클라이언트 중심의 서비스 전달에 있다고 보는 성과중심의 프로그램 관리모델 – 클라이언트 중심 성과 : 클라이언트 성과, 생산성, 자원획득, 효율성, 직무만족 등 5가지 지표로 결정된다고 봄	1. 사회문제의 분석 2. 일차적 수혜자 식별 3. 사회복지 원조이론의 결정 4. 서비스 절차의 구체화 5. 클라이언트에게 도움을 주는 인사식별 6. 원조환경의 구체화 7. 실제 원조행동의 기술 8. 정서적 반응의 확인
Kettner, Moroney와 Martin의 설계관리 모형	사회복지기관의 관리자가 프로그램의 효과성을 향상시키기 위해서 관리자의 관점에서 프로그램의 기획과 설계 단계에 중점을 주어 프로그램 개발의 원리와 구체적 지침을 제공	1. 문제분석 2. 욕구사정 3. 전략선택과 목표수립 4. 프로그램 설계 5. 정보관리 체계 6. 예산수립 7. 프로그램 평가

또한 국내의 학자들 중 정진모(1998)는 프로그램 개발과정을 예비단계, 계획(설계)단계, 실행단계, 평가단계의 4단계로 나누었고, 박경일(1998)은 문제와 욕구사정, 자원체계의 확인, 목적 및 목표 설정, 자료수집과 대안선택, 실천계획의 묘사, 실천활동과 실행, 측정과 평가의 7단계, 김영종(2001)은 문제 확인, 목적 설정, 프로그래밍, 실행의 4단계로 나누고 있다.

이상에서와 같이 프로그램 개발에 대한 학자들의 주장이 약간씩 다르지만 각 단계별 내용과 과업을 비교해 보면 표현은 다르지만 비교적 비슷한 맥락에서 프로그램 개발 모형을 제시하고 있다. 즉, 문제파악과 욕구분석이 선행되고 그 다음 프로그램의 목적과 목표 설정, 프로그램 설계(개입전략 및 방법 선택), 프로그램의 실행, 평가 등 프로그램 개발에 필요한 주요 요소를 순차적으로 나열하고 있다.

3. 프로그램 개발과정

앞에서 설명한 프로그램 개발의 개념에 대한 설명 중 협의적 의미의 프로그램 개발은 새로운 프로그램을 기획하고 설계하여 프로그램을 실행하기 위한 하나의 완성된 계획서를 작성하기까지를 의미하고, 광의적으로는 프로그램의 기획과 설계뿐 아니라 프로그램 실행과 평가까지를 의미한다고 하였다. 따라서 프로그램 개발의 과정도 프로그램 개발의 개념을 협의적으로 이해하느냐, 광의적으로 이해하느냐에 따라 달라진다. 광의의 의미로 보면 프로그램 개발은 기획단계를 통해 프로그램을 설계하고 이를 실행에 옮기고 이들 과정과 결과를 평가해서 환류하는 전 과정이 포함될 것이고, 협의의 의미로 보면 프로그램 개발과정은 기획단계와 설계단계를 통해 만들어지는 프로그램 계획서를 완성하는 과정까지가 될 것이다.

본 서에서는 프로그램 개발을 협의적인 의미로 해석하여 새로운 프로그램을 실시하기 위하여 사전에 준비하는 "프로그램 계획서 만들기"와 동일한 의미로 국한시켜서 사용하기로 하고 프로그램 개발과정을 설명하고자 한다.

프로그램 개발, 즉 프로그램 계획서 만들기는 위의 설명처럼 프로그램 기획과 설계를 거쳐서 이루어진다. 따라서 하나의 프로그램이 완성되기까지의 과정, 즉 프로그램 개발과정을 별도로 분리하지 않고 기획과 설계 두 단계를 프로그램을 수립하는 연속선상에서 취급하기로 하고, 프로그램 개발과정을

1단계 : 문제분석과 욕구사정, 2단계 : 대상자 선정, 3단계 : 목적 및 목표 설정, 4단계 : 프로그램 세부계획 수립, 5단계 : 예산편성, 6단계 : 평가계획으로 단계별 과정으로 나누어 설명하고자 한다. 지금까지의 설명을 요약하여 프로그램 개발과정을 표로 나타내면 <표 3-2>와 같다.

〈표 3-2〉 **사회복지 프로그램 개발과정**

<table>
<tr><td rowspan="14">프로그램 개발(광의적 의미) 과정</td><td rowspan="12">프로그램 기획(광의적 의미)</td><td rowspan="2">기획</td><td rowspan="12">프로그램 개발 과정</td><td>1단계 : 문제분석과 욕구사정</td></tr>
<tr><td>사회문제의 정의 및 현황, 문제의 원인, 현행 사회서비스 프로그램 및 환경, 해결책과 대안, 구체화된 사회복지적 전략 등을 제시</td></tr>
<tr><td rowspan="10">설계</td><td>2단계 : 대상자 선정</td></tr>
<tr><td>대상인구를 구체화하고 프로그램의 클라이언트 수를 추정</td></tr>
<tr><td>3단계 : 목적 및 목표 설정</td></tr>
<tr><td>목적과 목표 설정, 우선순위 설정</td></tr>
<tr><td>4단계 : 세부계획 수립</td></tr>
<tr><td>프로그램 전체 구조를 만드는 것과 프로그램 형태, 시간배정, 세부활동 영역의 구성, 인력과 자원의 배치 등</td></tr>
<tr><td>5단계 : 예산수립</td></tr>
<tr><td>총 예산을 인건비/ 관리비/ 기자재 구입비/ 사업비 등의 항목으로 구분하고 각 항목의 산출근거를 구체적으로 제시</td></tr>
<tr><td>6단계 : 평가계획</td></tr>
<tr><td>프로그램의 효과성과 효율성, 성패의 이유 확인 및 환류</td></tr>
<tr><td colspan="2">실행</td><td colspan="2">실제로 프로그램을 실시하고 운영하여 프로그램의 목적과 목표를 달성하여 프로그램 대상자들의 문제와 욕구를 해결하고 충족시키기 위한 제반 활동</td></tr>
<tr><td colspan="2">평가</td><td colspan="2">실행된 프로그램의 과정과 결과를 확인하는 활동이 이루어지고 이를 바탕으로 프로그램의 질적 향상을 도모하기 위한 피드백 이행</td></tr>
</table>

PART

02

사회복지 프로그램 개발 - 기획과 설계

기획이란 어떠한 목적이나 목표를 달성하기 위한 내용, 방법 및 평가 등을 미리 상정하여 수립하는 일련의 활동이고 설계는 이러한 활동을 통해 실행계획을 구체적으로 구성하는 작업이다.

CHAPTER

04 프로그램 개발 1단계 : 문제분석과 욕구사정

사회복지 프로그램 개발의 첫 단계는 먼저 "해결해야 하는 문제가 무엇인지?, 또 표출되는 욕구는 어느 정도인지?"를 구체적으로 파악하여 분석하는 것부터 시작한다. 즉, 프로그램 개발에서 가장 우선되어야 할 작업인 셈이다. 문제와 욕구가 정확하게 확인되어야 프로그램의 목적과 방향이 설정이 되고 필요한 자원과 활동까지 계획할 수 있다. 또한 이러한 것이 미래에 수행하게 될 프로그램에 대한 정당성 확보를 위한 근거가 되기도 한다.

1. 문제분석

1) 사회문제의 규정

문제란 개인에게나 사회에 해결되어야 할 바람직하지 못한 상태를 의미하며, 사회문제의 출발은 개인문제로 시작하며, 이 문제에 불특정 다수와 사회적 중요성이 결합됨으로써 사회문제로 전환된다고 할 수 있다(표갑수 외, 2013).

일반적으로 어떤 문제를 사회문제라 규정할 수 있는 것은 그 문제가 ① 지배적 사회가치나 규범으로부터 이탈되고, ② 다수의 사람들에게 부정적인 영향을 주고, ③ 원인이 사회적인 문제이고, ④ 다수 또는 사회에 영향력 있는 사람이 문제라고 인식하고, ⑤ 문제의 개선을 위해 사회적·집단적 개입이 필요한 경우 등의 요건을 가지고 있을 때이다.

2) 문제분석의 틀

복잡하고 다양한 사회문제를 분석하기 위해서는 사회문제 분석을 위한 개념적 틀이 필요하다. 문제의 성격이나 관점을 고려하여 사회문제를 체계적이고 구체적으로 분석하여 문제해결을 위한 절차를 진행할 수 있다(사회복지 프로그램 운영 NCS 학습모듈/ 사회복지 프로그램 욕구조사, 4).

(1) Kettner, Moroney와 Martin(2008)의 분석틀

① 상황 혹은 상태의 본질은 무엇인가?
② 사회문제에 대한 정의는 무엇인가?
③ 문제상황을 겪고 있는 사람들의 특성은 무엇인가?
④ 문제상황의 크기와 분포는 어떠한가?
⑤ 문제상황으로 인해 지역사회 주민들이 느끼는 반응은 어떠한가?
⑥ 문제에 대해 광범위하게 인식되고 있는가?
⑦ 누가 사회문제로 규정하고 있는가?
⑧ 문제의 원인은 무엇인가?
⑨ 인구 특성에 대한 고려가 있는가?

(2) York(1982)의 분석틀

① 바람직하지 못한 상황이나 조건은 무엇인가?
② 누가 그 문제로 고통을 받고 있는가?
③ 누가 그 문제로부터 이익을 얻게 되는가?
④ 누가 그것을 문제로 규정하는가?
⑤ 누가 그것을 문제로 규정하지 않는가?
⑥ 문제의 원인이 무엇인가?
⑦ 그 문제를 다루는 현재 프로그램은 무엇인가?
⑧ 이 프로그램을 중단함으로써 예상되는 결과는 무엇인가?
⑨ 사회변화의 목표는 무엇인가?

⑩ 욕구와 자원 간의 격차를 줄이는 데 찬성하는 사람과 반대하는 사람은 누구인가?

(3) Taber & Finnegan(1980)의 문제분석의 세 가지 요소와 하위 특성

〈표 4-1〉 문제분석의 세 가지 요소와 하위 특성

Ⅰ. 사회에 대한 문제	Ⅱ. 개인에 대한 문제	Ⅲ. 문제의 존재 또는 확산에 영향을 주는 요인들		
① 사회에 대한 자원 비용 ② 사회 구성원들의 건강과 안전에 대한 위협 ③ 사회가 중요시하는 가치에 대한 위협	① 최소한의 건강과 품위의 박탈 ② 학대와 착취 위협 ③ 적극적이고 능동적인 사회참여의 장벽	① 생물학적/ 물리적 ② 행동상의 ③ 사회적 ④ 심리학적 ⑤ 경제적	또는	① 개인적 ② 가족 ③ 지역사회 ④ 사회적 ⑤ 역사적 ⑥ 정치적

출처 : 정무성(2005). 사회복지 프로그램 개발론, p. 168 재구성.

3) 문제분석의 내용

문제분석은 선정한 사회문제와 관련된 역사적 사건, 이론, 조사 결과, 원인, 문제의 심각성 정도나 유형 등을 찾아내어 정리하기 위한 데이터를 수집하는 데에 초점을 둔다. 문제분석에 포함되어야 할 내용은 다음과 같다(사회복지 프로그램 운영 NCS 학습모듈/ 사회복지 프로그램 욕구조사, 5).

(1) 문제를 경험하는 사람들의 특징

제시된 문제를 경험하고 있는 주요 인구집단의 학력, 성별, 연령, 경제수준, 가족구조 등 인구사회학적 특징 등을 서술

(2) 문제의 크기와 분포

① 인구 규모

개인, 가족, 집단, 지역사회에서 파악된 문제에 노출될 가능성이 있는 인구집단의 규모

② 인구의 분포

문제에 노출된 인구집단이 집중되어 있는지 분산되어 있는지에 대한 공간적 분포

(3) 문제의 심각성

문제의 심각성을 강조하기 위하여 동일하거나 유사한 문제를 안고 있는 다른 지역이나 다른 계층의 대상자들과 비교하여 진술

(4) 문제가 개인이나 사회에 끼치는 영향

제시된 문제가 개인, 가족, 집단, 지역사회에 부정적으로 미치는 영향을 서술하고 이 문제를 방치하였을 경우 나타날 수 있는 결과를 제시

(5) 문제의 원인

나타나는 문제 이면에 그 문제가 발생하게 된 원인 파악

(6) 현재 프로그램이 해결하지 못하는 점

제시된 문제를 다룬 다른 지역, 다른 기관에서의 경험과 지역사회 차원에서의 대응방식을 분석

(7) 문제해결을 위한 새로운 전략

지금까지의 프로그램이 해결하지 못한 점에 대해 분석하고, 새롭게 필요한 전략이 무엇인가를 제시

4) 문제분석 방법

사회문제의 분석방법은 처음부터 구체적으로 되어야 하는데, 다음과 같은 절차를 거치면 보다 구체적으로 분석할 수 있다(신원식 · 김민주, 2009).

첫째, 큰 종이의 한 가운데에 문제와 관련된 단어를 적는다.

둘째, 처음에 적은 단어들의 오른쪽 위에 어떤 상황이 사회에 문제가 되는지 목록을 적는다.

셋째, 처음에 적은 단어들의 오른쪽 아래에 어떠한 상황이 개인에게 문제가 되는지를 적어본다.

넷째, 처음 적은 단어들의 왼쪽에 그러한 문제의 발생원인과 그 문제가 확대된 원인들을 적는다. 이러한 정보는 실질적인 경험을 바탕으로 한 연구논문이나 보고서, 통계자료 등을 통해 획득할 수 있다.

① 문제와 관련된 단어(예 고실업, 결식노인 등)

② 사회에 문제가 되는 상황(예 고용보험 재정적자, 국민의료비 증가 등)

③ 개인에게 문제가 되는 상황(예 생활비 부족, 건강악화 등)

④ 문제의 원인(예 경기침체, 실직, 기술부족 등)

문제분석의 내용은 보통 프로그램 사업계획서의 앞부분 사업의 필요성 작성에서 서술된다. 문제분석에서 가장 중요한 것은 어떠한 일이 일어나고 있는가(드러난 문제), 그러한 문제가 발생한 경우(문제의 원인), 그리고 그 문제를 해결하기 위해 어떠한 조치들이 취해져야 하는지(프로그램의 목적)를 서술한다.

문제분석의 서술은 문제의 심각성을 부각시키기 위해서 지역사회의 문제상황과 전국적 · 세계적 차원에서의 문제와 비교할 수도 있다. 그리고 현재의 문제가 점점 악화되고 있는지 아니면 호전되고 있는지를 제시하고, 장차 이 프로그램의 대상자가 될 가능성이 있는 잠정적 클라이언트들의 문제를 집중적으로 설명한다. 또한 현재의 문제나 사회에 미치는 영향에 대해 서술하고 이 문제에 개입하지 않고 방치할 시 미래에 미칠 부정적 영향에 대해서도 언급한다. 이 문제의 당사자뿐만 아니라 사회에 어떠한 심리적 · 재정적 · 정서적 비용을 치르게 하는지를 제시한다(Coley & Scheinberg, 정무성 역, 1998, 신원식 · 김민주, 2009 : 37 재인용).

문제분석의 예

장기실직, 그리고 취업과 실직을 반복하고 있는 대상자들(**클라이언트의 특성과 배경**)은 생계비조차 부족한 실정이다(**클라이언트의 조건, 환경**). 경상남도 시민실태조사에 의하면, 이들의 학력은 중졸 이하가 63%이며(**문제의 발생원인**), 95.3%가 안정된 직장을 가지고 싶어 한다고 응답하였다(경상남도, 2008)(**클라이언트의 욕구**). 또한 대상자들은 직업훈련 과정을 거쳐서라도 취업을 원하고 있지만 직업훈련 기간 동안의 생계비 부족으로 직업훈련을 받기 꺼려하고 있다(**문제가 해결되지 않고 있는 이유**). 직업훈련 기간 동안 월 20만 원 정도의 생계비를 지원받고 있지만, 이들의 실질 생계비에는 훨씬 미치지 못하는 수준이다(**관련되어 있는 문제**). 따라서 직업훈련 기간 동안의 생계비 지원이 현실화되지 않으면 직업훈련에 참가하기를 꺼리는 현상은 지속될 것이고, 이들의 안정된 일자리에의 취업은 더욱 어려워질 것이다(**장·단기적 영향, 지역사회에 미치는 영향**).
대한시의 경우 직업훈련 기간 동안 생계비 지원은 물론 직업훈련 과정에서 만든 생산품을 판매하여 그 수익금을 훈련생들에게 지급하고 있으며, 직업훈련 종료 후 이들의 취업률이 90%에 이르렀다(**다른 지역, 다른 기관의 개입방법과 결과**). 이로 볼 때 장기실직자 및 취업과 실직을 반복하고 있는 대상자들에게 현실적 생계비 지원과 수당 등이 제공되었을 때 직업훈련의 성공 가능성이 높다고 판단된다(**실현가능성이 높은 개입전략**).

2. 욕구사정

욕구사정(needs assessment)은 대상자의 욕구를 파악하고 그것을 우선순위화하며, 욕구에 존재하고 있는 문제를 해결하기 위하여 의사결정을 하고, 자원을 배분하여 조직의 행동을 실행하는 과정이다(Altschuld & Kumar, 2010).

사실 문제가 명확히 규명되고 분석되었다고 해서 특정 문제를 안고 있는 클라이언트들의 욕구가 무엇인지 알 수 있다고 단정할 수는 없다. 그것은 동일한 문제를 안고 있다 하더라도 그것으로 인해 표출되는 욕구는 사람마다 각기 다르기 때문이다. 이러한 이유로 욕구사정의 중요성이 부각된다.

1) 욕구의 개념

욕구란 '무엇이 결핍되어 필요로 하는 상태'로 그 결핍된 상태 때문에 불편한 환경에 처해 있는 상태이다. 즉, 인간이 인간으로서 품위를 유지하며 기본적으로 살아가는 데 필요한 조건에 미치지 못하여 생기는 차이에서 오는 부족함을 채우고자 하는 원의를 욕구로 보는 것이다.

▍그림 4-1▍ 욕구의 개념

출처 : 사회복지 프로그램 운영 NCS 학습모듈/ 사회복지 프로그램 욕구조사, 6.

Roth(1990)는 욕구를 현재의 상태(what is)와 그렇게 되었으면 하고 바라는 바람직한 상태(what should be)와의 차이에서 오는 결핍이라 정의하고 있다. 즉, N(needs, 욕구)=X(what should be, 바람직한 상태)－A(what is, 현재의 상태)인 것이다. 그의 정의에 따르면, 바람직한 상태에서 현재의 상태를 뺀 만큼이 인간의 욕구라는 것이다. 여기에서 주의할 것은 인간의 욕구란 바람직한 상태(X)가 사람마다 상이하기 때문에 동일한 환경(A)에 놓여있다 할지라도 개인마다 표출되는 욕구(N)는 다를 수 있다는 것이다. 예를 들어, 빈곤한 상황에 처한 클라이언트에게 제공하는 프로그램이 일자리 지원 프로그램일지, 경제적 지원을 위한 자원연계 프로그램일지는 개인의 욕구를 어떻게 사정하느냐에 따라 달라질 수 있다는 것이다. 이때 공통된 욕구를 표출하는 다수의 욕구를 수렴하여 프로그램을 개발하는 것이 프로그램 개발의 과제인 것이다(김상아 외, 2013). 한편 Kahn(1969)은 좀 더 구체적으로 욕구의 개념에 대해 설명하고 있다. 즉, "욕구는 사회적 정의이다. 욕구는 주어진 한 시점에서 개인이나 집단이 역할을 제대로 수행하고, 사회적 요구에 적절히 대응하며, 사회의 전반적 진행과정에 적절히 참여하고, 적절한 수준의 활동력 및 생산력을 유지하기 위해 필요하여 구하는 것"이라고 정의했다. 그의 정의에 의하면, 욕구란 한 시점에서 개인이나 집단이 사회인으로서의 기능을 다하기 위해 경제적·심리적·신체적 필요에 의해 구하는 것이라고 할 수 있다. 즉, 개인이나 집단이 인간의 생존과 성장, 발전을 위해 필요하여 구하는 것이라 할 수 있다. 따라서 주택, 영양, 보건, 직업, 소득, 지식, 사회참여, 정치활동, 개인의 자유 등이 욕구의 대상이 될 수 있다. 그러나 이러한 것들 그 자체는 욕구가 아니며 개인이나 집단이 그것들을 필요로 하여 구할 때 이를 욕구라 할 수 있다. 이때 개인이 어떤 욕구를 가지고 있을 때 이를 개인적 욕구라 하며, 개인의 음식, 주택, 안전 등에 대한 욕구가 사회 다수인으로 확대될 때 이를 사회적 욕구라 한다.

2) 욕구의 유형

(1) Maslow 욕구단계설

Maslow는 인간의 욕구를 다섯 가지 범주로 위계화하여 범주들 간에 단계가 있는 것으로 보았다. 그에 의하면, 인간은 가장 기본적으로 생리적 욕구를 추구하며, 이것으로부터 점차 상향적인 욕구를 추구하는 것으로 보았다. 즉, 가장 기본적인 생리적 욕구가 충족되면 안전에 대한 욕구를 추구하고, 안전에 대한 욕구가 충족되면 소속과 애정의 욕구를 추구하고, 소속과 애정의 욕구가 충족되면 자아존중의 욕구를, 자아존중의 욕구가 충족되면 마지막 자아실현의 욕구를 추구한다는 것이다. 물론 인간의 욕구가 꼭 이러한 단계적인 순서로 추구되는가에 관해서는 논란이 있으며, 예외적인 경우도 있다는 지적도 있다. 그러나 사회복지서비스를 제공하는 데 있어서 어떠한 욕구를 먼저 충족하고자 하는 결정에 좋은 지침이 된다고 할 수 있다.

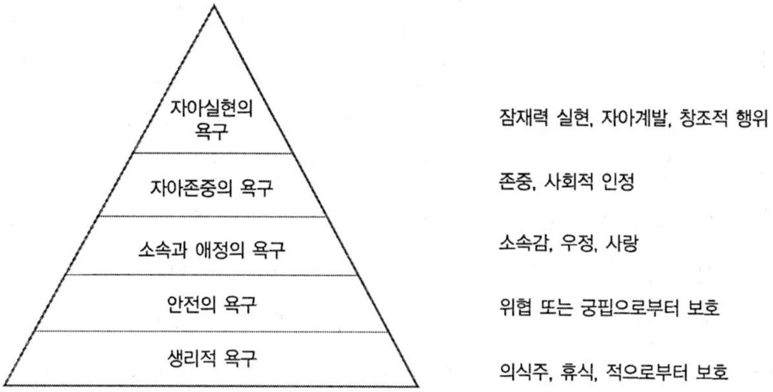

▮그림 4-2▮ 매슬로우의 욕구 5단계

(2) Bradshow의 인식기준에 따른 욕구의 유형

Bradshow는 욕구판정을 위해 사용할 수 있는 인식기준에 따라 규범적 욕구(normative needs), 체감적 욕구(felt needs)/ 인지된 욕구, 표출적 욕구(expressed needs), 상대적 욕구(comparative needs)의 네 가지로 분류하였다(채구묵, 2005 : 340-342).

첫 번째 인식기준은 규범이며, 이 기준에 의해 파악된 욕구를 규범적 욕구라고 한다. 인식의 기준인 규범은 전문가들에 의해 정해지는 경우가 많다. 전문가들은 그들의 경험과 지식에 근거하여 어떤 수준이 충족되어야 하는 기준인지를 설정한다. 이 기준과 현재 상태와의 차이에 의해 욕구가 파악되며, 현재의 상태를 규범적으로 끌어올리기 위해서 필요한 서비스가 제시될 수 있다. 규범적 욕구는 전문가의 판단에 의존하기 때문에 클라이언트 집단의 욕구와 거리가 있을 수 있다.

두 번째 인식기준은 체감이며, 이 기준에 의해 파악된 욕구를 체감적 욕구 또는 인지된 욕구라 한다. 이 경우는 그 집단 성원들의 느낌이 욕구파악의 기준이 된다. 표적집단이 어떤 욕구상태에 있는지, 또는 어떤 서비스를 원하는지 직접 물어보아서 욕구의 상태나 서비스를 파악할 수도 있고, 지역사회 공개토론회를 통해 체감적 욕구에 관한 자료를 얻을 수도 있다. 이 방법은 객관적인 욕구측정이 되지 못하고 개인의 인식에 의해 욕구가 달라질 수 있다는 문제점을 가지고 있다.

세 번째 인식기준은 표적집단의 표현 또는 표출된 행위이며, 이 기준에 의해 파악된 욕구를 표출적 욕구라고 한다. 이 유형은 체감적 욕구가 행동으로 전환된 것을 의미한다. 체감적 욕구는 집단 성원들이 내면적으로 느끼고 있는 정도에 의해 파악되는 데 반해 표출적 욕구는 집단 성원들의 의사가 실제 외부로 나타난 행위에 의해 파악된다. 표출적 욕구는 현재 이용 가능한 서비스의 이용에 의존하기 때문에 현상 유지적 경향을 보이는 단점이 있다.

네 번째 인식기준은 비교이며, 이 기준에 의해 파악된 욕구를 상대적 욕구라 한다. 이 경우에는 동일한 특성을 가지고 있는 사람들의 서비스 상태가 비교기준이 된다. 즉, 동일한 특성을 가지고 있는 사람들은 서비스를 받고 있는데 어떤 사람은 서비스를 받고 있지 않은 경우에 나타나는 상대적 욕구이다. 그러나 누구를 비교대상으로 하느냐에 따라 욕구가 달라질 수 있어 적절한 비교대상을 확보하는 것이 중요하다.

(3) 집단에 따른 욕구의 유형

욕구는 또한 특정 집단에 따라 그 집단이기 때문에 가지는 욕구가 있을 것이다. 즉, 청소년, 노인, 장애인 등 집단에 따라 욕구가 다른 경우가 있다. 이러한 경우에 집단에 소속된 자신들의 욕구뿐만 아니라 부모, 가족, 지역사회 등 관련 있는 사람들이 가지고 있는 욕구도 욕구조사에는 중요한 자료가 된다. 집단에 따른 욕구의 유형을 다음과 같이 분류할 수 있다(채구묵, 2005 : 344).

- **아동** : 탁아, 조기교육, 정서안정, 여가선용, 공부방 등
- **청소년** : 교육, 여가선용, 독서실, 청소년비행지도, 진로지도 등
- **장애인** : 상담, 교육, 직업, 건강, 여가, 운동, 재활, 부모교육, 활동도우미 등
- **노인** : 건강, 여가, 직업, 배우자, 소득보조 등
- **여성** : 직업, 부부관계, 육아, 자녀문제, 가족문제, 여가 등

3) 욕구조사의 내용

욕구조사는 욕구를 확인하는 과정과 욕구를 추산하는 과정으로 구분할 수 있다(김영종, 2007 : 408-411).

(1) 욕구의 확인

욕구의 확인이란 '무엇을' 필요로 하는가에 관한 것으로 인간다운 삶에 중요한 것으로 간주되는 요소의 결핍이나 장애를 질적 상태로 확인하고 표식하는 것이다. 예를 들어, 거주지, 음식, 건강, 소득 등이 부족한 상태를 바람직한 상태와 비교하여 사회적인 욕구로 확인하는 것이다. 사회적 욕구의 확인과정에는 다음과 같은 조건이 필요하다(김영종, 2007 : 408).

첫째, 욕구충족을 위한 자원과 기술의 존재 여부이다. 가용자원과 기술수준 안에서 변화 가능한 상황만이 욕구로 확인될 수 있다. 아무리 절박한 문제라고 현재의 자원과 기술로 변화될 가능성이 없을 때는 그것이 욕구나 문제로 확인되지 않는다. 예를 들어, '식량부족'은 인류에게 엄청난 고통을 초래해 왔지만, 그것이 해결될 수 없었기 때문에 사회문제라고 하지 않았다. 하지만 기술의 발전과 자원의 확대로 해결가능성이 생기면서 이것은 사회문제의 영역에 포함되게 된 것이다.

둘째, 정치적 과정이다. 특정 상황이 사회의 조직적 개입을 요구하는 것으로 확인되기 위해서는 다원화된 정치적 결정과정을 거쳐야 한다. 이 과정에서 다수 집단이나 소수지만 정치적 영향력이 큰 집단이 이를 문제로 인정하는 것이 중요하다.

셋째, 객관적인 정의와 측정이 가능해야 한다. 문제해결에 필요한 사회적 자원의 조달과 배분에 대한 책임성을 확실히 하기 위해서 욕구로 규정될 상태나 조건은 객관적으로 정의되고 측정 가능한 것이어야 한다.

(2) 욕구추산

욕구추산이란 '얼마나' 필요한가에 관한 것으로 욕구를 양적으로 규정하는 것이다. 예를 들어, 욕구조사에서 빈곤문제를 조사할 때 누구를 빈곤층이라 할 것인지를 가늠하는 빈곤의 잣대(빈곤선)가 결정되어야 구체적으로 조사가 가능하다. 빈곤선은 공식적으로 규정되어 있어서 그 잣대를 이용하기 때문에 규정하기가 쉬운 편이다. 장애에 대해서도 이미 규정되어 있다. 그러나 많은 경우 인간의 욕구가 일일이 다 규정된 것은 아니기 때문에 그것을 구체적으로 정확하게 규정하고 추산하는 것은 매우 복잡하고 어려운 작업이다.

(3) 욕구조사에 포함되어야 할 내용

욕구조사를 통해 수집되어야 할 내용을 크게 세 분야로 분류할 수 있다. 첫째, 기초자료로 지역사회의 일반적 특징이고, 둘째, 욕구파악을 위한 자료이며, 셋째, 지역사회의 활용자원에 관한 자료이다. 분야별 조사해야 할 구체적인 내용은 다음과 같다(채구묵, 2005 : 344-351).

① 기초자료 : 지역사회의 일반적 특징에 관한 자료

조사대상 지역의 인구학적 · 구조적 특징에 대한 개략적 내용을 제공해 줄 수 있는 요소가 포함되어야 한다. 그것은 연령분포, 가족 수, 결혼상태, 거주기간, 직업구성, 소득수준, 빈곤인구율, 주택보급률, 범죄율, 공공부조 수혜자 수 등이다.

② 욕구파악을 위한 자료

대상집단의 현황과 문제를 파악하고, 현재 제공되고 있는 서비스는 어떤 것이며, 그에 대한 만족도와 부족한 점들을 파악하여 앞으로 어떤 서비스를 강화해야 할 것인지 또는 새로운 서비스는 어떤 것을 제공해야 하는지를 조사한다. 이 부분은 욕구조사의 본 내용을 이루는 부분으로 <표 4–2>와 같이 세 분야로 분류할 수 있다.

〈표 4-2〉 욕구파악을 위한 조사내용

조사항목	내 용
대상집단의 현재 생활에 관한 사항	• 경제 : 수득수준, 소비형태, 신용상태 • 고용 : 직업유형, 경력, 직업교육의 필요성, 실업상태 • 가정 : 부모-자녀관계, 아동의 적응성 문제, 부부문제, 이혼율 • 주거 : 밀집도, 주택상태, 인구 과밀 상태 • 건강 : 만성적 신체장애, 사망원인, 질병 유병률, 의료서비스 이용현황 • 여가 : 여가, 운동, 문화적 활동 • 생활만족도 : 삶의 만족도, 지역사회 응집력 • 사법 : 성인 범죄율, 청소년 비행률
기존 서비스 평가	• 서비스 인지 정도 • 서비스 활용 정도 • 서비스 인지 및 활용에 대한 장애요소 존재 여부(예 교통수단) • 직원에 대한 부정적 태도 여부 • 서비스 이용에 따른 비용 부담 • 까다로운 자격 조건
새로운 서비스 개발에 필요한 욕구	• 대상지역의 심각한 문제 • 현재 필요한 서비스 • 인구집단, 즉 아동, 청소년, 노인, 장애인, 여성 등을 위한 서비스 욕구

(4) 지역사회 활용자원에 관한 자료

서비스나 프로그램을 개발하고 실행하는 데 필요한 자원의 분포와 상황을 파악하여 실행가능성과 문제해결 능력을 조사한다. 이 부분의 조사내용은 <표 4-3>과 같다.

〈표 4-3〉 지역사회 활용자원 파악을 위한 조사내용

조사항목	내 용
지역사회 정보체계	• 공식적 · 비공식적 의사소통 매체 • 표적집단에 가장 잘 정보를 제공해 줄 수 있는 의사소통 매체 또는 조직 • 기존의 이용 가능한 정보 및 각종 네트워크
서비스 자원 조사	• 동원할 수 있는 공적 · 사적 재원 • 직원들의 전문성을 제고하는 데 필요한 인적 · 물적 자원 • 새로운 프로그램을 수행할 수 있는 인력 및 시설 • 자원봉사 활용자원

정치적 자원	• 다양한 프로그램에 대한 주민의 견해 • 정치 및 사회지도층의 지지도 • 프로그램 도입에 대한 지역사회의 준비성

4) 욕구조사 자료수집 방법

욕구의 확인과 추산을 위해서 필요한 자료를 확보하기 위해 여러 가지 자료수집 방법을 활용한다. 여기서는 일반적으로 욕구조사에 활용되는 자료수집 방법으로 지역사회 서베이, 주요 정보제공자 조사, 서비스 이용자 조사, 지역사회 공청회, 2차적 자료분석, 델파이 기법, 초점집단 조사에 대해 소개하고자 한다.

(1) 지역사회 서베이

지역사회 서베이는 지역사회 전체를 대표할 수 있는 표본을 선정하여 이들에 대해 지역사회 대상 집단의 특성, 문제점 및 욕구를 구조화된 설문지나 면접 등을 통해 직접 조사하는 방법이다. 이때 표본조사를 할 경우에는 지역사회 전체를 대표하는 표본을 선정하기 위해서 확률표집 방법으로 적절한 크기로 선정하면 된다. 이 방법은 일반적으로 욕구조사에서 가장 선호하는 방법이다.

(2) 주요 정보제공자 조사

주요 정보제공자 조사는 지역사회 전반의 문제에 대해 잘 알고 있는 몇몇 주요 인물을 대상으로 자료를 수집하는 방법이다. 사회복지단체 대표자, 기관의 서비스 제공자, 관련 공무원, 관련 직종 종사자들로부터 서비스 전달체계의 현존 결함뿐 아니라 전문적인 의견 등을 얻어낸다. 이 방법은 매우 빠르고 쉽게 자료를 얻을 수 있는 방법이다.

(3) 서비스 이용자 조사

서비스 이용자 조사는 미래의 서비스에 대한 욕구는 과거 혹은 현재의 서비스 이용자들을 조사함으로써 추론할 수 있다는 전제하에 행한다. 지역사회의 잠재적 클라이언트의 성향과 서비스 욕구를 측정하기 위해 이미 서비스를 받고 있는 클라이언트의 수나 성향을 바탕으로 조사하는 것이다. 서비스 이용자 조사는 이용자에 대한 개별 기록을 이용하여 지역사회의 욕구를 파악할 수 있다. 즉, 연령, 성별 등 이용자의 일반적 사항 외에도 이용자가 가지고 있는 문제, 제공한 서비스, 개입의 빈도, 접촉한 기간 혹은 클라이언트가 기관으로 오게 된 방법 등에 대해 분석함으로써 지역사회의 욕구가 무엇인지 파악할 수 있다. 이 방법은 자료를 쉽게 얻을 수 있으나 자칫 서비스를 이용하는 사람들만의 욕구만 보고 표출되지 않은 욕구는 간과할 수 있다.

(4) 지역사회 공청회

지역사회 공청회 또는 포럼은 지역사회의 다양한 구성원들로부터 정보를 얻는 자료수집 방법으로 조사자가 포럼을 계획하고 비용을 부담하게 된다. 지역사회 포럼의 참석은 지역사회 구성원 모두에게 공개적으로 할 수도 있으며, 특정 지역사회 구성원들을 선정하는 경우도 있다. 지역사회 포럼은 일반적으로 출석자들이 자신의 의견을 피력할 수 있는 청문회 형식으로 진행되며 때로는 집단토론회 형식으로 진행되기도 한다.

(5) 2차 자료분석

2차 자료분석은 지역사회에 대한 기존 자료를 이용하여 욕구를 파악하는 것이다. 지역사회의 기존 자료라 함은 사회지표, 통계, 사회복지기관의 서비스 수혜자에 관련된 기록(업무일지, 면접기록표, 인테이크 자료 등), 행정기관의 행정자료 등이다. 2차 자료분석은 앞에서 언급한 이런 다양한 자료들을 통해 사회문제, 문제의 경향, 서비스의 수요 등을 파악하는 일종의 간접조사이다.

(6) 델파이 기법

델파이(delphi) 기법은 지역사회 리더와 전문가로 패널을 구성한 다음 이들을 대상으로 지역사회 현안에 대해 설문조사를 실시하되 패널들이 의견일치를 이룰 때까지 계속함으로써 좋은 의견을 수렴하는 기법을 말한다. 패널들은 대면할 필요가 없으며, 현안에 대한 의견, 해결방안, 아이디어 등을 설문조사를 통해 피력한다. 조정자는 의견수렴 과정을 관리한다.

(7) 초점집단 조사

초점집단(focusing group) 조사는 질적 자료를 수집할 때 사용하는 방법으로 어떤 문제와 관련된 소수의 사람(6~10명)들로 집단이 구성된다. 델파이 기법은 패널들에 대한 익명성이 보장되고 상호 누구인지 모르지만 초점집단은 패널 간 상호 마주보면서 토론을 하는 형식으로 지역사회 당면한 욕구를 도출해 내는 방법이다.

3. 문제해결 우선순위 결정

1) 우선순위 결정의 개념

우선순위 결정은 확인된 여러 가지 문제들 가운데 우선적으로 해결하고자 하는 문제별로 순서를 정하는 작업이다. 문제분석과 욕구사정이 어느 정도 마무리되면 프로그램 개발자는 문헌탐색이나 경험 등을 통해 가장 시급하게 해결해야 할 문제가 무엇인지를 선정한다.

2) 우선순위 결정을 위한 자료수집

① 문헌고찰을 통한 자료수집
② 관심 있는 문제와 관련한 선행연구
③ 특정 대상과 문제에 대한 연구자료
④ 연구결과와 나타나는 문제와의 차이에 대한 자료
⑤ 문제해결의 효과성에 대한 자료

┃그림 4-3┃ 관련 자료수집

출처 : 사회복지 프로그램 운영 NCS 학습모듈/ 사회복지 프로그램 욕구조사, 18.

3) 경험을 통한 자료수집

① 이전에 유사한 문제로 진행하였던 프로그램 자료
② 동일한 대상자를 대상으로 진행한 다른 문제해결 프로그램 자료
③ 유사한 문제를 타 기관에서 진행하였던 프로그램 자료
④ 전문가의 자문
⑤ 개인이나 동료, 관련자와의 면접 자료

4) 기타 자료수집

① 기관의 서비스 이용 현황
② 기관에서 진행하고 있는 서비스 프로그램 목록
③ 전년도 평가보고서 및 사업실적 보고서
④ 프로그램 안내자료, 소식지, 홍보책자

5) 우선순위 결정방법

해결할 문제에 대한 우선순위 결정은 문제 및 욕구의 심각성, 영향범위, 방치했을 때 피해규모, 동원 가능한 자원 등을 종합적으로 고려하여 심각하고 실현 가능한 문제부터 해결할 수 있도록 우선순위를 설정하도록 한다(사회복지 프로그램 운영 NCS 학습모듈/ 사회복지 프로그램 욕구조사, pp. 20-21 재구성).

〈표 4-4〉 우선순위 결정방법

우선순위 결정방법		장 점	단 점
합리주의적 방법	우선순위 결정에 관련된 완전한 종합적인 정보를 얻을 수 있고 또한 그 정보를 처리할 수 있는 능력이 있다는 것과 우선순위 결정에 고도의 합의를 이끌어 낼 수 있다는 것을 전제로 한 결정방법이다.	문제해결의 우선순위를 결정하기 위해 관련된 모든 정보를 체계적으로 수집하여 현실적인 제한점을 고려하지 않고 문제와 욕구를 정의하고 문제해결을 위한 우선순위를 정하는 것이다.	문제해결을 위해 합리주의적 결정이 가장 이상적이기는 하나 사회복지 문제의 특성상 인간이 겪고 있는 문제에 대해 완전하고 종합적인 정보수집과 분석이 현실적으로 어렵고, 문제의 정의와 문제해결을 위한 대안 제시에서 실현 가능성을 고려하지 않음으로써 우선순위 설정이 비현실적일 수 있다.
점진주의적 방법	우선순위 결정에 관련된 정보수집과 처리에 대한 능력이 제한되어 있고, 현실적인 제한점을 고려할 수밖에 없고, 고도의 합의를 이끌어 내는 것도 어렵다는 것을 전제로 한 결정방법이다.	현실적인 제약을 먼저 고려하여 현재 문제가 되고 있는 것에만 초점을 맞추어 문제에 대한 정보를 수집하고 현실적으로 수행가능한 것을 선택하여 진행하는 것이다.	현재 진행하고 있는 일들을 중심으로 일부 사항을 추가하게 됨으로써 현상 유지에 우선을 두고 있으며, 과거의 결정이나 경험이 중요한 판단근거가 되므로 새로이 생겨나는 문제에 효과적으로 대응하기 곤란한 측면이 있다.
혼합주의적 방법	우선순위를 결정함에 있어서 정보수집 및 처리능력의 한계와 현실적인 제약을 인정하면서도 문제를 전체적으로 검토한 후에 문제가 된다고 판단하는 것에 초점을 맞추고 현실적인 제약의 한계 내에서 가능한 모든 대안을 개발하여 효과성과 효율성이 경험적으로 가장 높을 것으로 증명될 수 있는 것을 택한다.	합리주의적 방법과 점진주의적 방법 양자의 약점을 보완하고 장점을 취득하여 우선순위를 정한다.	

4. 클라이언트 문제를 욕구로 전환

문제와 욕구는 본질적 측면에서는 양자가 동일하지만 클라이언트를 중심으로 한 프로그램을 개발할 때에는 문제를 욕구로 전환시키는 작업이 필요하다. 왜냐하면 욕구는 클라이언트가 당면한 문제의 전부 또는 일부분일 수 있고, 이것을 파악하기 위해서는 체계적인 욕구사정이 필요하고 이렇게 파악된 욕구는 개입을 위한 적극적 근거로 작용하기 때문이다(Depoy & Gilson, 2003 : 75). 또한 욕구충족을 위한 방안을 강구하는 과정에서 특정 대안이 바로 프로그램으로 구체화될 수도 있다.

|그림 4-4|는 빈곤독거노인의 생활상 문제들이 어떻게 욕구로 전환되고 필요한 프로그램은 무엇인지를 전개해 나가는 과정을 보여준다. 사회문제를 클라이언트의 문제로 환원하여 클라이언트 문제를 욕구로 전환시켜 욕구충족을 위한 개입방법을 도출하면 그 개입방법은 바로 프로그램이나 서비스가 된다.

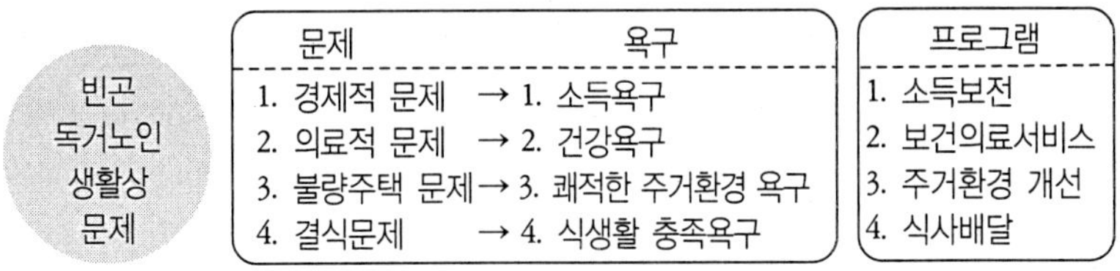

|그림 4-4| **문제의 욕구 전환과 프로그램 구상**

5. 프로그램의 이론적 배경 확인

클라이언트의 문제분석과 욕구사정으로 해결해야 할 사회문제와 욕구가 결정되면 이 문제와 욕구에 대응하기 위해 좀 더 정확하게 문제와 문제의 원인을 파악하고 대상자의 특성과 지역환경 등을 검토하여 어떻게 개입하는 것이 가장 최선의 성과를 낼 것인지를 고민해야 한다. 이를 위해서 프로그램 개발 초기부터 프로그램의 전 과정을 형성하는 이론적 배경을 확인하고 확립하여 프로그램의 준거로 삼아야 할 필요가 있다. 프로그램의 이론적 배경은 문제인식을 명확하게 하고 프로그램의 필요성에 대한 타당성을 제시하고 프로그램의 목표설정과 목표달성을 위한 개입전략에 확실한 근거가 되기 때문이다.

1) 프로그램 이론의 필요성

프로그램 이론은 프로그램을 실행하기 위해 필요한 행동을 설명하는 이론이다. 그리고 기대하는 결과를 성취하기 위한 일련의 요인들을 구체화하고, 그 결과를 성취하기 위한 일련의 행동들을 어떻게 준비할 것인지를 설명해준다. 결국 프로그램 이론은 프로그램 가설의 설정, 목적과 목표의 설정을 포함하는 일련의 프로그램 설계를 위해 밑그림을 그리는 기초단계라고 볼 수 있다. 또한 프로그램 이론은 프로그램의 가설에서 설정하는 인과관계와 깊은 연관이 있다. 즉, 평가자는 프로그램에서 어떤 일이 발생하고 있는지를 서술할 수 있어야 하고 이러한 활동을 프로그램 결과와 연계시킬 수 있어야 한다. 프로그램(독립변수)과 결과(종속변수)의 관계는 명확해야 하며, 이 관계에 대한 정보자원으로서는 이론적, 경험적, 그리고 실천문헌 등을 들 수 있다(김희성, 2008).

한편 프로그램을 형성하는 데에 있어서 이론의 필요성을 다음과 같이 요약할 수 있다(김형식, 1999).

- 프로그램의 목적을 달성할 수 있는 배경을 설명하는 데 사용한다.
- 프로그램이 구성될 경우 이론이 지침서 역할을 할 수 있다.
- 프로그램의 이론이 제시되어야 평가가 체계적으로 진행될 수 있다.
- 프로그램 수행과정에서 파급될 수 있는 현상들을 예측할 수 있다.

2) 프로그램 이론적 배경 적용

(1) 관련 이론 검토

프로그램의 실행을 구체화하기 위해서는 관련된 이론을 검토하여 프로그램에 적용할 수 있다(김상아 외, 2013 : 78-79). 예를 들어, '장애인 취업의 현실적인 장애물을 장애인에 대한 사회적인 편견과 차별로 보고 이를 그냥 방치해 두었을 때 결과적으로는 소득창출 기회가 제한되며 만성적 빈곤에 빠지게 되고 이것은 그 개인에게 머물지 않고 그들의 자녀인 다음 세대까지도 대물림 될 수 있다'라고 주장하고 싶다면 이의 근거가 될 수 있는 이론을 확인해야 한다. 이론이 확인된다면 이론에 의해 문제의 원인이나 계속 문제가 확대되는 이유를 설명하고, 이론에 근거해서 어떠한 내용을 프로그램화했을 때 문제의 경감이나 욕구가 해소될 것이라는 것까지 설명된다면 이 프로그램은 매우 체계적인 밑그림을 완성하게 될 것이다.

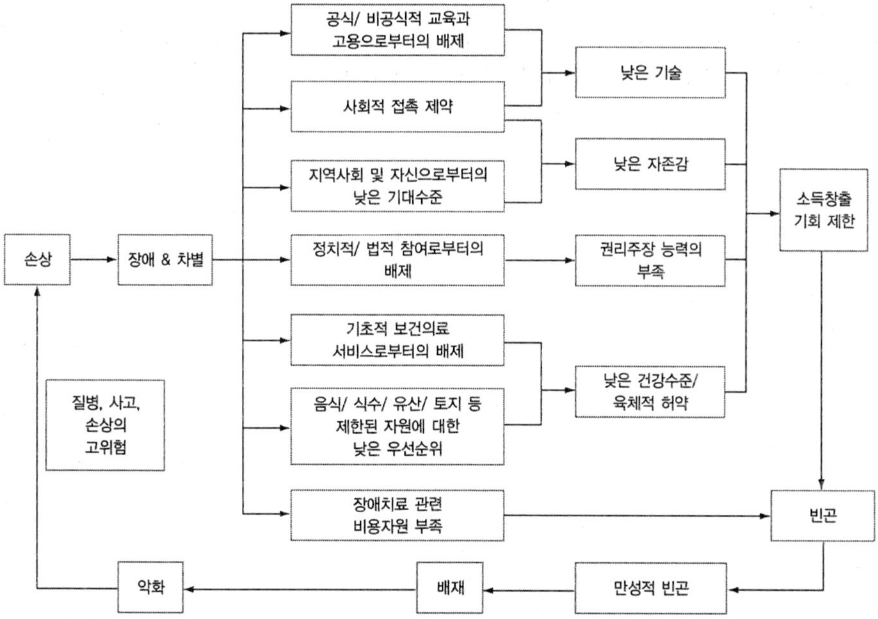

▎그림 4-5▎ 장애와 빈곤의 싸이클

출처 : Rebeca Yeo(2001). Chronic Poverty and Disability.

(2) 경험적 근거 활용

프로그램과 직접적인 관련이 있는 이론적 배경을 찾기가 쉽지 않을 때가 있다. 사회복지사들이 프로그램 내용을 구조화하는 과정에서 사회복지와 관련된 문제를 해결하는 데 적절한 이론적 배경을 찾기가 쉽지 않을 수 있다. 이럴 때는 기존의 성공사례나 외국의 사례를 경험적 근거에 의해 제시할 수 있다(김상아 외, 2013 : 80).

□ 경험적 근거 제시의 예

열매종합사회복지관은 2002년 11월 복지관을 개소한 이래 방과 후 프로그램을 통해 1일 평균 20여 명의 저소득층 아동을 돌보고 있으며, 이들 아동 90% 이상이 편부, 편모, 조손가정의 아이들이고, 80% 이상이 저녁 10시까지 보호자가 없는 상태이다.

본 복지관은 2009년에 ○○재단의 지원으로 야간에 방치된 아동을 보호하는 사업을 시행한 적이 있으며, 시행 결과 서비스에 대한 욕구와 호응이 높았으나, 예산의 문제로 기존 방과 후 서비스 시간을 넘어서는 야간보호사업을 지속하기는 어려운 상황에 있다. 또한 단순한 보호서비스뿐만 아니라 교육지원, 영양지원, 부모교육 등의 복합적 서비스의 제공이 필요함을 인식하게 되어 본 사업을 기획하였다.

출처 : 사회복지공동모금회 2011 제안기획사업(전국사업) 배분신청서 양식.

수행내용 1 문제 발견하기

자료

- 신문, 인터넷 기사, 인구 통계자료, 상담일지, 기관운영 일지, 이용자 명부, 프로그램 결과보고서, 지역사회 연혁 및 현황, 각종 복지욕구 실태 조사 자료집, 각종 회의 결과보고서, 사회복지 관련 논문 등

기자재

- 컴퓨터, 프린트, 화이트보드, 보드마커, 도화지, 필기도구

유의사항

- 평소에 개인, 집단, 지역사회에 관련된 일반적인 상황과 조건들을 점검하고 나타나는 부정적 요소에 대해 민감하게 반응할 수 있어야 한다.
- 사회복지사로서의 책무성을 가지고 클라이언트의 삶의 질 향상이나 지역사회의 개선에 대한 강한 애착과 의지를 가지고 업무를 수행하여야 한다.
- 일상적인 업무수행 과정이나 서비스 전달 과정에서 부족하거나 미흡한 점에 대해 늘 관심을 가지고 개선하고자 하는 자세를 가진다.
  - 사회복지 대상자들이 당면하는 어려움의 원인에 대해 항상 고민한다.
  - 특정 집단이나 지역사회의 부족하거나 필요한 환경에 대해 주의 깊게 관찰한다.

수행순서

1. 프로그램 개발팀을 구성하기 위해 조편성을 한다.
   1) 조별 팀장 선정
   2) 조별 팀원의 업무(역할) 분장

2. 문제분석을 위한 계획을 수립한다.
   1) 진행일정 수립
   2) 자료수집, 면담일정 확정

3. 개인, 집단, 가족, 지역사회에서 바람직하지 못한 상황이나 상태의 본질을 확인한다.
   1) 현재의 상황과 기대하는 상황 사이에 존재하는 차이나 공백을 확인하여 바람직하지 못한 상황이나 상태를 파악한다.
      이를 위해서 문제에 영향을 끼치는 조건이나 서비스 전달체계, 지역사회 주요 정보제공자 등을 포함해서 자료를 수집할 수 있는 다양한 개인과 집단으로부터 사실을 확인한다.
      (1) **정보제공자** : 경찰 및 유관 사회복지기관과 지역주민, 즉 수퍼마켓 주인, 집 주인, 이(반)장, 부녀회장, 그 외 지역사회에 애정을 애정을 가지고 있는 토착 주민들
      (2) **접촉할 수 있는 장소** : 동네 경로당, 미용실, 아파트 부녀회, 마을 사랑방 등 지역사회에서 사람들이 모이는 장소와 관련 기관
      (예를 들어, 노인학대와 관련해서 그 문제에 영향을 받는 사람들, 즉 학대받는 노인과 그 가족들, 학대받는 노인의 친구나 이웃들, 경찰 및 다른 유관 사회복지기관 등으로부터 자료를 수집한다)

   2) 본인이 가장 관심 있는 인구집단을 선정한다.
      (1) 선택한 집단에 대한 지난 3개월 동안 보도된 신문기사를 스크랩한다.
      (2) 신문기사 가운데 클라이언트의 문제나 욕구로 여겨질 수 있는 핵심

키워드를 선정한다.

(3) 핵심 키워드를 바탕으로 연구논문이나 통계자료, 신문자료들을 검색하여 개인적이거나 사회적으로 문제가 되는 상황들을 나열한다.

4. 사회문제와 관련된 용어에 대해 명확하게 정의하도록 한다.

1) 해결하고자 하는 문제를 명확하게 이해하기 위하여 공동의 관심으로 확인하고자 하는 바람직하지 못한 상황이나 상태와 관련된 용어에 대해 정확한 정의를 내린다.

(1) 문제집단에 대한 정의는 일차적으로 관련 법령이나 보건복지부의 지침을 참고한다.

(예를 들어, 노인은 노인복지법에 의거하여 만 65세 이상으로 규정하고 빈곤가구는 국민기초생활보장법에 의한 기초생활보장 수급권자와 보건복지부에서 규정한 기준에 의한 차상위 계층을 포함한다)

(2) 각종 법령이나 지침에서 규정하고 있지 않는 용어는 전문지식을 활용하여 정의한다.

사회문제와 관련된 용어를 정의할 때에는 사회적 편견이나 차별을 내포하지 않는 긍정적이거나 가치중립적인 단어를 사용한다.

5. 바람직하지 못한 상황이나 상태에 노출되어 있는 사람들의 특성은 무엇인지 확인한다.

1) 문제상황과 관련 있는 사람들에 대한 인구 경제학적 통계용어로 문제를 설명하도록 한다.

주요한 대상은 누구이며, 어떤 사람들인가, 지역별로 어떤 차이가 있는지에 대해 설명한다.

(1) 문제와 관련된 인구집단을 설명하는 데 있어 객관적인 수치나 신뢰할 만한 기관의 자료를 제시하여 객관적으로 문제를 설명할 수 있게 한다.

① 기존의 실태조사 보고서 등 관련 자료를 탐색하여 객관적인 데이터를 보여줌으로써 문제를 명확하게 제시한다.

② 특정 인구집단이나 특정 지역에 대한 자료가 없는 경우, 기존의 자료나 유사한 객관적인 데이터를 바탕으로 추정하여 제시한다.

(2) 문제에 관련된 인구집단의 정의에 합의했다면 그 다음 과제는 그들이 누구인가를 설명한다.

제시된 문제에 대해 구체적으로 설명함으로써 문제해결을 위한 서비스 대상과 내용을 명확하게 한다.

예를 들어, 학교 사회복지 영역에서 학교 부적응 학생은 공부에 흥미가 없는 학생일 수 있고, 학교폭력의 가해자이거나, 집단따돌림의 대상이 되는 학생일 수도 있고, 혹은 가족 구성원 간 갈등이나 또래 친구들과의 어울림으로 인해 학교 부적응 현상이 나타날 수 있다. 서비스 대상에 대하여 구체적으로 확인하지 않은 문제분석은 일부의 대상자를 위한 프로그램을 기획하는 오류를 범하게 된다.

수행내용 2 문제 분석하기

자료

• 신문, 인터넷 기사, 인구 통계자료, 관련 연구논문, 기관보고서, 지역사회 연혁 및 현황, 각종 복지욕구 실태 조사 자료집 등

기자재

• 화이트보드, 보드마커, 전지, 필기구, 자

유의 사항

• 각 영역별로 드러난 문제뿐 아니라 발생의 원인과 문제로 인해 생겨날 수 있는 영향들을 정확하고 구체적으로 빠짐없이 기록하도록 한다.

수행 순서

1. 문제를 구체적으로 분석하기 위해 화이트보드나 전지를 준비하고 그 중앙에 문제와 관련된 단어를 적는다. : 이러한 단어의 나열이 결코 사소한 것이 아니며, 대상에 적합하고 보다 차별화된 시작은 차별화된 분석과 프로그램을 만들어 낸다.

2. 처음 적은 단어들의 오른쪽 위에 어떤 상황이 사회에 문제가 되는지 목록을 적는다.

3. 오른쪽 아래에 어떠한 상황이 개인에게 문제가 되는지를 적어본다. : 개인은 주로 클라이언트를 의미하고 때로는 가족을 포함하기도 한다.

4. 처음 적은 단어들의 왼쪽에 그러한 개인에게 문제의 발생과 그 문제가 확대되게 된 요인들을 적어본다. : 이러한 정보의 주요 자원은 실질적인 경험을 바탕으로 한 연구보고서나 논문, 기관의 실태보고서, 통계자료 등을 참고로 작성한다(보통 최소한 10개~25개 정도의 요인들을 발견해 낼 수 있다).

5. 이상의 것들을 정리하고 일정한 유형으로 범주화한다. : 추후 프로그램의 대상자와 목표, 문제해결책 등에 대한 아이디어를 얻을 수 있다.

수행 Tip

4장의 1. 문제분석 중 2) 문제분석의 틀 <표 4-1> "문제분석의 세 가지 요소와 하위 특성"과 아래 샘플 <사회문제 분석의 틀과 치매노인 문제>를 참고한다.

〈사회문제 분석의 틀과 치매노인 문제〉

분석틀	치매노인 문제
Ⅰ. 사회에 대한 문제 1. 사회가 부담해야 할 비용과 부담 2. 사회 구성원의 건강과 안전에 대한 위협 3. 사회가 중요시하는 가치에 대한 위협	Ⅰ. 사회에 대한 문제 1. 치매노인 보호 및 치료비용 급증 2. 노인의 건강과 생명, 삶의 질 위협 3. 경로효친사상의 퇴조
Ⅱ. 개인과 가족에 대한 문제 1. 최소한의 건강과 품위의 박탈 2. 학대와 착취 위협 3. 적극적이고 능동적인 사회참여의 장벽	Ⅱ. 개인과 가족에 대한 문제 1. 재가치매노인의 생활문제와 가족갈등 2. 치매노인에 대한 가족의 방치 또는 학대 3. 건강한 노후생활과 사회활동의 제약
Ⅲ. 사회문제의 존재나 확산에 영향을 주는 요인 1. 생물 또는 물리적 2. 행동적인 면 3. 사회 또는 심리적 4. 정치경제적 5. 개인 또는 가족 6. 지역사회 7. 역사 또는 문화 8. 사회	Ⅲ. 사회문제의 존재나 확산에 영향을 주는 요인 1. 알츠하이머병 2. 가족의 보호부담 가중 3. 허약한 노인 경시 4. 노인의 사회적 가치 평가절하 5. 가족의 무관심과 방치 6. 적절한 보호기관 경여 7. 노인경시풍조의 만연 8. 질병노인에 대한 무관심과 정책 부재

수행내용 3 해결 우선순위 결정하기

자료

• 신문, 인터넷 기사, 인구 통계자료, 상담일지, 기관운영 일지, 이용자 명부, 프로그램 결과보고서, 지역사회 연혁 및 현황, 각종 복지욕구 실태보고조사 자료집, 각종 회의 결과보고서, 사회복지 관련 논문, 전문가 자문, 지역주민 면담철, 자원목록표, 자원조사표

기자재

• 컴퓨터, 프린트, 칠판, 메모지, 전지, 보드마커, 도화지, 필기도구

유의사항

• 문제 및 욕구의 심각성, 영향범위, 방치했을 때 피해규모, 동원 가능한 자원 등을 종합적으로 고려하여 심각하고 실현 가능한 문제부터 해결할 수 있도록 우선순위를 설정하도록 한다.

수행순서

1. 연구보고서나 조사자료 등의 문헌이나 경험, 기타 자료를 통해 지역사회나 클라이언트의 당면 문제를 확인한다.

2. 문제나 욕구를 해결하는 데 필요한 인적·물적·사회적 자원 등을 검토해야 한다.
   1) 지역사회 내에서 기존에 마련되어 있는 자원 실태 조사내용을 확인하여 가용자원에 대한 정보를 입수한다.

2) 자원 실태 조사가 되어 있지 않다면 기관에서 자원 활용 계획을 수립하여 지역사회 내에 존재하는 다양한 자원들에 대한 파악을 우선적으로 실시한다.
   (1) 지역사회 자원 동원을 위해서 사회복지기관은 지역사회 내의 다양한 기관들과 교류하여야 한다.
   (2) 각 자원마다 제공 가능한 서비스 및 이용방법, 필요 서류, 자원활용의 제한조건 등을 명시하고 목록화하여 활용한다.
   (3) 파악된 자원들은 수시로 확인하고 수정하여 항상 정확한 정보로 활용될 수 있도록 한다.

3) 자원목록을 활용하여 지역사회의 가용 자원에 대한 사정을 실시한다.
   (1) 인적 자원을 파악한다.
   인적 자원에는 지역사회에 거주하고 있거나 직장 등 지역사회에 연고가 있으면서 사회문제 해결이나 욕구 충족에 의지가 있는 자원봉사자 개인과 단체 및 사회복지 대상자들도 포함하여 사정한다.
   (2) 물적 자원을 파악한다.
   문제나 욕구 해결을 위해 후원금 개발이 가능한 기업이나 후원금을 개발할 수 있는 계층을 파악하고 공공 시설물의 공간 활용 가능성, 상호 연계 프로그램 가능 여부 등을 파악한다.
   (3) 공공기관 및 비공식 조직을 파악한다.
   경찰서, 소방서, 교육, 금융기관 등의 공공기관과 문화, 체육, 종교, 시민단체 그리고 지역사회에서 다양하게 활동하고 있는 소그룹의 주민조직을 파악한다.

3. 해결 우선순의 결정을 위한 집단토의를 통해 문제나 욕구 중에서 우선적으로 해결해야 할 순위를 결정한다.
   1) 욕구조사 담당자나 기관의 실무자가 구성원들에게 각 문제의 심각성과 경향, 그리고 대응할 수 있는 지역 자원들에 대해 설명한다.

2) 주요 문제에 대해 화이트보드나 전지에 기록하도록 한다.
3) 각 구성원들은 제시된 문제에 대해 토론하거나 보완 설명을 하고 유사한 문제들은 서로 합치기도 한다.
4) 각 제안들에 대해 각 개인별로 다섯 가지(사안에 따라서는 세 가지 이내) 이내에서 우선순위를 정하고 각 순위마다 가중치를 두어 점수화한다.
5) 각 구성원이 매긴 우선순위를 합산하여 가장 높은 점수를 받은 문제 순으로 논의 가능한 문제들을 정리하여 다시 제시한다.
6) 제시된 문제에 대해 다시 토론하고 의문 나는 사항이 있거나 잘못 이해한 부분이 있다면 해소하여 문제에 대한 정보를 공유하도록 한다.
7) 마지막으로 각자가 다시 우선순위를 정하고 각 순위마다 가중치를 두어 점수화한다.
8) 각 구성원의 우선순위를 합산하여 최종적으로 우선순위를 정한다.

수행내용 4 문제 정의 및 프로그램 사업명과 필요성 작성하기

자료

• 신문, 인터넷 기사, 인구 통계자료, 문제분석 자료, 관련 연구논문, 사회복지공동모금회 배분안내 책자 외 각종 사회복지지원재단의 사업안내 책자 등

기자재

• 컴퓨터, 프린트

유의사항

• 추상적인 해결방법이 아니라 구체적인 문제해결이 가능하도록 명확하고 구체적으로 문제를 분석하여야 한다.
• 발생하는 문제의 원인을 여러 가지 자료를 참고하여 정확하게 찾아내야만 문제해결을 위한 프로그램을 제시할 수 있다.

수행순서

1. 문제분석을 위한 자료수집이나 분석작업이 이루어지고 해결해야 할 문제에 대한 우선순위가 결정되면 선택된 문제에 대한 핵심 키워드를 나열한다.

2. 다루고자 하는 사회문제를 키워드로 하여 연구논문, 통계자료, 도서, 신문기사를 검색하여 개인적 · 사회적 문제가 되는 상황과 문제의 원인을 정리한다.

1) 문제의 발생원인을 정확히 알아야 문제를 해결할 수 있는 방법을 제시할 수 있다.

외형적으로 나타나는 문제의 형태는 동일하지만 이유는 여러 가지가 있을 수 있다. 예를 들어, '결식으로 인한 영양섭취 부족'이라는 문제를 놓고 볼 때 '결식'이 빈곤이라는 경제적 이유에서 발생하는 것인지, 음식을 섭취할 수 없어서 굶게 되는 신체기능상의 문제인지, 가족 간의 갈등으로 굶게 되는 정서적 문제나 학대로 인해 발생하는 문제인지 등 다양한 관점에서 문제의 원인을 찾아야 한다.

2) 문제의 원인을 찾아내기 위해서는 관련 자료나 이해당사자의 면담 등 다양한 방법을 활용하여 우선적으로 문제의 원인에 대한 이해를 도모한다.

(1) 문제 원인에 대한 자료를 수집한다.

① 문제와 관련 있는 다양한 단어들을 나열하고 좀 더 구체적으로 기술해 본다.

② 제시한 단어나 문자를 중심으로 관련 논문이나 서적을 탐독한다.

③ 문제와 관련 있는 사회복지실천가나 전공학자의 견해를 청취한다.

④ 수집된 자료에 근거하여 프로그램이 해결할 수 있는 가설을 수립한다.

(2) 문제의 어떤 원인에 초점을 맞출 것인지를 결정한다.

프로그램은 문제의 어떤 원인에 초점을 맞추느냐에 따라 내용이 결정된다. 즉, 결식문제는 급식 제공으로 해결되지만 결식의 원인이 저소득이라면 소득 향상이 주된 해결방법이고, 가족 간의 갈등으로 인한 결식이라면 가족기능 회복이 주요한 해결방법이다. 즉, 문제의 원인에 따라 프로그램의 내용이 완전히 달라진다.

3. 문제상황의 크기와 분포를 확인한다.

1) 문제상황으로 인해 발생한 구체적인 피해와 그로 인해 고통받고 있는 사람들의 숫자를 제시한다.
치매노인으로 인해 발생하는 가족 간의 갈등, 부양부담, 경제적 곤란 등에 대해 구체적으로 제시함으로써 치매노인 보호와 부양부담 감소를 위한 시설 증설 및 치매노인 보호 비용 경감을 위한 법적·제도적 장치 마련의 당위성을 피력한다.

2) 현재 문제로 인해 개인과 가족 및 지역사회에 미치는 부정적인 영향을 기술한다.
청년 실업문제로, 예를 들면 개인적으로 낮은 자존감과 패배의식을 형성하고 가구소득이 감소함에 따라 가족 구성원의 생활에 영향을 미치고, 청년 실업문제의 팽배는 소득저하로 인한 구매력 감소에 따라 경기 불황의 원인을 제공하고, 절도 등의 사회문제로 이어지게 된다.

3) 지금 당장 그 문제가 해결되지 않으면 앞으로 그 문제로 인하여 피해를 입을 수 있는 사람들의 수를 예측하여 제시하고 그 문제가 해결되지 않으면 파생될 수 있는 다른 문제에 대해 제시한다.
저출산·고령화로 인하여 앞으로 장기요양서비스를 필요로 하는 사람들의 수가 5년 뒤에는 몇 명이고, 10년 뒤에는 몇 명으로 늘어나게 된다든지 하는 식의 장기적 예측을 제시하고, 장기요양서비스가 제대로 시행되지 않을 경우 발생할 수 있는 가족의 부양부담과 그로 인한 비용에 따른 경제적 문제, 부양자의 미취업으로 인한 경제적 손실, 비전문가적인 부양으로 인한 사고 우려 등 이로 인해 파생될 사회문제에 대해 제시한다.

4. 문제를 분석하고 정의할 때 분량이 너무 많으면 독자들의 혼란을 가져오므로 정확한 근거와 그에 따른 피해상황 등을 간단명료하게 작성한다.

1) 문제의 정의를 명확하게 내리기 위해 조작적으로 정의하여 제시하는 문제의 범위를 명확히 한다.
빈곤과 관련하여 '저소득층'은 막연하므로 '기초생활수급자' 또는 '최저생계비 120% 이하 가구', '도시근로자 가구 평균소득 이하 가구' 등으로 명확하게 정의하여야 한다.

2) 문제분석에서 정해진 양식이 있다면 그 양식에 따라 정리하고 정해진 양식이 없다면 가급적이면 1~2페이지 이내에서 수행순서를 참고하여 체계적으로 간단명료하게 작성한다.

5. 이상의 작업을 바탕으로 정의된 문제해결을 위한 프로그램 사업명을 정하고, 대상자의 특성과 배경, 사회문제의 발생원인, 대상자의 욕구, 문제가 해결되지 않는 이유, 문제가 개인, 가족, 집단, 지역사회에 미치는 영향 등에 대해 구체적으로 기술하면서 문제해결을 위한 프로그램 사업의 필요성 또는 실시배경을 서술한다.

수행 Tip

Tip 1. **사업명 작성방법** : 대상, 목적, 사업내용을 포함할 수 있는 내용으로 구성, 부제 사용도 가능

- 사업명만 봐도 프로그램의 성격과 내용을 알아볼 수 있도록 함축적으로 표현한다.
- 사업명의 구성 : 프로그램의 **대상-목적-방법**-(추가적으로 부제 가능)

[사업명의 예]

게임중독 고위험군 청소년의 정신건강과 자아존중감 향상을 위한 **경험적 가족치료**

대상 목적 방법

부제로 "참살이 교실"

저소득 경계선 지적아동의 긍정적 자아상 확립을 위한 학습 및 정서지원 프로그램

부제 : (   )

Tip 2. **사업의 필요성 서술** : 사업의 필요성(프로그램의 실시배경)은 우리(기관)가 다루고자 하는 문제가 무엇이고, 이 문제에 노출되어 있는 대상자는 누구이며 나아가 이 문제에 연루되어 있는 부류는 누구인지를 명확히 규정한다. 그리고 이들이 가지는 문제의 특성과 심각성, 미치는 영향, 방치했을 때 예견되는 문제의 변화 및 확산 등을 제시한다. 이러한 부정적인 상황인데도 이 문제에 대한 지역사회의 인식 및 미비한 대응이나 접근방법의 문제점들을 짚으면서 이를 개선하고 문제해결을 위한 바람직한 대응방안이 무엇이고, 그 대응방안으로 개입했을 때 성취할 수 있는 목표가 무엇인지를 경험적인 근거 또는 이론적 배경을 바탕으로 제시하면서 여기서 하고자 하는 프로그램의 당위성과 필요성을 논리적으로 서술한다.

한편 프로그램의 당위성과 필요성을 입증하기 위해서는 자신의 주관적인 판단에 기초하고 있지 않음을 객관적으로 보여줄 필요가 있는데 이를 위해서는 기관이 소재한 지역사회 내에서 이 프로그램이 필요하다는 것을 입증해야 한다.

이를 위해서는 ① 지역복지 계획의 통계치를 빌려 올 수도 있고, ② 기관이 프로그램 시행에 필요한 직접적인 자료를 얻기 위해 주요 정보제공자(key informants) 또는 서비스 이용자(service users)를 대상으로 하는 자체 설문조사를 실시할 수도 있고, ③ 접근하고자 하는 지역 문제와 관련된 전문가들을 함께 모아 전문적인 의견을 수렴하는 포커스 그룹(focused group interview)을 진행할 수도 있다.

[사업의 필요성 예시 1][1)]

사업명 : 자살 예방 및 생명존중의식 함양을 위한 학교 자살 사고 후 사후 개입 프로그램

"내 생명 소중하게 가꾸기 Ⅱ - Goodbye My friend"

사업의 필요성

1. 우리나라 자살 현황과 10대 자살의 심각성

   한국은 OECD 가입국 중 자살률 1위를 기록하며(2위 헝가리), 현재 한 해 15,413명, 하루 42.2명이 자살하고 있는 실정이다. 2009년의 사망원인 통계를 살펴보면, 10대 사망원인 중 1위가 운수사고, 2위가 자살로 나타난다(통계청, 2010).

   전국 초 · 중 · 고교생 1,062(초 344명, 중 391명, 고 327명)을 대상으로 설문조사를 한 결과에 따르면, 청소년의 29.4%가 지난 3년간 자살 충동을 느낀 적이 있다고 했으며, 자살 충동을 느낀 적이 있다는 응답자 가운데 중학생이 34.1%로 가장 많았고, 고등학생 33.7%, 초등학생도 19.9%나 되었다. 또 자살 충동을 느꼈다는 응답자 가운데 12.4%는 실제 자살을 시도해 본 적이 있다고 조사되었다(보건교육포럼, 2007).

---

1) 출처 : 2011 작은나눔 큰사랑 지원기관 우수사례집, p. 56 발췌.

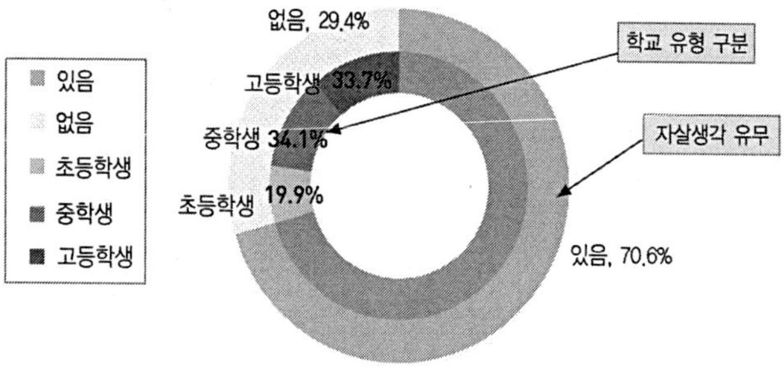

〈청소년의 자살생각률(보건교육포럼, 2007)〉

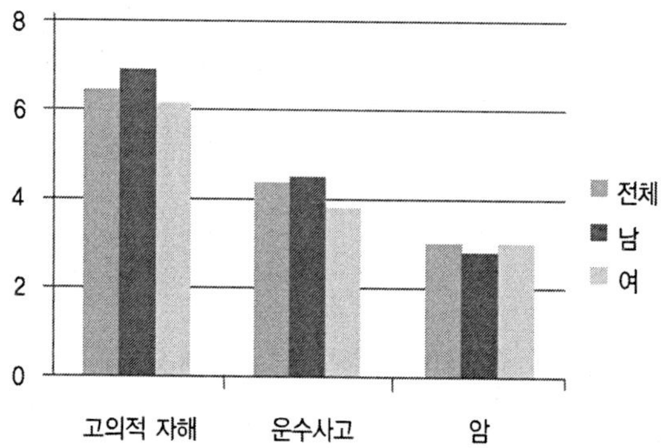

〈10대 사망원인〉

2. 청소년들의 자살에 대한 인식 변화

기존의 '자살을 금기시하는 태도'에서 최근에는 자살을 문제 해결의 방식으로 인식하고, 철저히 개인 선택의 문제, 즉 '인간의 권리'로 보는 허용적인 태도로 변화되고 있다(삼성생명공익재단 사회정신건강연구소, 2004). 또한 현재 청소년들에게 만연되어 있는 생명경시풍조로 인해, 청소년들은 자살에 대해 너무 쉽게 생각하거나 자살에 대한 잘못된 오해나 환상을 가진 경우가 많다(김준형 외, 1999; 임영식 외, 2004).

3. 각 학교의 자체적 생명존중 프로그램 및 사후 개입 프로그램 진행의 어려움, 교육인적자원부에서는 자살예방교육의 필요성을 인식하고 각 학교에서 생명존중교육을 필수적으로 2시간씩 실시하도록 하였다. 그러나 학교에서 자체적으로 프로그램을 실시하기에는 정보 및 역량 부족, 해당 교사의 업무 과중 등 여러 이유로 어려운 것이 현실이어서 본 기관에 교육의뢰를 문의하는 학교가 해마다 늘고 있는 실정이다. 또한 학교에서 도덕교과로 실시되는 생명존중교육을 제외하고 청소년을 대상으로 한 생명존중 프로그램을 조사한 결과, 삼성생명공익재단 사회정신건강연구소에서 개발한 '내 생명 소중하게 가꾸기(2005)', 수원시자살예방센터에서 실시하는 '친구사이(2005)', 한국자살예방협회에서 실시하는 연구사업(2006)의 프로그램이 있으며, 학교 자살 사후 통합적인 개입 프로그램은 실시되지 않고 있다. 한 명이 자살로 목숨을 끊었을 경우 그 영향을 받는 사람은 6명 이상이라고 볼 때 한 해 청소년 자살자 수가 연간 202명(통계청, 2009)으로, 약 1,200명의 청소년들이 자신의 고통을 해결하지 못하고, 모방자살의 위험에 노출된 경우가 매우 많다는 것을 알 수 있다. 따라서 이들을 위한 사후 예방 프로그램실시로 모방자살을 예방하고 생명존중의식을 함양하는 프로그램이 필요하다.

[사업의 필요성 예시 2][2)]

사업명 : 우울 및 스트레스 위험 청소년 집단을 대상으로 한 학교 중심의 정신건강 증진 프로그램

프로그램 실시 배경

청소년기는 급격한 신체적 · 심리적 변화와 더불어 성인으로서의 새로운 역할과 책임 수행을 위한 변화를 경험하는 중요한 시기이다. 이러한 과정에서 청소년들은 다른 시기에 비하여 신체적 질병으로 인한 사망률이나 질병 이환

2) 출처 : 2011 작은나눔 큰사랑 지원기관 우수사례집, p. 88 발췌.

율은 비교적 낮지만 혼란과 불안으로 학업 스트레스, 성 문제, 약물남용 등 여러 가지 정신사회적인 문제를 겪게 된다(D. Elkind, 1998 재인용). 이러한 스트레스가 청소년의 정신건강을 악화시키는 주요인이 되고 있다.

2007년 교육과학기술부의 학생 정신건강 실태조사 따르면, 청소년의 15.8%가 정신건강에 문제가 있어 정밀검진이 필요한 것으로 보고되고 있어 많은 청소년들이 정신건강 문제에 노출되어 있으며 어려움을 경험하는 것을 알 수 있다. 또한 '청소년 통계'에 따르면, 청소년의 스트레스 인지율은 중학생일 때 43.4%였다가 고등학생 때 49.9%로 늘어 학년이 올라갈수록 스트레스 인지율이 높아지는 것으로 나타났으며, 학생들의 스트레스가 커지면서 보건복지가족부의 청소년상담센터 내담 숫자는 2008년 무려 400만 6,993명으로 높게 나타났다(국민일보, 2009. 5. 10). 더불어 2005년도 보건복지부 자료에 따르면, 67%가 학업문제로 스트레스를 받고, 자살을 생각한 원인에서도 학업문제가 38%로 가장 높게 나타났다(내일신문, 2009. 7. 29). 이는 청소년들이 겪는 스트레스로 우울과 불안, 주의력 결핍 과잉행동장애 등이 구체화되면서 자살과 성폭력 등 사회적 범죄와 음주, 흡연, 약물, 비행, 인터넷 중독 등의 장애현상이 더 심각해지기 때문이다.

실제 서대문구 지역 내 중학생을 대상으로 한 우울증선별검사(CES-D)에서 2007년에는 전체 청소년 중 8%의 청소년이 2010년에는 14%가 고위험군으로 나타나, 3년 사이에 정신건강상 별도의 검진 및 관리가 필요한 청소년인 우울증 고위험군이 6%나 증가한 것으로 나타났다[2007년, 2010년 서대문청소년실무자연합회 우울증선별검사(SES-D) 결과]. 특히 본 복지관에서 학교 상담실을 운영하고 있는 ○○중학교의 경우 2차 상담이 필요한 고위험군 학생이 2007년에는 7.8%, 2010년에는 20.4%로 3년 사이에 12.6%나 증가한 것을 볼 수 있다. 또한 학교 상담실이 운영되고 있는 2개의 학교의 상담실 내에서 진행된 상담사례를 살펴보더라도, '자살 충동 및 자해 행동, 자살' 등에 대한 스트레스 및 자살 원인으로 학업문제가 가장 높게 나타났던 것과 같이 입시 위주의 교육환경으로 인해 밤늦은 시간까지 사교육과 독서실 이용 등 개인 시간을 낼 수 없는 환경에 놓여 있어 정신건강의 어려움을 경험하더라도 개별적으로 상담센터 또는 병원 등을 찾기는 어려운 실정이다. 또한 아직까지 우리나라의 경우 정신건강 관련 병원 또는 상담센터에 대한 인식이 긍정적이지 않아 쉽게 자신의 상태에 대해서 오픈하고 의뢰하기를 꺼리는 것이 현실이다. 더불어 청소년기 학생들은 많은 시간을 학교에서 친구들과 교사와의 상호작용 속에서 보내고 있어 주변 친구들의 긍정적인 모습이든 부정적인 모습이든 쉽게 모방하고 학습할 수 있는 위험에 노출되어 있어 개별 개입 또는 접근보다는 학교 단위의 개입이 필요하며, 효과적일 것으로 생각된다.

반면 서대문 지역의 경우 재개발이 진행되고 있거나 앞두고 있는 저소득 지역과 대학이 위치해 상업적으로 활성화되고 있는 지역 등이 혼재되어 있어 지역 내 빈부 차이가 크다. 이러한 환경에서 청소년들이 한 교실에서 함께 생활하고 있음에도 불구하고, 저소득 밀집 지역이 아닌 것과 학교의 자발적인 참여 부족으로 인해 교육복지 우선투자지역사업이 진행되었던 경험 및 현재에도 진행되고 있는 학교가 전혀 없는 열악한 환경이다. 때문에 학교 상담실의 활발한 운영 및 청소년의 정신건강을 위한 별도의 사업 진행이 어려운 상황에 있으며, 교사를 포함한 학교의 관심이 부족한 상황이다. 이는 지속적인 상담과 전문치료가 필요한 정신건강에 어려움을 겪고 있는 학생이 발견되어도 교사와 학부모의 인식과 역량 부족으로 인해 상담 및 치료를 거부하거나, 위험을 인식하지 못해 실질적인 개입에 있어서 많은 한계점으로 작용되고 있다.

이에 청소년의 정신건강 증진을 위해서는 우울증에 대한 예방 차원의 접근부터, 위험군에 대한 치료 및 상담, 그리고 고위험군에 대한 적극적인 치료를 도울 지지체계 강화까지 하나의 일련된 차원에서의 개입이 필요한 시점이다. 이를 위해 본 프로그램은 서대문구 내의 3개 중학교를 중심으로 학교 차원의 정신건강 예방 교육을 진행하고, 고위험군으로 분류된 청소년에게는 실질적인 치료와 상담을 지원하고자 한다. 또한 청소년이 실제 치료로 이어지고 실질적인 개입이 가능하도록 교사와 부모 등 청소년에게 중요한 지지 체계 역량을 강화하고자 한다. 이러한 일련의 개입과정을 통해 청소년의 정신 건강을 증진시키고, 궁극적으로 건강하게 성장하도록 돕고자 한다.

[사업의 필요성 예시 3][3)]

사업명 : 아동양육시설 보호아동들의 삶의 상처 회복,
그리고 관계 속에서 자라나는 행복 느끼기 프로그램

프로그램의 실시배경

국내에는 매년 5,000명의 아동들이 부나 모의 사망, 이혼, 세대 간 갈등의 증폭, 가정 내 폭력의 증가, 존속살해, 자녀유기, 미혼모 증가, 근친상간의 빈번한 발생, 자살, 약물중독 등 수많은 문제들이 가정에서 비롯하여 보호를 필요로 하는 아동이 늘고 있다(김성경, 2001). 현대사회에서 불우아동의 문제는 부모가 없는 순수고아의 문제가 아니라, 부모가 있으면서도 그 부모에게 문제가 있어 가정에서 벗어날 수밖에 없는 아동이 주류를 이루고 있다는 것이다. 이렇게 아동은 지지기반이 약하기는 하였으나 익숙한 가정에서 분리되어 시설의 단체생활이라는 낯선 환경에 적응하기까지 많은 심리적 어려움을 안고 생활하고 있다. 아동양육시설에서는 주양육자(생활지도원)가 심리적 부모역할을 하지만 주양육자 1명당 최소 10명 이상의 아동을 돌봐야 되는 상황에서 아동별 양육 및 훈육방법을 적용시키기에는 어려움이 있다. 아동의 발달주기에 있어서 정서를 공감해 주고 현재 행동을 이해하는 것이 가장 우선되어야 하기 때문에 부모교육을 통해 생활지도원에게 지속적으로 그 중요성을 인지시키는 것이 중요하다. 또한 원가족과 시설의 단체생활에서 충족되지 못한 것들을 멘토연계를 통해 충족시킬 필요가 있으며, 아동대상 집단상담 프로그램을 실시하여 아동 스스로도 부정적 정서를 해소하는 방법을 찾을 수 있도록 돕고자 한다.

3) 출처 : 2016 사회복지공동모금회 배분사례집, p. 114 발췌.

수행과제

1. 사업명 :

2. 사업의 필요성

CHAPTER

05 프로그램 개발 2단계 : 대상자 선정

프로그램을 설계하는 데 있어 중요한 과제는 '과연 누구를 서비스의 대상자로 할 것인가'이다. 사회복지현장에서는 한정된 자원으로 서비스를 제공하게 되는 경우가 많기 때문에 늘 대상자를 누구로 할 것인지는 매우 민감하고 중요하게 고려되는 부분이다. 대상자들에 대한 부정확하고 부적절한 정의는 기관 간 그리고 기관-정부 간 반목, 적절한 클라이언트에게 돌아갈 귀중한 자원의 낭비, 클라이언트 혜택의 감소 등을 야기한다. 누가 혜택을 받고, 받지 않을 것인가는 클라이언트의 욕구, 프로그램의 이론, 기관의 자원 등을 고려하여 사려 깊고 분석적으로 결정해야 한다. 따라서 대상자를 선정하는 과정은 임의적이거나 자의적으로 되어서는 안 된다(김상아 외, 2013 : 56).

1. 서비스 대상자 선정 방법

대상자를 선정한다는 것은 누구에게 서비스를 제공할 것인가를 정하는 과정이다. 대상자를 선정하는 방법은 Rapp과 Poertner(1992)가 제시한 **I그림 5-1I** 프로그램 수혜자 결정을 위한 모형에서와 같이 네 가지의 인구집단으로 구분하고 순차적으로 좁혀가는 방식을 일반적으로 많이 사용한다.

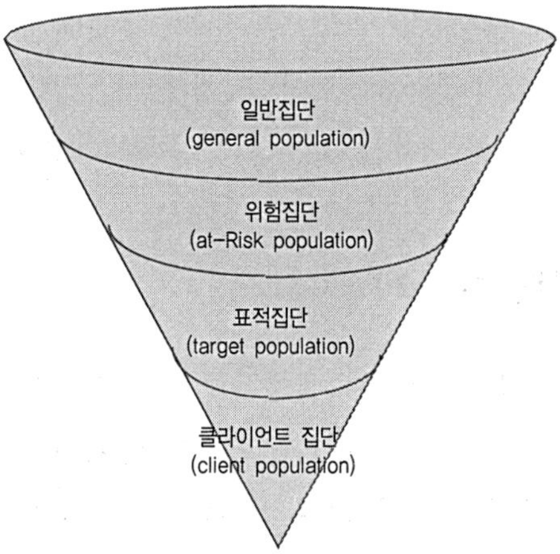

▍그림 5-1▍ 프로그램 수혜자 결정을 위한 모형

출처 : Rapp, C., & Poertner, J.(1992) Social Administraion : A Client-Centered Approach, p. 46 재구성.

1) 일반집단(General Population)

일반집단은 프로그램 집단 가운데 가장 포괄적 인구집단으로 문제나 욕구를 갖고 있다고 판단되는 해당 지역의 전체 대상집단이다. 만일 어떤 사회복지 프로그램이 "저소득층 결식아동의 신체발달을 위한 급식지원 프로그램"이라면 일정한 지역 내에 있는 문제나 욕구를 갖는 전체 아동이 이에 해당한다. 즉, 일반집단은 클라이언트가 속한 관할지역 또는 행정구역 내에 있는 모든 사람을 포함한다. 예를 들어, "○○시 초등학교에 재학인 아동 ○○○○명", "○○시 만 65세 이상 노인인구 전체 ○○○○명" 등으로 표현할 수 있다.

2) 위험집단(At-risk Population)

일반집단 중에서 프로그램화하고자 하는 특정 사회문제에 더 영향받기 쉬운 하위 인구집단이 있다. 위험집단을 기술하는 데 있어서 전형적으로 가장 영향받기 쉬운 사람들의 특징을 포함하고, 이러한 문제를 경험하고 있는 사람들의 집단을 제시한다. 또 경우에 따라서 위험집단은 사회복지 프로그램으로 특정한 개입이 필요한 사람들을 추정하여서 산출하기도 한다. 예를 들면,

“○○시 초등학교에 재학중인 아동 중 기초수급대상 및 차상위계층 가정의 아동 ○○○명”, “○○시 만 65세 노인 중 치매노인 ○○○명”은 65세 전체 노인인구에서 치매 유병률 5.6%를 적용하여 산출하기도 한다.

3) 표적집단(Target Population)

표적집단은 프로그램의 일차적 대상자로 자격요건을 갖춘 사람들이다. 이러한 표적집단은 위험집단의 하위집단으로 클라이언트 특성과 다른 요인을 고려하여 위험집단에서 좁혀지게 된 것이다. 특정 지역에 있는 모든 위험집단에 속하는 대상자가 표적집단으로 프로그램의 대상자가 될 수는 없다(Rapp & Poertner, 1992). 대상자들을 위기에 빠뜨리는 것에는 복잡하고 다양한 원인들이 존재하는데 다양한 원인 중 대표적으로 프로그램 이론과 기관 자원을 중심으로 표적집단의 한계를 정하는 것이 일반적인 표적집단 설정방법이다. 위의 예에서 저소득계층 가정의 아동 중에서 편부가정의 아동을 표적집단으로 한정하거나, 위험집단 치매노인 중에서 중증의 치매노인 혹은 저소득 치매노인 등 클라이언트 특성에 따라 위험집단에서 표적집단으로 한정될 수 있다.

4) 클라이언트 집단(Client Population)

클라이언트 집단은 표적집단 중에서 프로그램에 실제적으로 참여하게 될 집단이다. 프로그램이 잘 적용되기 위해서는 오직 일부분의 집단만이 적합하다는 것을 명심해야 한다. 프로그램 개발자에게 있어 가장 중요한 과제는 표적집단 중에서 누가 서비스를 받을 것이며 누가 받지 못할 것인가를 정하는 것이다. 다음의 세 가지 요소를 기준으로 하여 클라이언트를 결정할 수 있다(Rapp & Portner, 1992).

(1) 수용성

프로그램의 수행인력과 예산을 감안하여 프로그램이 추구하는 목적과 목표를 달성하기에 적정한 규모의 클라이언트 집단을 구성하는 것이다. 적정 규모를 벗어난 클라이언트 집단을 대상으로 프로그램을 수행하게 되면 목적 달성이 어려울 수 있다. 따라서 이런 기준은 프로그램 설계 단계에서 미리 정해져 있어야 한다. 프로그램에 참여하고자 하는 이들이 많을 경우 미리 정해놓은 기준에 따라 우선순위를 정하여 수용이 가능한 만큼만 선정하도록 한다.

(2) 윤리성

프로그램에 참여할 조건을 갖추고, 본인이 참여에 자발적으로 동의한 이들만이 실제 프로그램에 참여할 수 있다. 참여조건이 충족되지 않거나 참여를 원하지 않는 이들을 프로그램에 참여시켜서는 안 된다. 참여자는 반드시 프로그램에 참가하는 중 지켜야 할 의무와 권리 등을 확인하고 동의한 후 참여할 수 있도록 한다.

(3) 클라이언트의 능력

일반적인 사회복지 프로그램에서 참여자는 프로그램에 참여하기 위한 기본적인 능력과 자원을 가지고 있어야 한다. 프로그램에 따라 일정 수준 이상의 인지나 정서, 행동적 측면의 능력이 있어야 참여가 가능한 경우도 있다. 또 일정한 시간과 공간에 제한된 프로그램일 경우 지속적으로 참여가 가능한지 여부가 선정과정에서 중요한 기준이 되기도 한다. 예를 들어, 클라이언트의 자격요건을 갖추었지만 원거리에 있다든지 교통수단이 마련되지 않는 경우, 또 프로그램 진행날짜와 기간에 지속적으로 참여하기가 불가능한 경우는 프로그램 대상자에 선정되기 어렵다. 또한 특정 프로그램에 참여하기 위해서는 일정 수준 이상의 인지, 정서, 행동적 측면에서 지장이 없어야 하는 경우도 있다.

┃그림 5-2┃ 클라이언트 집단을 선정할 때 고려해야 하는 요소

출처 : 사회복지 프로그램 운영 NCS 학습모듈/ 사회복지 프로그램 욕구조사, 52.

2. 대상자 선정의 실제

다음의 <표 5-1>은 A시 노인자살예방을 위한 정신건강 프로그램의 대상자 선정의 예이다.

〈표 5-1〉 A시 노인 자살예방을 위한 정신건강 프로그램

대상구분	대상자 산출근거	인원수
일반집단	A시 만 65세 이상 노인인구	35,700명*
위험집단	A시 만 65세 이상 노인인구 중 최근 1년 이내에 자살충동을 경험한 노인인구	2,700명**
표적집단	A시 만 65세 이상 노인인구 중 최근 1년 이내에 자살충동을 경험한 노인인구 중 국민기초생활수급자	540명***
클라이언트 집단	표적집단 노인 중 일반 교통수단을 이용하여 센터에 다닐 수 있으며 가족이나 본인이 프로그램 참여를 희망한 노인	40명

* A시청. 2010 통계 연보

** 보건복지가족부 2008 통계결과로 추정(만 65세 노인인구의 7.6%)

*** 보건복지가족부 2009 노인복지실태조사결과로 추정

출처 : 김상아 외(2013). 사회복지 프로그램 개발과 평가, p. 53 재구성.

<표 5－1> A시 노인 자살예방을 위한 정신건강 프로그램의 일반집단은 A시 통계연보를 활용해 일반적인 문제와 욕구를 가지고 있는 인구를 제시하였다. 즉, A시에 거주하는 만 65세 이상 노인인구를 일반집단으로 설정하였다. 다음으로 위험집단은 일반집단에 속한 대상자들 중 문제에 취약성을 보이거나 즉각적 개입이 필요한 집단으로 최근 1년 동안 자살충동을 1회 이상 경험한 노인들로 설정하였다. 한편 보건복지가족통계연보에서 보고된 노인인구 중 최근 1년간 자살충동을 경험한 노인이 7.6%였다는 자료에 근거하여 일반집단 인구 중에서 산출하였다. 표적집단은 위험집단 중에서도 법정 저소득가정인 국민기초생활보장법에 의한 수급권자를 우선으로 산출하였다. 이와 관련된 자료는 각 시·군에서 발간하는 통계연보에서 얻을 수 있으며, 이곳에는 수급권자와 관련된 수치 또는 전체 인구 중 차지하는 비율이 제시되어 있다. 마지막으로 클라이언트 집단의 수 40명은 표적집단에서도 개인적으로 교통편을 이용할 수 있으면서 본인이나 가족이 참여를 희망하는 노인으로 한정하였다. 이러한 조건은 윤리성, 실용적 수용성, 그리고 클라이언트 능력을 고려한 선택으로 보아야 한다. OO시 통계연보를 활용해 일반적인 문제와 욕구를 가지고 있는 인구를 제시하였다. 즉, OO시에 거주하는 만 65세 이상 노인인구를 일반집단으로 설정하였다. 다음으로 위험집단은 일반집단에 속한 대상자들 중 문제에 취약성을 보이거나 즉각적 개입이 필요한 집단으로 최근 1년 동안 우울증 중등 이상인 노인들로 설정하였다. 표적집단은 위험집단 중에서도 법정 저소득가정인 국민기초생활보장법에 의한 수급권자를 우선으로 산출하였다.

간혹 프로그램 개발자들이 일반집단에서 위험집단, 표적집단으로 설정하는 과정에서 저지르기 쉬운 실수 또는 문제는 집단을 좁혀가는 기준을 지리적 범위로 좁혀나가는 경우이다. 예를 들어, 일반집단은 서울시 관내 노인이라 하고 위험집단은 서울시 ○○구 노인, 표적집단은 서울시 ○○구 ○○동에 거주하는 노인 등으로 좁혀가는 것이다. 이렇게 지리적 범위를 유일한 기준으로 점차 축소시키는 방법은 잘못된 표적집단 추출방식이라 하겠다.

수행내용 프로그램 대상자 선정하기

자료

- 문제분석 및 욕구사정 결과
- 관련 사업안내(예 보건복지부 장애인복지 사업안내, 보건복지부 노인보건복지 사업안내 등)

기자재

- 컴퓨터 및 프린터
- 복사기

유의사항

- 프로그램 참여 대상의 범위는 문제나 욕구 등을 기준으로 설정한다.

수행순서

1. 해당 프로그램의 대상자가 속해 있는 전체 인구집단의 범위를 설정한다.

2. 해당 프로그램의 참여 가능한 대상이 속해 있는 인구집단의 규모를 찾아 프로그램 계획서의 '일반집단' 기록란에 기록한다.

3. 일반집단에서 문제에 노출이 되거나 욕구를 지니고 있는 인구집단의 범위를 설정한다.

4. 일반집단에서 문제에 노출되거나 욕구를 지니고 있는 인구집단의 규모를 산출하여 프로그램 계획서의 '위험집단' 기록란에 기록한다.

5. 위험집단에서 프로그램을 적용할 수 있는 인구집단의 조건을 설정한다.

6. 위험집단에서 프로그램을 적용할 수 있는 인구집단의 규모를 추정하여 프로그램 계획서의 '표적집단' 기록란에 기록한다.

7. 프로그램 실행 시 수용 가능한 참가인원 규모를 산출한다.

8. 관계자들과 검토하여 규모를 설정하여 '클라이언트 집단' 기록란에 기록한다.

수행 Tip

프로그램 참여대상 설정 시 일반집단, 위험집단, 표적집단, 클라이언트 집단으로 범위를 좁혀 갈 때, 지리적 범위를 기준으로 좁히는 오류를 범하는 경우가 종종 있다. 프로그램 참여대상은 문제나 욕구를 기준으로 설정되어야 한다.

[프로그램 대상 예시 1]

대상구분	서비스 대상자 산출근거	단위 수(명)
① 일반대상	인천서구다문화가족지원센터를 이용하고 있는 다문화가정	4,185명
② 위기대상	배우자와의 연령차가 10세 이상인 다문화가정	2,378명
③ 표적대상	자녀를 양육하고 있는 다문화가정	1,908명
④ 클라이언트 수	부부갈등, 양육으로 상담 또는 본 센터 프로그램에 참여한 경험이 있는 다문화가정	48명

출처 : 2016 사회복지공동모금회 배분사례집, p. 121 발췌.

[프로그램 대상 예시 2]

대상구분		산출근거	인원수
클라이언트 수	주된 참여자	• 스트레스 고위험군 청소년 학생(학교 스트레스가 높고 대처능력이 약한 중학교 2학년) • 스트레스 척도 검사 결과 스트레스 및 대처능력이 고위험군(전체 참여 학생의 상위 70% 이상)에 속하는 청소년 중 프로그램 참여의지가 있는 학생	30명
	주변 참여자	• 스트레스 고위험군 청소년의 부모 • 학교 교사(전 교직원 및 스트레스 청소년의 담임교사) • 스트레스 청소년에게 긍정적인 영향을 줄 수 있는 또래 친구(멘토활동 참여자) • 지역사회 전문 유관기관(정신보건센터 및 청소년수련관 등)	부모 30명 또래 멘토 30명 교사 및 유관기관 담당자 20명

출처 : 2011 작은나눔 큰사랑 지원기관 우수사례집, p. 8 발췌.

[프로그램 대상 예시 3][1)]

(1) 참여 대상 및 인원

핵심 참여자	– ○○구, △△구, XX구 내 아동학대 고위험 가정 피해아동 20명 – ○○구, △△구, XX구 내 아동학대 고위험 학대 행위자 20명
주변 참여자	– ○○구 내 핵심 참여자 가족 구성원 60명

(2) 참여자 선정기준

– 1순위 : 본 기관에 접수된 아동학대 사례 중 아동학대 위험도 평가척도 측정 결과 재학대 고위험 가정으로 판단된 가정의 아동 및 학대행위자

– 2순위 : 본 기관에 접수된 아동학대 사례 중 실무진 회의를 통해 재학대 가능성이 높다고 판단된 가정의 아동 및 학대행위자

(3) 참여자 모집 방안

– 최근 3년간 접수된 아동학대 사례 분석 및 위험도 평가척도 측정을 통한 참여자 선정

– 선정된 참여자에게는 사업 소개 후 참여 여부에 대한 참여동의서 작성

1) 출처 : 2018 사회복지공동모금회 배분사업안내, p. 29 발췌.

수행 과제

3. 프로그램 대상자

CHAPTER

06 프로그램 개발 3단계 : 목적 및 목표 설정

사회복지 프로그램 개발과정에서 문제를 분석하고 욕구를 파악한 후 프로그램의 대상자를 선정하고 나면, 그 다음은 이 프로그램을 통해 무엇을 성취할 것인가를 결정해야 한다. 목적과 목표는 프로그램의 전 과정에 걸친 방향과 지침을 제공하는 매우 중요한 요소이다. 즉 목적과 목표가 정해지면 프로그램의 모든 활동과 역량이 목표달성을 위해 집중되어 진행되고 운영된다. 그리고 결과에 대한 평가의 기준이 되기도 한다.

1. 프로그램 가설 설정

좋은 사회복지 프로그램이란 프로그램을 통해서 성취하고자 하는 목적과 목표 달성, 즉 사회문제의 해결이나 클라이언트의 욕구를 충족시킬 수 있는 프로그램일 것이다. 따라서 목표설정과 목표달성을 위한 개입전략은 파악된 사회문제와 욕구와의 관련성이 매우 높아야 함은 자명한 일이다. 가설은 프로그램 설계에서 개입전략과 수단이 클라이언트의 욕구충족과 문제해결의 결과 또는 프로그램의 목표와 어떤 관련성이 있는지를 확인하기 위해서 사용된다. 따라서 목표설정을 위해서 사전에 가설을 설정해 보는 것은 목표설정에 매우 큰 도움이 된다. 예를 들어, "만일 발달장애인을 위한 지원고용제도가 마련되면 장애인의 삶의 질이 향상될 것이다"라는 프로그램 가설이 있으면 이때 지원고용제도는 사회문제나 클라이언트 욕구와 관련된 것이며, 삶의 질 향상은 분명히 프로그램의 목적이나 목표와 관련되어 있을 것이다.

1) 프로그램 가설이란

프로그램 가설(program hypothesis)은 계획하고자 하는 사회복지 프로그램이 대상(개인, 가족, 집단, 지역사회)의 욕구충족이나 문제해결과 어떤 관련성이 있는지 검토하기 위하여 설정한 명제를 의미한다.

2) 프로그램 가설의 필요성

프로그램의 내용을 결과로 연결시키는 프로그램 가설을 통해 프로그램의 효과성과 효율성을 예측해 볼 수 있다. 가설 설정은 어떤 프로그램을 적용할 것인지를 결정하기 위한 의사결정에 앞서 진행해야 하는 중요한 과정이다.

3) 프로그램 가설의 형태

프로그램 가설은 아래와 같이 '만일 ~한다면, ~할 것이다(if-then)'의 형태로 구성된다.

- "만일 자존감이 낮은 청소년에게 학습지원을 하여 성적이 오른다면, 자존감이 높아질 것이다."
- "만일 홀로 사는 어르신들께 말벗봉사자를 보내드리면, 노인자살률은 낮아질 것이다."
- "만일 중도장애인들에게 장애를 수용하고 적응할 수 있도록 지원한다면, 그들의 삶의 질은 높아질 것이다."
- "만일 발달장애인을 위한 지원고용제도가 마련되면 장애인의 삶의 질이 향상될 것이다."

4) 프로그램 가설 설정의 과정

프로그램 가설은 문제나 욕구를 확인하는 과정에서 자연스럽게 설정이 될 수 있다. 프로그램 가설 설정을 위해서는 우선 개입이 필요한 문제나 욕구를 명확히 할 필요가 있다. 명확히 정의하거나 규정하지 않은 문제나 욕구에 대해 프로그램 가설 설정을 하기는 어렵다. 그런 다음 문제나 욕구의 유형과 규모, 발생원인 등을 확인하여 이에 대해 개입할 수 있는 방안에 대한 아이디어를 도출한다. 문제나 욕구에 이를 충족시키거나 해결하기 위한 적절한 수단이나 방법을 대입하여 프로그램 가설을 설정한다.

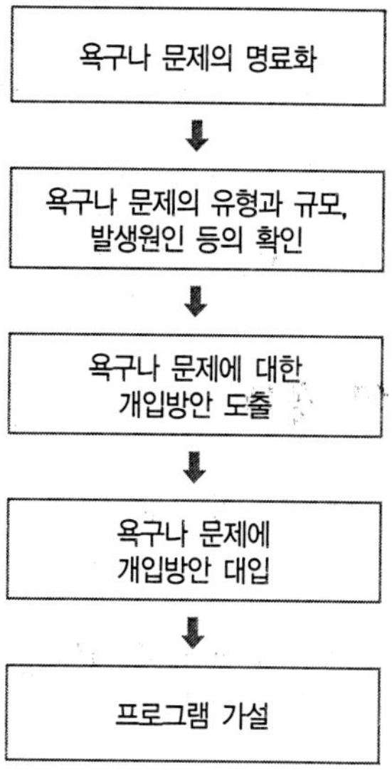

| 그림 6-1 | 프로그램 가설의 설정 과정

출처 : 사회복지 프로그램 운영 NCS 학습모듈/ 사회복지 프로그램 계획수립, 8.

5) 프로그램 가설 설정에서 고려해야 할 사항

프로그램 가설을 설정하는 가장 중요한 첫 번째 원칙은 인과관계(cause and effect)의 도출이다(Kettner et. al., 1999 : 83-85). 인과관계에서 결과는 사회문제나 클라이언트가 당면한 문제이며, 원인은 이러한 결과를 야기하는 조건 또는 상황이다. 클라이언트 문제는 복합적이기 때문에 여러 가지 문제의 원인이 동시에 고려되어야 한다. 가설을 설정하는 두 번째 원칙은 인과관계에서 원인으로 간주되는 것들 중에서 프로그램으로 접근 가능한 요인(factor)의 식별이다. 예를 들어, 발달장애인의 문제 중 취업문제(미취업, 실직상태)에서 발달장애인의 미취업 원인 또는 요인들 가운데 프로그램으로 개입 가능한 것인지 아닌지를 식별해야 한다. 미취업의 원인이 개인적이 상황이 원인이라면 개인의 상황을 개선하거나 해결할 수 있는 가설을 설정하여 개인을 돕거나 지원하는 프로그램을 만들어야 한다. 하지만 사회구조적인 문제로 인한 실직이라면 개인에 대한 도움이나 지원만으로는 문제가 해결될 가능성이 낮기 때문에 사회의 변화를 꾀할 수 있는 정책적 차원의 접근을 끌어내는 가설을 설정해야 한다. 마지막 단계로는 프로그램 가설을 설정하여 그것이 논리적으로, 현실적으로 타당한지를 검토해야 한다.

2. 프로그램 기초계획서 작성

1) 기초계획서의 작성

사회복지 프로그램의 계획서는 일반적으로 프로그램명, 프로그램의 필요성, 프로그램의 대상, 목적 및 목표, 활동내용, 수행인력, 예산, 평가계획 등의 요소로 구성되어 있다. 프로그램 채택을 위한 의사결정 용도로 사용하기 위한 기초계획서에 이러한 구성요소 모두를 포함하는 것은 불필요해 보일 수도 있다. 그러나 가능한 많은 요소들을 포함하여 기초계획서를 작성하는 것이 효과적이고 합리적인 의사결정에 도움이 된다.

2) 사회복지 프로그램의 결정

어떤 프로그램을 채택할 것인가를 결정하는 것은 매우 중요한 행위이다. 새로운 프로그램을 도입해야 하는 상황에는 물론이거니와 기존 프로그램을 바탕으로 수정하는 정도의 작업만 해도 되는 상황이라도 프로그램을 결정하는 것은 간단하지 않을 수 있다. 어떤 프로그램이냐에 따라 그 결과도, 그에 따른 파급효과도 달라질 수 있기 때문에 프로그램의 결정은 신중해야 한다.

프로그램은 일련의 기준을 적용하여 판단한 후 결정한다. 일반적으로 사회복지 프로그램을 결정하기 위하여 많이 사용되는 기준들은 다음과 같다. 이들 기준의 우선순위는 고정되어 있지 않고 조건이나 상황에 따라 설정하여 적용할 수 있다.

(1) 효과성

효과성은 프로그램을 통해 이루고자 하는 바를 실제로 이룰 수 있는지 여부를 판단하는 기준을 의미한다. 프로그램에 대한 효과성을 확인하기 위하여 다음과 같은 질문들을 해볼 수 있다.

- 이 프로그램을 통하여 목적을 이룰 수 있는가?
- 이 프로그램의 목표는 달성할 수 있는 것인가?
- 이 프로그램을 통해 성과를 얼마나 거둘 수 있는가?

(2) 효율성

효율성은 사용되는 비용에 비해 프로그램이 얼마나 많은 산출이나 성과를 거둘 수 있는지 판단하는 기준을 의미한다. 프로그램의 효율성을 확인하기 위하여 다음과 같은 질문들을 해볼 수 있다.

- 프로그램 실행에 필요한 자원 대비 예상되는 실적이나 성과는 얼마나 되는가?
- 문제나 욕구의 크기에 비추어 프로그램의 규모가 적절한가?

(3) 시급성

문제나 욕구에 대한 개입이 얼마나 시급한지 여부도 프로그램을 결정하기 위한 주요 기준이 될 수 있다. 실행이 필요한 프로그램이라고 인정되더라도 다른 중요하거나 시급한 사안에 밀려 보류될 수도 있다.

(4) 파급효과

프로그램을 통해 직접적으로 달성하고자 하는 목적과 함께 예상되는 긍정적 외부효과나 파급효과도 프로그램 결정을 위한 기준이 될 수 있다. 긍정적 파급효과가 예상된다면 프로그램이 채택될 가능성이 높아질 것이다.

(5) 실현 가능성

프로그램의 실현 가능성도 프로그램 결정의 중요한 기준이 된다. 프로그램이 현실적으로 실행 가능한지 여부는 다음과 같은 내용에 대한 점검을 통해 확인이 가능하다.

- 우리 조직이 이 프로그램을 운영할 수 있는 전문성이 있는가?
- 프로그램 운영에 필요한 재정은 확보할 수 있는가?
- 프로그램에 참가할 클라이언트를 확보할 수 있는가?

(6) 조직의 미션 및 비전과의 적합성

프로그램을 운영하고자 하는 조직의 미션 및 비전과의 적합한지 여부도 중요하다. 조직의 미션이나 비전과 연관성이 낮거나 없는 프로그램은 아무리 내용이 좋아도 채택되기는 쉽지 않다.

- 프로그램을 수행하는 조직의 미션 및 비전과 연관이 있는가?
- 프로그램을 통해 조직의 미션 및 비전을 달성할 수 있나?

(7) 윤리적 적절성

프로그램의 내용이 법적 · 윤리적으로 문제가 될 수 있을 만한 부분이 있는지에 대해서도 검토해야 한다. 법적인 문제는 없더라도 윤리적인 면에서 문제의 소지가 있는지 여부에 대해서도 꼼꼼히 검토해야 한다.

- 프로그램은 클라이언트에게 필요한 것인가?
- 프로그램 운영에 따른 법적인 문제는 없는가?
- 프로그램은 문화적으로 수용 가능한가?

• 프로그램은 클라이언트의 이익보다 조직의 이익을 추구하고 있지는 않은가?

3. 목적과 목표 설정

프로그램 개발에 있어서 목적과 목표의 선정은 프로그램 개발자들이 무엇을 달성하려고 하는지와 어떻게 그것을 성취하려고 하는지를 명료한 용어로 기술하게 함으로써 대상자 선정 이후에 프로그램 실행을 위한 틀을 제공하는 역할을 하는 것이다. 나아가 프로그램 개발의 중요한 부분으로서 모니터와 평가를 위한 틀을 제시하고 내용을 구체화할 때도 매우 중요한 역할을 한다.

1) 목 적

목적(purpose)은 가장 상위의 개념으로 철학적 관점을 제공하고, 프로그램의 궁극적 지향점을 제시해 준다는 측면에서 측정의 대상이 되지는 않는다. 일반적으로 목적은 '어떠한 상태에 있는 누구'가 '무슨 프로그램'에 참여하여 궁극적으로 '어떠한 상태로 변화' 되는지를 설명해 주는 것으로 알려져 있다. 따라서 목적은 현재의 문제가 무엇이고, 구체적인 표적집단은 누구이며, 어떻게 바람직한 미래 상태로 변화하게 할 것인지에 대한 세 가지 요소가 잘 드러나도록 기술되어야 한다. 또한 기관의 목적과 프로그램의 목적은 직접적인 관련성을 갖는다고 할 수 있다. 예를 들어, 조손가정의 학업성취에 어려움이 있는 아동을 대상으로 학습능력을 향상시키는 프로그램의 목적이 달성된다면 기관의 '지역사회 아동의 전인적인 발달과업 성취 지원'이라는 목적도 함께 달성될 수 있다. 따라서 프로그램의 목적은 기관의 설립이념이나 목적으로부터 논리적으로 유추된다고 할 수 있다(김상아 외, 2013 : 57-58).

〈표 6-1〉 사회복지 프로그램 목적의 예시

프로그램 사업명	목 적
노인의 정보 접근성 향상을 위한 스마트폰 교육 프로그램	어르신들에게 스마트폰 사용 교육을 실시하여 다양한 정보들에 대한 접근성을 높이고 여가 활용에 도움을 드리며 세대 간 소통 가능성을 높인다.
맞벌이 부모를 둔 아동의 건강한 성장지원을 위한 야간보호 프로그램	맞벌이 부모를 둔 아동들에게 적절한 저녁식사와 돌봄서비스 등을 제공하여 정서적 안정과 건강한 성장을 돕는다.

2) 목 표

목표(goal 혹은 objective)는 목적을 보다 구체화한 것으로 모든 사회복지 프로그램은 목표를 달성하기 위한 활동들로 구성되기 때문에 목표를 설정한다는 것은 구체적인 대상자의 변화와 문제해결을 의미한다. 즉, 목표는 프로그램을 통해서 얻고자 하는 성과의 수준이나 기준을 의미한다. 따라서 목표는 프로그램의 실행방향을 정하는 지침과 같은 역할을 한다. 합리적인 목표의 설정과 그렇게 설정된 목표의 달성을 통해 프로그램을 실행하는 실무자나 조직은 책임성을 증명할 수 있다. 프로그램의 운영조직이나 프로그램의 유형에 따라 목표 성취를 위한 세부목표를 추가로 설정하기도 한다.

3) 목적과 목표의 관계

목적이 프로그램을 통해 궁극적으로 달성해야 할 성과라고 한다면, 목표는 그 성과를 확인하기 위한 지표라고 할 수 있다. 목표는 구체적이고 계량화된 형태로 설정이 된다. 추상적이고 포괄적인 형태로 설정이 되어 관찰이나 측정이 어려운 목적은 대체적으로 관찰이나 측정이 가능한 목표를 통해 달성 여부의 확인이 가능하다. 프로그램의 주체나 유형 등 상황에 따라 목표 성취를 위한 세부목표를 추가로 설정하기도 한다.

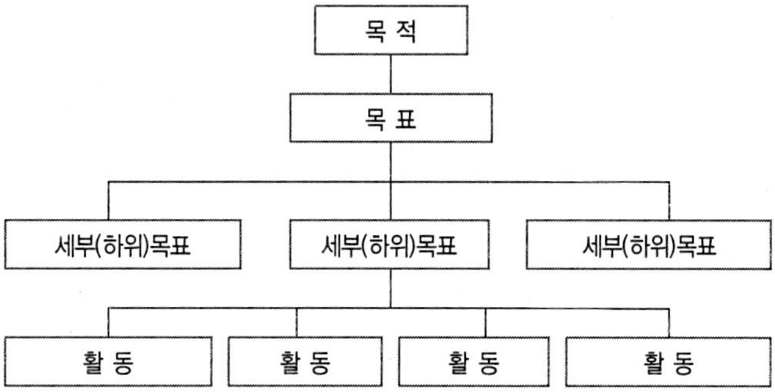

| 그림 6-2 | 목적과 목표의 관계

〈표 6-2〉 **목적과 목표의 구분**

구분	특 성	예 시
목적	• 프로그램을 통해 궁극적으로 달성해야 할 성과 • 추상적이고 포괄적인 형태로 설정 • 관찰이나 측정이 어려움	맞벌이 부모를 둔 아동들에게 적절한 저녁 식사와 돌봄서비스 등을 제공하여 정서적 안정과 건강한 성장을 돕는다.
목표	• 성과를 확인하기 위한 지표의 역할 • 구체적이고 계량화된 형태로 설정 • 대체적으로 관찰이나 측정이 가능	• 아동들에게 저녁식사를 주 5회 제공한다. • 아동들에게 야간보호를 주 5회 실시한다. • 아동들에게 문화체험을 월 1회 제공한다.

4) 목표의 요소

(1) 목적과 상호 관련성

사회복지 프로그램의 목표는 목적과 서로 충분한 연관이 있어야 한다.

(2) 구체적으로 기술

사회복지 프로그램의 목표는 명확하고 구체적인 용어를 사용하여 기술되어야 한다.

(3) 측정이 가능한 형태로 기술

사회복지 프로그램의 목표는 수치로 나타내어 측정이 가능한 형태로 기술되어야 한다.

(4) 클라이언트의 변화 지향성

사회복지 프로그램의 목표는 대상이 되는 클라이언트의 긍정적 변화를 지향하는 내용으로 기술되어야 한다.

5) 목표의 유형

사회복지 프로그램에서 목표는 하위목표로 세분화하여 사용되기도 한다. 목표를 세분화하는 방법은 정해진 것이 따로 있지 않고, 관점이나 상황에 따라 다양하다. 일반적으로 사용되는 사회복지 프로그램의 목표 유형들은 다음과 같다(사회복지 프로그램 운영 NCS 학습모듈/ 사회복지 프로그램 욕구조사, pp. 38-40). 만약 정해진 프로그램 계획서 서식이 있다면 서식에 지정된 방식을 따르면 된다.

(1) 상위목표와 하위목표

① 상위목표

상위목표는 프로그램의 포괄적인 목표라 할 수 있다.

② 하위목표

하위목표는 상위목표를 세분화한 목표를 말한다. 상위목표에 비해 하위목표는 더욱 구체화되고 측정 가능성이 높아진다.

Ⅰ그림 6-3Ⅰ 상위목표

Ⅰ그림 6-4Ⅰ 하위목표

(2) 과정목표와 결과목표

① 과정목표

과정목표는 프로그램이 시작되어 종결되는 과정에서 단계별로 설정되어 있는 목표이다. 과정목표를 설정하게 되면 프로그램의 진행상황을 관리하기가 수월하여 결과목표 달성에 도움이 된다.

㉾ 중도장애인이 장애유형에 맞는 새로운 직업기술훈련을 배양할 수 있는 프로그램에 참여한다.

② 결과목표

결과목표는 프로그램의 종결 무렵이나 또는 그 이후에 프로그램 참여자나 수혜자, 지역사회 등에게 기대되는 변화를 나타내는 최종목표이다.

㉾ 중도장애인의 재취업률을 30% 향상시킨다.

(3) 단기 · 중기 · 장기목표

① 단기목표

단기목표는 참여자나 수혜자의 지식이나 기술의 습득, 행동의 변화, 지역사회의 물리적 상태의 개선 등과 같이 프로그램 실행을 통해 바로 나타날 수 있는 변화에 대한 목표를 의미한다.

② 중기목표

중기목표는 단기목표 달성 상태가 유지되어 가까운 미래에 나타날 수 있는 참여자나 수혜자, 지역사회의 상황의 개선에 대한 목표를 의미한다.

③ 장기목표

장기목표는 궁극적으로 달성하고자 하는 참여자, 수혜자, 지역사회 등의 상황의 변화를 의미한다.

┃그림 6-5┃ 단기목표

┃그림 6-6┃ 중기목표

┃그림 6-7┃ 장기목표

(4) 산출목표와 성과목표

① 산출목표

산출목표는 프로그램 참여자의 수나 실시횟수, 실시시간 등 프로그램 실행을 통해 나타날 수 있는 물리적 결과에 대한 목표를 의미한다.

〈표 6-3〉 **산출목표 진술의 예**

• 노인정 이용 노인들에게 노인건강체조 프로그램을 1회 1시간씩 주 2회 실시한다. • 지역주민 대상 장애인인식개선교육을 연 2회 실시한다. • 다문화가정 부모-자녀 간 의사소통훈련을 주 1회 실시한다. • 군 부적응 장병에게 주 1회 1시간씩 대인관계 프로그램을 실시한다.

② 성과목표

성과목표는 프로그램 실행을 통해 나타날 수 있는 참여자나 수혜자, 지역사회 등의 변화에 대한 목표를 의미한다. 사회복지 프로그램의 최종 목표는 프로그램의 참여자나 수혜자의 욕구가 충족되거나 문제가 해결된 상태라 할 수 있다. 하지만 상황에 따라 완전한 욕구 충족이나 문제해결이 현실적으로 어려운 경우 가능한 수준의 변화를 성과목표로 설정할 수 있다.

〈표 6-4〉 성과목표 진술의 예

• 노인정 이용 노인들의 신체건강지수를 10% 향상시킨다. • 지역주민의 장애인에 대한 인식수준을 높인다. • 다문화가정 부모-자녀 간 의사소통 능력을 향상시킨다. • 군 부적응 장병의 대인관계 능력을 향상시킨다.

6) 목표설정의 기준

사회복지 프로그램에서 목표설정의 기준이 명확하게 정해진 것은 아니지만 학자들의 대체적인 견해로는 클라이언트 중심 목표, 결과지향적 목표, 실현 가능한 목표, 목표의 목적과의 논리적 연관성, 측정 가능한 구체적인 목표 등을 기준으로 제시한다. 다음은 황성철(2005)이 제시하는 목표설정의 기준들이다.

① 목표 설정 시 반드시 프로그램의 참여자에 해당하는 클라이언트를 중심에 두고 목표가 설정되어야 한다.
② 목표 설정 시 프로그램의 목표는 기관이 목적 또는 프로그램 목적과 논리적으로 연관성을 유지해야 한다.
③ 목표는 클라이언트 집단이 달성할 수 있는 성취 가능한 형태로 긍정적 방향으로 설정되어야 한다.
④ 목표는 가능한 한 측정할 수 있도록 설정하는 것이 바람직하다.

7) 목표설정의 원칙

목표설정의 기준과 더불어 G. Egan의 SMART 원칙을 바탕으로 목표 진술을 하면 바람직한 목표설정에 도움이 될 것이다. 다음은 목표설정을 위한 SMART 원칙이다.

(1) Specific(구체적이고 명확한 목표 설정)

추상적이거나 모호한 표현은 피하고, 구체적이고 분명한 표현으로 작성해야 한다. 애매하거나 추상적이거나 지나치게 포괄적인 표현은 피한다.

(2) Measurable(측정 가능한 목표 설정)

목표가 측정 가능해야 달성 정도를 확인할 수 있다. 따라서 계량화한 목표를 설정하는 것이 필요하다.

(3) Achievable(달성 가능한 목표 설정)

지나치게 높이 설정한 목표는 의욕을 떨어뜨릴 수 있다. 따라서 달성이 가능한 목표치를 설정해야 한다.

※ Achievable 대신 Attainable(성취 가능한 목표 설정)를 넣기도 한다.

(4) Realistic(현실적인 목표 설정)

허황된 목표가 아닌, 합리적으로 설정된 현실적인 목표가 달성 가능성도 높아진다.

※ Realistic 대신 Result-oriented(결과 지향적 목표 설정)를 넣기도 한다.

(5) Time-bounded(달성 기한이 있는 목표 설정)

목표의 달성 기한과 일정이 정해져 있어야 미루지 않고 적절한 일정으로 일을 추진할 수 있고, 달성 가능성도 높아진다.

8) 목표의 진술

목표의 진술에는 "누가, 무엇을, 어떻게 한다"라는 3요소가 포함되어야 한다. 이 3요소는 기본적인 목표진술을 위해 필수적으로 있어야 하며, 여기에 일반적으로 수단이나 도구를 포함시키는 경우도 있다.

㊎ 조손가정 아동들이(누가) 학습도우미 프로그램을(도구) 통해 학업성취도를(무엇을) 10% 이상 향상한다(어떻게 한다).

- **누가**(who) : 참여자로 반드시 클라이언트 입장에서 진술되어야 한다. 프로그램의 참여자, 수혜자, 대상자 등으로 표현되는 클라이언트를 지칭한다.
- **무엇을**(what) : 변화의 내용과 정도로 문제와 관련된 핵심요소이다.
- **어떻게 한다**(do) : 행위 또는 결과(~한다, ~된다 등으로 표현)로 프로그램을 통해서 성취할 수 있는 바람직한 상태, 행위, 결과 등을 의미한다.
- **도구**(how) : 주된 매개체(~을 통해서 등으로 표현)

또한 목표 진술 시에는 '증가하다', '확대한다', '감소한다'와 같은 동사를 사용하여 객관적으로 쉽게 이해되고 측정 가능한 결과지향적 표현이 되도록 해야 한다. 또한 '가능한 많이 확대한다', '열심히 노력한다', '잘하도록 한다' 등과 같이 애매모호한 용어를 사용하는 경우가 있는데 이러한 목표는 모호해서 평가 시 목표가 어떤 기준에서 어느 정도 달성되었는지를 판단하기 힘들기 때문에 가급적 피하는 것이 바람직하다.

9) 목표의 위계화

목표의 위계(hierarchy of objectives)를 설정한다는 것은 프로그램의 지향방향과 과정을 보다 명료하게 하기 위한 방법으로서 추상적인 최종 목적을 몇 단계의 구체적인 하위목표(objectives)로 분화하는 것이다. 이러한 작업은 추상적인 언어로 개념화되어 표현되고 있는 목표를 보다 구체적이고 측정 가능한 형태의 하위목표로 전개하는 것이다(김상아 외, 2013 : 73).

목표의 위계를 설정하는 방식은 다양한 하위목표들 가운데 내용이 보다 계량적이고 구체적이어서 검증 가능할 수록 하위목표가 되고, 목표의 내용이 최종 목적을 가진 내용, 즉 추상적이고 선언적인 지표와 유사하면 할수록 상위에 배치하는 것이 바람직하다. 또한 하위목표들은 다른 목표들과 연관관계를 구성하고 있다. 하위목표들은 추상적인 상위목표를 구체적으로 개념화하고 조작적으로 정의할 수 있는 지표의 역할을 할 뿐 아니라 상위목표가 지향하는 바람직한 상태나 활동을 구현할 수 있는 수단이 된다. 프로그램 목표 위계화 방식으로는, 먼저 하나의 목표에 하위목표를 두세 가지로 분화해서 하위목표를 설정하는 것이다.

예 1) 목표 : 정신장애인들이 집단활동 프로그램을 통해 사회기술을 향상한다.

- 하위목표
  1. 자기주장훈련을 통해 대화기술을 향상한다.
  2. 지역사회 적응훈련을 통해 자신감을 증진한다.
  3. 스트레스 관리 프로그램을 통해 사회적 상황에서의 긴장수준을 감소한다.

예 2) 목표 : 기술이 없는 미취업 청년실업자가 직업훈련에 참여하여 일자리를 획득한다.

- 하위목표
  1. 직업심리검사를 통해 흥미 있는 직업과 적성에 맞는 직업을 인식한다.
  2. 직업훈련 프로그램을 수료하여 기술을 습득한다.
  3. 구직훈련을 통해 다양한 일자리를 탐색하는 기술을 습득한다.

수행내용 1 프로그램의 목적 설정하기

자료

- 문제분석 및 욕구사정 자료
- 프로그램의 필요성 작성 자료
- 가설설정 자료
- 대상자 선정 자료

기자재

- 컴퓨터 및 프린터
- 화이트보드
- 복사기

유의사항

- 조직의 이념이나 목적과 프로그램의 목적이 상충되지 않도록 한다.
- 프로그램의 대상이 되는 클라이언트의 입장을 반영한다.

수행순서

1. 프로그램을 통해 접근하고자 하는 문제나 욕구의 영역을 확인한다.

2. 프로그램의 구체적인 대상범위를 확인한다.

3. 프로그램을 통해 접근하고자 하는 문제나 욕구의 영역을 설정한다.

4. 프로그램을 통해 이루고자 하는 미래의 긍정적인 상태를 설정한다.

5. 프로그램의 대상과 문제나 욕구, 이루고자 하는 미래의 상태 등을 조합하여 목적을 기술한다.

6. 프로그램의 참여자 또는 수혜자인 클라이언트를 대표할 수 있는 이들에게 프로그램 목적에 대한 의견을 구한다.

7. 클라이언트의 의견, 내부 회의, 슈퍼비전 등을 통해 보완하여 프로그램 목적을 확정한다.

수행 Tip

Tip 1. **프로그램의 목적 설정** : 프로그램의 목적은 누구의 어떤 문제를 어떻게 변화시킬 것인지로 압축한다.
누구(구체적인 표적집단), 어떤 문제(현재의 문제영역), 어떻게 변화(바람직한 미래 상태)

[목적 진술의 예]

지역사회 내 사회적 배제를 경험하고 있는 주민들을 대상으로 역량강화 프로그램을 실시하여 참가자들의 내적 역량 및 사회적 관계망을 향상시키고, 주도적으로 지역사회 문제를 해결하는 실천경험을 함으로써 지속적인 주민 참여 활동의 기반을 마련하는 것을 목적으로 한다. → 대상(지역사회 내 사회적 배제를 경험하고 있는 주민), 추진수단(역량강화 프로그램), 무엇을 달성할 것인지(사회적 관계망 향상, 주도적 실천경험 향상) 그리고 그를 통해 지향하는 바(지속적인 주민 참여 활동 기반 마련)를 명확하게 제시하고 있음

수행내용 2 프로그램의 목표(산출, 성과목표) 수립하기

자료

- 문제분석 및 욕구사정 자료
- 프로그램의 필요성 작성 자료
- 가설설정 자료
- 대상자 선정 자료

기자재

- 컴퓨터 및 프린터
- 화이트보드
- 복사기

유의사항

- 목표 선정 시 최대한 클라이언트 입장을 고려하여 선정한다.

수행순서

1. 클라이언트와 프로그램의 목적 달성을 확인할 수 있는 목표에 대해 논의한다.
2. 프로그램 실행에 투입되는 자원과 실행기간을 고려하여 목표의 내용을 설정한다.
3. 설정된 목표를 검토한다.
   1) 설정된 목표가 구체적이고 명확한지 여부를 검토한다.
   2) 설정된 목표가 측정 가능한지 여부를 검토한다.

3) 설정된 목표가 달성 가능한지 여부를 검토한다.

4) 설정된 목표가 합리적이고 현실적인 내용인지 여부를 검토한다.

5) 설정된 목표가 프로그램 일정 안에서 달성 가능한지 여부를 검토한다.

6) 수정 및 보완이 필요한 부분에 대해 조치한다.

4. 수립된 목표를 세분화하여 하위목표를 설정한다.
5. 클라이언트의 상황, 실행조직의 역량, 내외부적인 환경 등을 고려하여 달성이 가능한 수치를 정하여 기술한다.
6. 산출목표를 설정하고 기술한다.
7. 산출목표 달성을 통해 확인할 수 있는 성과를 찾아 결정한다.
8. 성과의 내용과 목표치를 기술한 후 검토하고 보완하여 성과목표를 설정한다.

수행 Tip

Tip 1. **프로그램의 목표 진술 방법** : 목표진술에 누가(프로그램 대상자, 클라이언트), 무엇을(클라언트의 문제해결을 의미하는 변화), 어떻게 한다(성취할 수 있는 바람직한 상태, 결과 등)를 갖춘다. 선택적으로 도구 또는 수단(매개체, ~을 통해) 포함해도 무방

▸ 목적, 목표설정의 예

1. 서울시복지재단 제4회 사회복지 우수 프로그램 공모작 사례

(사업명) 난곡지역 청소년 Vision Project

[목적]

가정형편이 어려우면서 꿈과 희망을 가진 청소년을 대상으로 다양한 사회적 자원을 활용한 경제·심리·사회적 지원체계를 통해 통합적인 생활관리를 지원함으로써 이들이 현재의 어려운 상황을 극복하여 스스로 일어설 수 있도록 돕기 위함에 그 목적이 있다.

[목표]

1. 통합적인 사례관리를 통한 심리·정서·경제적 안정지지
   1-1 : 월 2회 이상의 개별상담을 지속적으로 실시
   1-2 : 연 5회 가정방문, 부모상담
   1-3 : 지속적 외부자원 연계를 통해 경제적 지원

2. 호퍼들의 학습지원망 구축을 통한 비전 제시
   2-1 : 호퍼에게 대학진학, 취업·진로상담 실시
   2-2 : 호퍼 개별학습 지도를 위한 일대일 학습멘티 구축
   2-3 : 방학 중 영어교실(캠프) 실시

3. 집단 및 동아리 활동을 통한 선·후배 간 세대공감
   3-1 : 집단동아리 활동
   3-2 : 봉사활동을 통한 자신감 향상과 삶의 가치 습득

4. 호퍼 가족들 간 경험나눔과 지지체계 유지
   4-1 : 단계별 부모심화교육, 부모 미술치료 실시
   4-2 : 부모간담회 실시

5. 협력기관과의 상호교류를 통한 지속적 지원체계 마련
   5-1 : 연말활동 보고서, 동상제작, 감사서신 등을 통한 사업공유
   5-2 : 운위원회, 간담회, 발표회 초청 및 참여

2. 2016 사회복지공동모금회 우수사례

사업명 : 청소년기 가정위탁아동의 자립역량 강화를 위한 자립지원 프로그램

— 'You're V.I.P(Valuable and Independent Person)' —

목 적	산출목표	성과목표
1. 위탁아동의 자립의지 형성	1-1. 프로그램 대상 위탁아동 30명의 학습·진로 및 적성에 대한 인지를 돕기 위한 U&I 진로학습탐색검사 실시/ 집단활동 1회 진행 1-2. 프로그램 대상 위탁아동 30명에게 자립 8대 영역을 기반으로 한 자립준비학교 집단 프로그램 8회기 진행 1-3. 아동 심화자립역량강화서비스에 참여하기 희망하는 위탁아동 10명에게 심리정서적 지지를 제공하기 위한 멘토링 활동 14회기 진행	자기효능감 및 자기이해도 증진
2. 위탁아동의 자립역량 강화	2-1. 진로 관련 전문가의 자립동기 부여 토크콘서트 및 전문가 진로 멘토와의 상담 각 1회기 진행 2-2. 프로그램 대상 위탁아동 10명과 멘토 10명이 스스로 계획하고 활동하는 자립여행 1회 진행 2-3. 프로그램 대상 위탁아동 10명이 스스로 제작한 물품들을 지역사회에 직접 판매하고 수익금을 기부하는 프리마켓 1회 진행	성공경험 획득을 통한 자립심 향상
3. 참여세대의 가족역량 강화	3-1. 프로그램 대상 위탁아동 위탁부모 10명 대상으로 위탁부모 양육 스트레스 완화 및 가족이해도 증진을 위한 찾아가는 가족상담 4회 진행 3-2. 프로그램 대상 위탁아동 및 위탁부모, 위탁 가정의 성과공유 및 성공경험 지지를 위한 "You're V.I.P 페스티벌" 1회 진행	위탁부모의 양육 스트레스 완화 및 가족이해도 증진

수행과제

4. 사업 목적 및 목표

목 적	산출목표	성과목표

CHAPTER

07 프로그램 개발 4단계 : 프로그램의 세부계획 수립

사회문제와 욕구를 확인하고 그 문제로 인해 어려움과 고통을 겪는 대상집단의 성격과 규모를 결정한 후 프로그램에 참여하게 될 대상자들을 변화시킬 목적과 목표, 세부목표 등이 설정되었다면, 그 다음 단계는 프로그램에서 설정한 목적과 목표를 달성할 수 있는 활동들을 구체화하는 작업을 해야 한다.

1. 프로그램 활동내용 구성

사회복지 프로그램의 활동내용을 구성하는 것은 프로그램이 추구하는 목적과 목표를 효과적이고 효율적으로 달성할 수 있는 다양한 대안들 중에서 프로그램 수행기관의 여건과 실제 수용 가능성 등을 고려하여 최적의 대안을 찾는 것이다.

프로그램 활동내용 구성에는 다음과 같은 작업이 필요하다(정지웅 · 김지자, 1986, 정무성, 2005 : 260-261 재인용).

① 꼭 필요한 활동 제시 : 프로그램을 전개하는 과정에서 꼭 필요하다고 생각되는 활동들을 제시한다. – 이용자의 의견 수렴

② 활동상의 문제점 나열 : 제시된 활동을 전개할 때 당면하게 될 문제를 나열한다. 이때는 여러 사람들의 공통적 문제들을 우선순위별로 나열하며,

이를 해결하면 필요한 활동을 용이하게 전개할 수 있다.

③ **문제의 원인을 해결하기 위한 해결책 제시** : 나열된 문제들이 발생하는 이유와 원인을 생각하고, 그 원인을 제거할 수 있는 해결책들을 제시한다.

④ **활동 및 해결책의 우선순위 결정** : 활동 및 해결책들을 한꺼번에 해결할 수 없기 때문에 우선순위를 결정하여 추진해야 한다.

또한 이러한 프로그램의 활동내용을 구성하는 작업에서 고려해야 할 사항은 다음과 같다(사회복지 프로그램 운영 NCS 학습모듈/ 사회복지 프로그램 계획수립, p. 53).

① 프로그램의 목적 달성을 위한 활동으로 구성되어야 한다.
② 내용은 의도성을 가지고 구체적으로 계획되어야 한다.
③ 프로그램 수행인력의 역량을 고려해야 한다.
④ 수행되는 장소가 고려되어야 한다.
⑤ 필요한 장비나 물품 등이 고려되어야 한다.
⑥ 다른 중요 행사 등과 중복되지 않도록 일정을 고려해야 한다.

2. 프로그램 활동내용의 범주

사회복지 프로그램과 관련된 활동내용은 크게 교육훈련, 정보개발과 보급, 상담 및 기타 지지서비스, 자원제공 등 네 개의 주요 범주로 분류될 수 있다. 각 분야별로 전략수립에 도움이 되고 의사결정을 위한 검토항목으로 사용될 수 있는 질문사항은 다음과 같다(Coley & Scheinberg, 정무성 역, 1998).

1) 교육훈련

㉮ 경력개발 워크숍, 직업훈련, 가족생활교육 등

- 교육이나 훈련의 목표는 무엇인가?
- 교육의 내용은 구체적으로 어떠한 것들이 있는가?
- 교육목적과 도구 등 어떤 전략이나 기법을 택할 것인가?
- 교육 및 훈련을 진행할 사람은 누구인가?
- 서비스의 형식과 일정은 어떠한가?

2) 정보개발과 보급

㉮ 약물남용 예방 캠페인, 부모훈련 책자, 자원의뢰서비스 등

- 대상집단은 누구인가?
- 내용과 형식은 무엇인가?
- 어떠한 방법으로 수행하며, 책임자는 누구인가?
- 배포하기 전에 누가 검토할 것인가?
- 어떠한 확산전략을 채택할 것인가?

3) 상담 및 기타 지지서비스

㉮ 학대와 폭력의 희생자들에 대한 집단상담, 긴급전화 상담 등

- 어떤 상담 전략이나 기술을 사용할 것인가?
- 기법이 타당하다는 증거와 전제는 무엇인가?
- 상담과정과 형식은?
- 어떤 이슈와 내용을 제기할 것인가?
- 과정에 참여하는 다른 사람들은 누구이며(㉮ 전문가, 지지체계), 그들은 어떻게 참여하는가?

4) 자원제공

㉮ 노인을 위한 무료급식, 청소년 레크리에이션, 장애인을 위한 운송수단 등

- 어떤 자원을 공급할 것인가?
- 언제, 어떻게 전달할 것인가?
- 그것을 맡아서 조직하고 전달하는 사람은 누구인가?
- 특별히 필요한 장비나 물품은 무엇이고, 그것을 어떻게 조달할 것인가?

3. 프로그램 대안선택의 기준

프로그램 활동내용을 구성하기 위해 많은 대안들을 가운데에서 프로그램에 담을 수 있는 최적의 대안 선택의 기준은 타당성과 실행 가능성이다. 타당성은 선택된 대안이 수행될 경우 그 결과가 어느 정도 바람직한 것인지를 판단하는 기준이며, 실행 가능성은 대안이 선택되어 실제 집행될 수 있는 가능성을 나타내는 기준이다(정무성, 2005 : 256-257, 양정하 외, 2011 : 120-124 재인용).

1) 타당성 기준

(1) 효과성

효과성은 목표달성의 총량(정도)을 의미한다. 즉, 투입된 비용에 관계없이 성취한 양이 많을수록 더 바람직한 대안이라 할 수 있다.

(2) 효율성

효율성은 대안의 실행으로 예측되는 산출량이 투입과 노력(비용, 시간 등) 대비 얼마나 효율적인가 하는 기준이다.

(3) 적합성

적합성은 적절성 또는 민감성이라고도 하며, 제공되는 서비스가 얼마나 대상자의 욕구를 충족시킬 수 있는가를 평가하는 기준이다. 어떤 대안이 더 좋은 치료효과를 낼 수 있는가를 측정하는 질적 개념이다. 따라서 제공되는 서비스가 욕구를 충족시키기에 충분할 만큼 적절한 수준으로 제공되는가를 파악해야 한다. 또한 적합성 측정에서는 ① 목표 달성과 긴밀성, ② 이용자 수준, ③ 기관의 정책과의 적합성, ④ 지역의 문화적 배경과 지역적 특성과의 적합성, ⑤ 프로그램이 지향하는 가치에의 적합성도 함께 고려해야 한다.

(4) 형평성

대안이 이용자들에게 골고루 서비스 기회를 제공하고 있는가를 평가하는 기준이다. 서비스를 받고자 하는 대상자들이 다른 제약 없이 참여조건과 자신의 능력에 따라 기회가 주어졌는가를 측정하는 것이다.

(5) 공평성

공평성 기준은 '같은 조건'에 있는 대상자에게 같은 양과 질의 서비스가 균등하게 제공될 수 있는가 하는 개인에 대한 '결과의 공평성'을 보장하는 것이다. 기초생활수급자의 경우 동일한 소득수준의 대상자는 동일한 주준의 생계급여를 지급받아야 한다.

2) 실행 가능성 기준

(1) 기술적 실행 가능성

선택된 대안의 집행이 기술적으로 가능한가의 문제이다. 이것은 수행조직, 시스템, 담당자(전문가)의 수급 및 자질 등이 포함된다. 현실적으로 수행자가 알고 있거나 경험해 본 기술들을 사용하는 것이 보통이므로 선택된 대안에 능통한 자를 확보하는 것이 중요하다.

(2) 경제적 실행 가능성

선택된 대안의 집행에 소요될 물적 자원 동원능력을 판단하는 기준이다. 아무리 타당성(효과성, 효율성 등)이 높은 대안이라도 비용 충당을 할 수 있는 능력이 없다면 이 대안을 선택할 수는 없다.

(3) 사회윤리적 실행 가능성

어떤 대안이 기술적·경제적 실행 가능성이 있다 하더라도 사회윤리적 이유로 실행하기 어려운 경우가 있다. 예를 들어, 약물치료나 정신치료에 반응을 보이지 않는 심각한 우울증이나 조현병 환자에게 사용되던 전기충격요법이 고문처럼 보여 더 이상 사용하지 않는 것과 같다. 그러므로 선택할 대안이 사회윤리적으로 얼마나 건전하고 수용 가능한지를 파악해야 한다.

(4) 정치적 가능성

선택된 대안이 이해당사자로부터 정치적 지지를 받을 수 있는가의 문제이다. 대안은 앞의 기준들과 더불어 이해관계 집단의 정치적 지지를 얼마나 많이 확보할 수 있는가에 따라 채택 여부가 결정된다.

(5) 이용자 확보 가능성

프로그램 참여자를 얼마나 확보할 수 있는가가 대안 선택의 결정에 관계된다.

4. 프로그램 활동내용 구성 시 유의점

프로그램의 내용을 구성하는 데 있어서 단순히 문제해결과 욕구를 충족시키기 위해 설정한 목적과 목표 달성에 필요한 모든 내용을 포함할 수는 없다. 그중에서도 프로그램 수행기관의 여건을 고려하고 실제 실행이 가능한 내용만을 체계적으로 선정하는 것이 보통이다. 그러나 프로그램 세부계획에서 내용을 우선순위별로 나열해 놓는 것만으로는 부족하고, 확인된 내용들을 프로그램의 조건과 형태에 맞게 조직화시켜야만 비로소 그 가치가 있다. 프로그램의 설계에서 세부활동 계획은 계획된 시간 안에 프로그램의 실행을 위한 구체적인 활동을 계획하는 것을 의미하는데, 이때 유의해야 할 원리들은 다음과 같다(정무성 · 정진모, 2001 : 122-123, 김종명 외, 2014 : 211-212 재인용).

① 계획된 프로그램은 대상자들의 욕구를 만족시켜 줄 수 있는 주요한 수단이 됨을 숙지하여야 한다.
② 계획된 프로그램은 상대적으로 긴 시간 동안 대상자가 프로그램의 실행 후 대상자의 주요한 행동 변화에 대한 청사진을 제시할 수 있도록 설계되어야 한다.

③ 프로그램에 참가하는 진행인력들의 배치, 전개 그리고 활용에 대한 정당성을 제공할 수 있어야 한다.

④ 서비스 이용자들의 행동을 치료하는 데 구체적으로 방향성을 제시할 수 있어야 한다.

⑤ 대인관계가 형성될 수 있는 적절한 활동장소가 되도록 설계되어야 한다.

⑥ 활동계획에 대한 설계는 계획된 프로그램 안에서 설정한 목적과 목표들을 비교적 단시간에 만족할 수 있도록 변화전략을 체계적으로 개발하도록 한다.

⑦ 활동내용이 동기화된 대상자들에게 활용할 수 있는 수단을 제공해 줄 수 있어야 한다.

⑧ 프로그램을 실제적으로 실행할 수 있도록 인력자원들을 확보하고 편성・배치할 수 있는 기본 자료를 제공해 주어야 한다.

⑨ 효과적인 개입전략을 세우기 위해서는 대상자의 욕구를 반영하는 것이 원칙이다.

5. 프로그램 활동내용 작성

프로그램의 세부계획 수립은 실제 프로그램이 가능하도록 프로그램의 활동내용을 구체화하는 단계이다. 이 단계에서는 먼저 선택한 대안을 기반으로 각 목표별 프로그램의 활동내용을 서술하고 그 활동을 수행하는 수행방법을 구체적으로 기술한다. 즉, 목표를 성취할 수 있는 활동내용(무엇을), 수행방법 및 양・질, 수행 장비와 도구(어떻게), 수행인력(누가), 활동장소(어디서), 실시 시간(언제) 등을 구체적으로 기술하면 된다. 그리고 세부 프로그램의 진행을 관리하기 위한 프로그램 진행일정표를 작성한다.

1) 세부 사업내용

선정된 프로그램의 목적과 목표를 달성하기 위한 구체적인 수단으로서의 사업내용은 다양한 묶음의 세부 프로그램으로 구성되는데 이 세부 프로그램이 어떤 성과목표를 달성하기 위한 것인지를 보여주어야 한다. 그러한 세부 프로그램을 기술하는 데 필요한 것은 세부 프로그램을 완결하기 위해 필요한 활동들(activities), 요구되는 전문성(예를 들어, 아동의 그림을 보고 이를 해석하고 행동 변화를 위한 개입기술을 분석·제시하는 능력, 집단 프로그램 운영능력 등)이 무엇인지를 제시하는 것이다. 아울러 그러한 활동들이 이루어지기 위해서 프로그램 신청기관 외의 도움이 필요한 내용이 무엇인지에 대해 기술한다. 도움의 내용으로는 자원봉사자, 전문강사, 장소 제공, 후원 물품 등이 있을 수 있는데 이러한 것들을 기록한다(삼성복지재단, 2012). 【그림 7-1】은 성과목표와 세부 프로그램의 매칭이 잘 되어 있는 사업내용의 구조를 보여준다.

▌그림 7-1▐ 사업내용의 구조도

한편 사회복지공동모금회의 배분사업안내에 따르면, 프로그램의 시행시기, 수행인력, 참여인원, 시행횟수 및 시간 등 프로그램의 형태와 구조를 파악할 수 있도록 정확히 기재하도록 안내되어 있다. 구체적으로 프로그램명(세부 사업명)은 목표에 따른 프로그램명을 기입하는 것으로 목표에 따라서는 다수의 프로그램명이 제시될 수 있다. 시행시기의 경우 매일, 매월, 분기별, 상・하반기, 연간, 3월, 3~7월 등의 형태로 구체적으로 기술해야 하며, 수행인력의 경우

해당 프로그램을 실제로 수행하는 인원을 기입해야 한다. 참여인원은 프로그램에 참여하는 실인원 수를 기입하는 것이며, 프로그램의 시행횟수와 시간 기술은 1회당으로 제시하도록 하고 있다(김상아 외, 2013 : 85-88).

〈표 7-1〉 프로그램의 활동내용 및 수행방법

성과목표	프로그램	활동 (수행방법)	시행 시기	수행 인력	참여 인원	시행횟수 시간
보호 아동의 야간안전 사고율 감소	야간아동 보호 및 안전귀가 동행 서비스	• 복지관 방과후교실 PM 1~10시까지 운영(야간시간대 PM 6~10시) • 아동보호자 귀가시간에 따라 귀가 일정 조정 • 보호자가 동행귀가를 하지 못하는 경우, 복지관 차량을 통한 귀가서비스 제공(운전자, 귀가지도교사 동승)	연간	복지사 1명 봉사자 1명 운전자 1명	20명	보호-1일 4시간 주 5회 · 귀가-1일 1시간 주 5회
평균 신체발달 지수 향상	무료석식, 간식 제공 및 건강체조	• 야간보호 아동에 대한 무료급식 제공 (자체 급식시설 운영) • 야간보호 아동에 대한 무료저녁·간식제공(비타민 공급을 위한 과일 위주의 간식제공) • 매일 1시간 스트레칭과 근육이완 체조 진행	연간	복지사 1명 봉사자 2명	20명	1일 1시간 주 5회
기초학습 능력 향상	기초학습 지도	• 자체 자원봉사대학생을 활용한 기초학습(국어, 영어, 수학) 지도 • 자체 자원봉사대학생을 활용한 숙제지도, 매일 숙제 알림장 점검	연간	복지사 1명 봉사자 2명	20명	1일 1시간 주 5회
보호아동의 가족 유대감 증대	가족관계 개선 프로그램	• 월 1회 가족관계 개선 프로그램 시행(가족음식 만들기, 가족나들이, 가족체육대회, 영화보기 등) • 상담전공자를 통한 가족상담 시행 (해결중심기법 활용)	연간	복지사 2명 봉사자 2명	40명	월 1회 4시간· 월 20회 회당 30분

출처 : 사회복지공동모금회 2017 배분사업 수행안내 자료집.

〈표 7-2〉 세부 프로그램 진행 내용
(제목 : 지역사회 노인과 대학생 간의 세대통합을 위한 스마트폰 영화 제작 프로젝트 – "아메리카老")

프로그램	일 정	횟수	세부내용	수행방법
프로그램 오리엔테이션	3/30(어르신) 4/6(학생)	2회	어르신과 학생들을 대상으로 프로그램 오리엔테이션 진행	프로그램의 취지와 목표를 공유, 프로그램 일정 공유 및 사전 설문지(척도검사) 작성
신(新)·구(舊)세대 문화 교류 체험	4/18	1회	젊은 세대 문화를 공감하기 위해 홍대 탐방	어르신과 대학생이 서로의 문화, 분위기를 공감(이해)하기 위해 각 세대의 특징적 분위기가 나는 장소를 탐방하여 문화 교류 체험을 함
	4/20	1회	어르신 세대 문화를 공감하기 위해 종로 탐방	
스마트폰 활용 교육 (SKT 써니봉사단 연계)	4~6월	8회	SKT 써니봉사단과 연계해 어르신과 학생이 일대일 매칭을 하여 스마트폰 활용 교육 진행	SKT와 한국노인종합복지관협회에서 진행하는 '어르신 스마트폰 활용 교육'과 연계하여 SKT 써니봉사단과 함께 스마트폰 활용 교육을 진행함
대학생 의견나눔	4/27	1회	대학생 모임을 통해 함께 세대 차이, 문화 차이에 대한 의견 나눔을 진행	대학생 모임을 통해 젊은 세대와 어르신들의 문화 차이에는 어떤 것들이 있으며, 이를 위한 해결방안이 무엇일지 고민하는 시간을 가짐

– 이하 생략 –

출처 : 2012년 삼성복지재단 우수사례집.

2) 프로그램 진행일정 수립

진행일정표에 따라 프로그램 내용과 수행방법에서 제시된 내용을 재구성하는 것이다. 진행일정표에 따라 프로그램 매개체, 사회복지사, 클라이언트의 역할까지도 구체적으로 명시할 수 있다면 프로그램 담당자가 원활하게 프로그램을 진행시킬 수 있으며, 그 프로그램이 다른 기관의 스텝들에 의해 다른 기관의 대상자까지도 쉽게 적용될 수 있다.

세부 사업내용별로 행동계획을 일목요연하게 나타낼 수 있는 방법으로는 갠트 차트(Gantt Chart)가 가장 많이 사용된다. 갠트 차트는 1919년 미국의 Gantt가 창안한 것으로 작업계획과 실제의 작업량을 작업일정이나 시간으로 견주어서 평행선으로 표시하여 계획과 통제기능을 동시에 수행할 수 있도록 설계된 막

대도표(bar chart)로 '막대그래프 차트'라고도 한다. 한 프로그램을 완성하기 위해 일정 기간 동안 행해질 의도적인 활동들을 일목요연하게 정리한 것이다.

갠트 차트는 먼저, 주요 활동과 과업을 세부적으로 적고, 각 활동이나 과업에 소요되는 시간의 양을 정한 다음 그 활동이 일정 기간 동안 어떻게 전개되는지를 결정하여 도표화한다.

〈표 7-3〉 **사업진행 일정표**

기간 / 내용	16년 12월	17년 1월	2월	3월	4월	5월	6월	7월	8월	9월	10월	11월	12월	18년 1월
사업 세부계획 수립														
대상자 선정/ 보호자 동의														
야간아동 보호														
안전귀가동행서비스														
기초학습 지원/ 숙제지도														
가족관계 개선 프로그램														
사업평가, 보고서작성														

출처 : 사회복지공동모금회 2017 배분사업 수행안내 자료집.

3) 프로그램 홍보 계획

(1) 프로그램 홍보의 목적

① 프로그램 참여자(이용자) 모집

프로그램 홍보는 주로 프로그램 참여자나 서비스 이용자를 모집하기 위해 이루어지는 경우가 많다. 많은 예산을 확보하여 좋은 프로그램을 계획하였다고 하더라도 참여자가 모집되지 않으면 프로그램이 제대로 운영될 수 없다.

② 조직과 프로그램에 대한 이미지 제고

프로그램의 계획이나 과정, 성과 등의 홍보를 통하여 지역사회, 관련 분야 등에 프로그램 운영 조직의 위상을 높일 수 있고, 프로그램에 대한 이미지를 제고할 수 있다.

③ 자원봉사자나 후원 등 인적·물적 자원 확보 프로그램 홍보를 통하여 프로그램 운영에 필요한 자원봉사자가 모집되거나 물품을 후원받게 되기도 한다.

④ 프로그램의 파급효과 확산

프로그램의 성과에 대한 홍보를 통해 다른 관련 조직에서도 프로그램을 참고하거나 보완된 더 나은 프로그램이 개발되기도 하는 등 파급효과를 확산시킬 수 있다.

(2) 프로그램 홍보 계획

① 홍보일정 계획

프로그램 홍보는 주로 프로그램에 참여할 참가자나 프로그램에 의한 서비스를 이용할 이용자를 모집하는 목적으로 시행하는 경우가 많다. 따라서 프로그램의 홍보 계획은 시설이나 기관 등 조직의 홍보와는 달리 프로그램 계획의 윤곽이 어느 정도 잡혀야만 가능하다. 클라이언트 집단이 설정되고 프로그램의 구체적 내용이 어느 정도 확정되면 프로그램의 전체 일정을 고려하여 홍보일정을 계획한다.

② 홍보방법 계획

가. 포스터를 통한 홍보

관내 현관 입구나 게시판 등 사람이 많이 지나다니거나 모이는 공간에 포스터를 붙여 홍보한다.

나. 소식지를 통한 홍보

정기적으로 발간하는 소식지에 프로그램에 대한 안내 기사를 실어 홍보한다.

다. 광고지를 통한 홍보

필요한 경우 프로그램만을 위한 광고지를 인쇄하고 배포하여 홍보한다.

라. 홈페이지를 통한 홍보

조직의 홈페이지 공지사항이나 팝업(pop up) 창에 프로그램에 대한 안내문을 띄워 홍보한다.

마. 언론매체를 통한 홍보

지역신문이나 생활정보지 등을 통해 홍보한다. 프로그램의 내용에 따라 중앙 언론매체를 통해 홍보할 수도 있다. 프로그램의 규모나 상황에 따라 홍보비 예산이 책정되어 있는 경우 광고의 형태로 홍보할 수도 있지만, 대부분은 보도자료를 작성하여 언론매체에 보내어 기사화된 형태로 홍보한다.

바. SNS를 통한 홍보

문자나 메신저, 블로그 등 SNS 수단을 사용하여 홍보할 수 있다. 스마트폰 등의 보급이 확산되며 SNS(Social Networking Service)를 통한 홍보의 중요성도 부각이 되고 있다.

사. 인적 네트워크를 통한 홍보

프로그램 참여자나 서비스 이용자를 모집하기 위한 홍보방법 중 인적 네트워크를 통해 홍보하는 것이 다른 홍보방법보다 효과가 큰 경우가 있다. 직원, 자원봉사자, 다른 프로그램의 참여자 등의 입소문, 지역의 반상회 등을 통해 프로그램이 알려지는 것이 인적 네트워크를 통한 홍보라 할 수 있다.

〈표 7-4〉 **프로그램 홍보 계획**

대 상	홍보방법	일 정	매 체	비 고
기관 이용자	• 포스터 부착 · 소식지 안내 · 안내 방송 • 홍보지 배포	9/1～12/31	관내 게시판 홍보지	
지역주민	• 지역 언론에 보도자료 발송하여 홍보	9/1	지역신문 생활정보지	
타 기관	• 공문과 안내자료 발송	9/1	홍보지	

출처 : 사회복지 프로그램 운영 NCS 학습모듈/ 사회복지 프로그램 계획수립, 59.

4) 자원활용 계획

지역사회의 다양한 인적·물적 자원을 파악하여 적절하게 이용하면 프로그램 운영에 큰 도움이 된다. 따라서 프로그램을 계획할 때 지역의 자원을 파악하여 이를 활용하는 것도 고려하면 좋다.

〈표 7-5〉 **자원활용 계획**

자 원	활용계획	비 고
OO시 청소년상담복지센터	• 프로그램 참여 청소년 중 심층상담이 필요한 경우 연계	
OO시 자원봉사센터	• 축제 행사 당일 자원봉사자 모집 협조	
OO시 청소년수련관	• 워크숍 장소 대관 협조	

출처 : 사회복지 프로그램 운영 NCS 학습모듈/ 사회복지 프로그램 계획수립, 60.

수행내용 1 프로그램 세부계획 수립하기

자료

- 문제분석 및 욕구사정 자료
- 프로그램의 필요성 작성 자료
- 가설설정 자료
- 대상자 선정 자료
- 목적 및 목표 설정 자료

기자재

- 컴퓨터 및 프린터
- 복사기

유의사항

- 활동내용 구성 시 문제와 활동과 관련된 이론 및 경험적 근거를 가지고 세부내용을 구성하도록 한다.
- 목표달성을 위한 활동으로 구성하여야 한다.
- 활동내용 구성 시 대안선택의 기준과 활동내용 구성 시 유의할 사항을 고려하여 작성한다.

수행순서

1. 관계자들의 논의를 거쳐 프로그램 세부계획에 들어갈 활동내용을 결정한다.
2. 목표별 세부 활동내용을 구체적으로 구상하여 작성한다.

3. 프로그램의 목적 및 목표와의 연계성을 확인하고 보완한다.
4. 활동의 실행횟수나 규모, 실시시기 등을 결정한다.
5. 프로그램의 수행인력을 구성한다.
6. 프로그램의 일정계획을 세워 갠트 차트를 만든다.
7. 프로그램의 홍보계획을 기술한다.
8. 지역자원 활용 계획을 기술한다.
9. 작성된 프로그램 세부계획을 관계자들과 검토하고 보완한다.

수행 tip

Tip 1. **프로그램 내용 작성 안내** : 프로그램의 내용은 프로그램 개발의 본체에 해당한다. 제시한 목표를 달성하기 위해 구체적인 수단에 해당하는 단위 프로그램 내용과 활동방법을 모두 포함한다. 이를 담아내기 위해서는 세부 프로그램이 어떠한 성과목표를 달성하기 위한 것인지를 밝혀야 한다. 또 그 프로그램을 구성하는 세부활동들이 무엇이며 요구되는 자원들은 무엇인지를 찾아내야 한다.

[프로그램 내용 예시 1]

<table>
<tr><th>성과목표</th><th>프로그램</th><th>활동(수행방법)</th><th colspan="2">사업실적
(인원/ 횟수)</th><th>시행시기</th><th>투입인력</th></tr>
<tr><td rowspan="3">자아효능감
및
자기이해도
증진</td><td>진로학습
탐색 검사</td><td>위탁아동 30명을 대상으로 한 학습·진로학습 탐색검사 1회 실시</td><td rowspan="2">위탁아동
30명</td><td>1회</td><td rowspan="2">1월</td><td rowspan="3">복지사 1명,
실습생 6명,
멘토
자원봉사자
10명</td></tr>
<tr><td>자립역량 강화
집단활동</td><td>위탁아동 30명을 대상으로 자립 8대 영역 기준 욕구조사에서 선정된 자립준비학교 8회기 진행</td><td>8회</td></tr>
<tr><td>멘토링활동</td><td>대학생 멘토와의 멘토링 14회기를 진행하여 아동 심리정서 지지 및 자립의지 형성</td><td>위탁아동
10명</td><td>14회</td><td>3~12월</td></tr>
</table>

성공경험 획득을 통한 자립심 향상	가족 OT	기초자립역량강화교육 결과 공유 및 가족상담 / 심화자립역량강화서비스 일정 안내	위탁아동 10명	1회	3월	복지사 1명, 멘토 자원봉사자 10명
	동기부여 토크콘서트	아동진로 관련 전문가 초빙 및 성공경험 나눔 및 동기부여 진행		5회	7월	
	진로멘토상담	아동의 희망진로와 관련된 전문가를 직접 만나서 진로에 대한 생각을 지지받게 되는 자립의지 고취		1회	7월	
	자립여행	여행계획 및 진행을 아동이 주도하고 대학생 멘토가 보조하는 역할을 담당하여 아동의 자발적인 계획 수립과 성공경험을 부여	위탁부모 및 가족 20명, 위탁아동 10명	4회	4~8월	
	프리마켓	• 대상 : 위탁아동 • 아동이 프리마켓 준비를 위하여 스스로 다섯 가지 물품 제작 • 제작한 물품을 지역사회 프리마켓을 통하여 직접 판매하고 수익금을 관리 • 아동 자신의 노력으로 마련된 수익금을 사회에 기부하여 성취경험 부여		1회	2~11월	
위탁부모의 양육 스트레스 완화 및 가족이해도 증진	찾아가는 가족상담	• 위탁가정으로 찾아가는 전문가 가족상담 4회 실시 • 미술치료 기법을 활용하여 양육 스트레스 완화 및 가족이해도 증진	위탁부모 20명, 위탁아동 10명	4회	2~11월	
	가족 페스티벌	• 프로그램 참여자들이 모두 함께하는 프로그램 성과보고회 진행 • 아동의 성과를 공유하고 지지하여 아동에 대한 이해도 증진		1회	11월	

출처 : 2016년 사회복지공동모금회 배분사례집, p. 37.

[프로그램 내용 예시 2]

프로그램		일 정	횟 수	세부내용	수행방법
가해 · 피해 학생 프로그램	개별	1~11월	29회/ 건(실)	개별 프로그램	• 초기 상담/ 서약서 작성하기/ 목표 정하기 • 학교폭력 관련 심층상담 • 자신의 생각 표현하고 이해하기(콜라주) • 자원목록화(자원망 그리기 등) • 과거 탐색 및 돌아보기(인생곡선 그리기) • 인생 목표 세우기 • 봉사활동 참여를 통한 강점 발견하기 • 인지행동 수정 프로그램 실시 • 홀랜드 진로탐색 검사, MBTI 검사 실시 및 해석 • 사전 · 사후 조사(자아존중감 외)
	집단	6월	4회/ 10명(실)	집단 프로그램	• 학교 부적응과 관련, 과거-현재-미래 탐색 • 미래에 초점을 둔 진로탐색 프로그램 • 미술치료 실시 • 홀랜드 진로탐색 검사, MBTI 검사 실시 및 해석 • 자기 인식 및 이해 • 자기학습방법 점검 등
일반학생 대상 학교폭력 예방교육		3, 4, 9, 10월	20회	• S중학교 교육 1회 • S여중학교 교육 1차 1회 • S여중학교 교육 2차 1회 • N초등학교 교육 1차 1회 • N초등학교 4학년 3학급 • S중학교 1학년 10학급 • H방과후교실 2회 • Y방과후교실 1회	• 학교폭력 개념(정의) 소개 • 학교폭력의 종류 알아보기 • 학교폭력 관련 영상물(만화) 시청 • 위기 시 대처방법 • 관련 기관 교육 안내 • 서약하기
가족상담		3, 4, 9, 10월	11회	11회(명) 부모상담	• 의뢰과정 상담 • 학생에게 바라는 점 • 기관 및 담당자에게 바라는 점 • 정서적 지지 • 기타 학생 관련 정보 나눔

교사 간담회 및 교육	4, 6, 9, 11월	6회	• N초등학교 교육 1차 • S중학교 교육 1회 • K중학교 간담회 1회 • S중학교 간담회 1회 • N초등학교 교육 2차	• 학교폭력 바로 알기 • 학교폭력 관련법 및 유형별 대처법 • 폭력 발생 시 도움 요청 방법 • 의뢰과정 상담 • 학생에게 바라는 점 • 의뢰기간 종결 후 학생 지도법 • 기타 학생 관련 정보 나눔
공개 세미나	11/17	1회	사회복지 실무자 대상 공개 세미나 개최	• 청소년의 학교 부적응 행동 강화 과정에 관한 연구 발표 • 연구 성과 공유 및 지식 확산

출처 : 2011 작은사랑 큰나눔 지원기관 우수사례집, p. 30.

수행과제

5. 사업내용

1) 세부 사업내용

성과목표	프로그램명	활동 (수행방법)	시행 시기	수행 인력	참여 인원	시행 횟수 시간

2) 사업 진행 일정

기간 내용	월	월	월	월	월	월	월	월	월	월	월	월

CHAPTER

08 프로그램 개발 5단계 : 프로그램 예산 수립

1. 프로그램 예산의 특성

프로그램의 목적을 성공적으로 달성하기 위해서는 실행활동의 수행에 필요한 자원이 충분히 확보되어 있어야 한다. 이러한 자원은 대체로 예산과 직결된다. 따라서 적절한 예산의 수립과 효율적인 집행은 실행활동을 원활히 하여 프로그램을 성공적으로 이끄는 데 결정적인 역할을 한다(사회복지 프로그램 운영 NCS 학습모듈/ 사회복지 프로그램 계획수립, 68).

2. 예산수립 방식

1) 예산수립 방식의 종류

계획적인 예산수립을 위해 일반적으로 항목별 예산방식(Line-item Budget), 성과주의 예산방식(PB : Performance Budget), 기획 프로그램 예산방식(PPBS : Planning Program Budget System), 영기준 예산방식(ZBB : Zero-based Budget) 등 네 가지 정도의 수립방식이 널리 사용되고 있다(최성재 · 남기민, 2006).

(1) 항목별 예산(Line-item Budget)

항목별 예산은 프로그램의 수행에 필요한 예산을 항목별로 구분하고 계산하여 제시하는 예산수립 방식이다. 항목별 예산의 특징은 예산 작성이 비교적 간편하고, 항목에 대한 지출이 분명하게 표시되기 때문에 예산이 어떻게 지출되는지 파악하기가 대체로 수월하다는 것이다. 따라서 관리자가 예산항목별 지출 현황에 대한 감독이 쉽다는 장점이 있다. 이러한 점들 때문에 사회복지기관에서 널리 활용되고 있다. 하지만 프로그램의 목적에 맞게끔 사용되고 있는지 여부를 확인하기는 쉽지 않다는 단점이 있다.

(2) 성과기준 예산(PB : Performance Budget)

성과기준 예산은 프로그램 예산 또는 기능주의 예산이라고도 부른다(황성철, 2005). 성과주의 예산은 전체 예산지출 항목을 단순히 나열하지 않고 사회복지기관의 프로그램별로 할당비용을 산정하여 제시한 것으로 전체 사회복지기관의 지출의 종합적인 그림을 구체적인 기능과 비용범주로 묘사해 줄 수 있는 장점이 있다(Skidmore, 1995). 이것은 프로그램에 사용할 예산과 프로그램의 활동을 연결시켜 예산을 수립하는 방식이다. 프로그램의 내용을 실행활동별로 구분하고 각 활동에 필요한 비용을 단위비용과 실시횟수 또는 분량 등에 대입하여 환산하여 작성한다. 성과기준 예산은 프로그램의 목표와 실행활동을 이해하는 데 도움이 되고 성과를 비용과 연계하여 평가할 수 있고, 각 항목별 비용을 구분하기에 쉽다는 특징이 있다.

(3) 기획예산(PPBS : Planning Program Budget System)

기획예산은 조직의 장기적인 전망이나 발전계획 또는 사업계획에 따라 목표를 수립하고 이를 달성하기 위한 프로그램들을 효과적으로 진행할 수 있도록 예산을 수립하는 방식을 의미한다. 기획예산 방식은 사업계획과 예산수립이 대체로 일치가 되기 때문에 조직 전체의 활동을 포괄적으로 파악할 수 있어 효율성을 높일 수 있다는 특성이 있다. 기획 프로그램 예산방식을 사용하게 되면 대규모 조직체의 전체 활동을 대상으로 포괄적인 평가가 가능할 뿐 아니라 특히 장기적인 전망과 계획을 가지고 예산을 수립할 수 있다는 장점이 있다.

(4) 영기준 예산(ZBB : Zero-based Budget)

매년 예산수립이 조직체의 장기적인 전망과 계획에 따라 설정되는 것이 기획 프로그램 예산방식이라면, 영기준 예산은 이전 혹은 이전 년도의 사업에 대한 실적이나 평가에 관계없이 영(zero)에서 새롭게 예산을 수립하는 방식이다. 영기준 예산은 점증식 예산 책정의 관행을 타파하기 위한 목적으로 도입된 것이다(Wildavasky, 1975). 매년 혹은 매번 원점에서 프로그램 계획을 평가하여 우수한 프로그램에 예산을 배정하기 때문에 프로그램 운영주체의 책임성과 프로그램의 효과성을 높이는 데 유리한 예산수립 방식이라 할 수 있다.

2) 사회복지 프로그램의 예산수립

사회복지 프로그램의 예산수립은 특정 유형의 방식 한 가지만을 적용하는 경우가 드물다. 보통은 항목별 예산방식과 성과기준 예산방식을 더하여 사용하는 경우가 많다. 또 외부 배분조직의 프로그램 공모사업의 프로그램 계획서를 작성하는 경우, 예산계획은 영기준 예산방식까지 더해지는 경우가 대부분이다.

3. 프로그램 예산항목의 구분[1)]

1) 산출항목별 구분

(1) 인건비

프로그램을 운영하는 데 들어가는 인적자원을 확보하고 활용하는 데 필요한 비용 부분으로 직원, 외부 전문가, 자원봉사자 등에게 급여나 강사료 등의 항목으로 지출되는 비용이 이에 해당한다. 외부 공모사업을 통해 예산 확보를 할 경우 프로그램 수행 조직의 직원 인건비를 예산에 포함하지 않는 것이 보통이지만, 사업에 따라서는 프로그램을 수행하는 데 필요한 시간을 대입하여 인건비를 산정하거나 사업 수행을 전담하는 인력을 채용할 수 있는 인건비를 반영하기도 한다.

(2) 사업비

프로그램 운영에 직접 소요되는 비용이 이에 해당한다. 프로그램에 직접 사용되는 물품의 구매나 대여에 사용되는 비용, 이동을 할 때 소요되는 교통비, 외부 장소를 이용할 때 사용되는 대여비나 입장료, 실행활동 중에 사용되는 다과나 음료의 구입비, 실행활동의 단위시간이 길거나 평가를 위한 회의가 있을 경우 사용되는 식사비 등이 이에 해당한다.

(3) 관리운영비

프로그램 운영을 위해 실행조직에서 보유하고 있는 장소나 차량, 장비 등을 이용하기도 하는데 이러한 경우에도 직간접적으로 비용이 발생한다. 이러한 유형의 비용은 일반적으로 관리비로 구분하여 예산을 책정한다.

(4) 기타

예비비와 같이 인건비나 사업비, 관리비 등에 넣기 어려운 항목의 경우 기타로 구분하여 예산 책정을 한다.

---

1) 사회복지 프로그램 운영 NCS 학습모듈/ 사회복지 프로그램 계획수립, 70-71.

2) 예산의 성격에 따른 구분

(1) 직접비

직접비는 프로그램의 실행활동에 직접적으로 소요되는 비용을 의미한다. 직접비는 해당 프로그램만을 위해 온전히 사용되는 예산이기 때문에 구분이 명확하여 예산계획을 세우기가 비교적 쉽다.

(2) 간접비

직접비를 제외한 나머지 비용은 간접비에 해당한다. 일반적으로 관리운영비가 이에 해당되는데 다른 프로그램이나 사업과 공유해서 사용되는 비용 부분이라 할 수 있다. 따라서 해당 프로그램의 간접비를 산출하기가 쉽지 않은데, 일반적으로는 전체 업무에서 해당 프로그램이 차지하는 시간비중을 고려하여 간접비를 산출하는 경우가 많다.

3) 예산조달 방식에 따른 구분

(1) 외부 재원

사회복지 프로그램의 경우 실행조직이 자체적으로 재원을 마련하여 운영하는 경우도 있지만 많은 경우 외부에서 재원을 조달하여 프로그램을 운영하기도 한다. 외부의 재원은 정부나 지방자치단체, 사회복지공동모금회, 각종 복지재단, 기업 등 다양한 배분 조직의 공모나 지원을 통해 조달하는 것이 일반적이다. 외부의 배분 조직에 프로그램의 계획과 '신청예산'이 담긴 제안서(프로포절)를 제출하여 심사를 거쳐 선정이나 승인이 되어야 예산을 지원받을 수 있다. 신청예산은 전액 지원을 받기도 하지만 경우에 따라서는 심사과정에서 조정이 된 금액을 지원받기도 한다.

(2) 자체 부담

재원 프로그램 운영에 필요한 전체 예산 중 조직에서 자체적으로 부담하는 '자부담 예산'이 이에 해당한다. 일반적으로 해당 프로그램에 국한하여 외부에서 지원받거나 받고자 하는 '신청예산'을 제외한 나머지 부분의 예산을 자부담으로 잡는다.

〈표 8-1〉 사회복지 프로그램 예산수립 예시

<table>
<tr><td>관</td><td colspan="8">사업비</td></tr>
<tr><td>항</td><td colspan="8">공동모금회 "저소득층 아동 야간보호" 사업비[1]</td></tr>
<tr><td rowspan="2">목[2]</td><td rowspan="2">세 목[3]</td><td rowspan="2">계</td><td rowspan="2">산출근거[4]</td><td colspan="5">예산조달 계획[5]</td></tr>
<tr><td>신청금액</td><td>비율 (%)[6]</td><td>자부담</td><td>비율 (%)[6]</td><td>자부담 재원[7]</td></tr>
<tr><td colspan="2">총 계</td><td>16,000,000</td><td></td><td>13,100,000</td><td>100</td><td>2,900,000</td><td>100</td><td></td></tr>
<tr><td rowspan="2">인건비</td><td>담당인력 야근수당</td><td>4,800,000</td><td>담당인력 2명×1시간 5,000원×1일×4시간×월 10일×12개월</td><td>4,800,000</td><td></td><td></td><td></td><td></td></tr>
<tr><td>소 계</td><td>4,800,000</td><td></td><td>4,800,000</td><td>36.6</td><td></td><td></td><td></td></tr>
<tr><td rowspan="5">사업비</td><td>야간귀가 차량운행</td><td>2,000,000</td><td>주 5회×10,000원×40주</td><td></td><td></td><td>2,000,000</td><td></td><td>자체 예산</td></tr>
<tr><td rowspan="2">기초 학습지도 프로그램</td><td rowspan="2">2,600,000</td><td>학습교재비
국/ 영/ 수×연간 6권×5,000원×20명</td><td>600,000</td><td></td><td></td><td></td><td></td></tr>
<tr><td>자원봉사자 교통비
대학생 2인×주 5회×5,000원×40주</td><td>2,000,000</td><td></td><td></td><td></td><td></td></tr>
<tr><td>가족관계 개선 프로그램</td><td>4,800,000</td><td>상담 및 특별활동 프로그램 (나들이, 체육대회, 요리, 영화보기)
20가족×가족당 20,000원×12개월</td><td>4,800,000</td><td></td><td></td><td></td><td></td></tr>
<tr><td>소 계</td><td>9,400,000</td><td></td><td>7,400,000</td><td>56.5</td><td>2,000,000</td><td></td><td></td></tr>
<tr><td rowspan="3">관리운영비</td><td>야간 난방비</td><td>900,000</td><td>월 150,000원×6개월(1~3월, 10~12월)</td><td></td><td></td><td>900,000</td><td></td><td>자체 예산</td></tr>
<tr><td>전기료</td><td>900,000</td><td>야간전기 사용료
월평균 50,000원×12개월
냉방비(에어컨)
월평균 100,000원×3개월</td><td>900,000</td><td></td><td></td><td></td><td></td></tr>
<tr><td>소 계</td><td>1,800,000</td><td></td><td>900,000</td><td>6.9</td><td>900,000</td><td></td><td></td></tr>
</table>

작성 방법

<u>※ 사업에 직접 투입되는 비용만 예산계획에 기입</u>

<u>※ 예산 수립 시 예산편성기준표 활용하여 기입</u>

1) " "부분에 사업명 요약하여 작성

2) 목은 인건비, 사업비, 관리운영비로만 구분, 해당 목이 없을 경우 삭제 후 작성

3) 세목에는 해당 사업에 필요한 프로그램 편성, 각각의 세목에 포함되는 항목은 내용을 참고하여 작성

목	설 명	해당 항목
인건비	해당 사업을 직접적으로 수행하는 인력에 투입되는 비용	프로그램 담당자/ 보조담당자 인건비
사업비	프로그램의 수행에 필요한 직접비용(실인원 수에게 제공되는 서비스에 필요한 비용)	강사비, 자원봉사자 관리비, 자문비, 회의비, 행사진행비, 홍보물품 구입, 프로그램 준비물 구입사업결과 보고서/ 결과물 제작 등
관리 운영비	프로그램의 수행에 필요한 간접비용 (사업관리에 필요한 비용)	사무용품, 냉난방비, 우편료, 사업담당자 교통비 등

※ 비품/ 장비 구입 시 예산편성 방법

- 프로그램 수행을 위해 직접적으로 필요한 비품/ 장비, 서비스 대상이 실인원 수인 경우(장애인작업장 생산장비 구입, 컴퓨터 교실 운영을 위한 컴퓨터 구입 등) <u>사업비에 편성</u>
- 프로그램 사업에서는 간접적으로 필요한 비품/ 장비 지원은 지양. 그럼에도 불구하고 간접적으로 사업 운영에 도움이 되는 비품/ 장비는 <u>관리운영비에 편성 가능</u>
- 단, 비품/ 장비 구입비가 신청금액의 50%를 초과할 경우에는 프로그램 사업으로 신청할 수 없고, 기능보강사업으로 신청하여야 함

※ 세목은 너무 구체적으로 작성하거나 포괄적으로 작성하기보다는 프로그램 단위별로 작성하는 것이 추후 예산변경 등의 업무 처리에 있어 효율적임

예시)

<정사례>

프로그램 단위로 세목을 설정한 경우

세 목	계	산출근거
나들이 프로그램	300,000	버스 1대 대여 (25인승)
	165,000	도시락 5,500원×30개
	60,000	입장료 2,000원×30명
계	525,000	·

<오사례>

개별 활동별로 세목을 설정한 경우

세목	계	산출근거
나들이 버스대여	300,000	버스대여비 (25인승)
도시락/ 다과	165,000	5,500원×30개
입장료	60,000	2,000원×30명
계	525,000	

4) 산출근거는 구체적으로 어떠한 내역으로 예산이 지출되었는지 실제 단가, 수량, 인원수, 건수, 횟수 등을 구체적으로 기록

5) 예산조달 계획에는 신청금액 및 자부담 금액을 기입. 프로그램 사업의 경우 자부담이 없어도 신청 가능함

6) 신청금액에 대한 비율은 신청금액 대비 각 항목이 차지하는 비율을, 자부담의 경우 전체 자부담 대비 해당 자부담의 비율을 산출하여 기입

7) 자부담 재원은 자체예산/ 외부지원(지원처)/ 수익금(참가비 등) 등으로 구분하여 기입

출처 : 사회복지공동모금회 2017 배분사업 수행안내 자료집.

수행내용 1 예산 수립하기

자료

- 프로그램 세부활동 계획서
- 조직의 재무회계규칙
- 예산계획 지침
- 관련 사업안내(예 보건복지부 장애인복지 사업안내, 보건복지부 노인보건복지 사업안내, 지원재단의 사업공모 및 배분안내 책자 등)

기자재

- 컴퓨터 및 프린터
- 복사기

유의사항

- 프로그램 예산 수립은 프로그램의 성공적 수행을 위하여 효과적 · 효율적으로 편성한다.
- 예산 부족으로 프로그램의 운영에 지장이 생기지 않도록 적절히 구성하되 필요를 넘어서서 과도하게 편성해서는 안 된다.
- 외부로부터 재정을 지원받는 프로그램의 경우 재정을 지원하는 조직의 예산 사용 지침을 반드시 확인하고 지침에서 규정하는 내용을 준수한다.
- 예산 산출 근거는 가능한 구체적으로 작성한다.

수행순서

1. 프로그램의 구조를 검토한다.

2. 프로그램의 목표와 활동의 내용을 검토하여 필요할 것으로 예상되는 모든 자원의 목록을 기록한다.

3. 프로그램 항목별 실행활동의 비용할당표를 작성한다.

4. 프로그램을 수행하는 데 필요한 인적 자원의 확보와 활용에 필요한 비용을 산출하여 기록한다.
   1) 프로그램 수행을 위해 담당자, 외부 전문가, 자원봉사자 등 인적 자원으로 소요될 가능성이 있는 비용을 검토한다.
   2) 인적 자원으로 소요될 비용을 산출하여 기록한다.

5. 프로그램 수행에 필요한 장비, 도구, 재료 등의 확보와 활용에 필요한 비용을 산출하여 기록한다.
   1) 프로그램 수행을 위해 장비, 도구, 재료 등의 확보 및 활용에 소요될 가능성이 있는 비용을 검토한다.
   2) 장비, 도구, 재료 등의 자원으로 소요될 비용을 산출하여 기록한다.

6. 프로그램의 수행에 필요한 공간의 확보 및 사용과 관련한 비용을 산출하여 기록한다.
   1) 프로그램 수행에 필요한 공간의 확보 및 사용에 소요될 가능성이 있는 비용을 검토한다.
   2) 공간의 확보 및 사용에 소요될 비용을 산출하여 기록한다.

7. 예비비 등 기타 비용을 산출하여 기록한다.
   1) 예비비 등 기타 내용에 소요될 가능성이 있는 비용을 검토한다.
   2) 예비비 등 기타 내용에 소요될 비용을 산출하여 기록한다.

8. 항목 간 금액을 조정하여 총액범위에 맞춘다.
   1) 항목별로 산출된 비용을 정리하고 합산하여 총액을 산출한다.
   2) 항목별로 산출된 비용을 조정하여 사용 가능한 예산범위에 맞춘다.

9. 예산항목의 내용별 산출내역을 실제 가격과 비용을 조사하여 소요되는 수량 및 시간을 계산하여 기록한다.

10. 직접비와 간접비를 구분하여 기록한다.

11. 외부의 공모사업을 통에서 예산을 조달하고자 할 경우 신청 부분과 자부담 부분을 구분하여 기록한다.

12. 편성된 예산이 프로그램 목표 달성에 적합한지 검토하고 필요할 경우 보완한다.

수행 tip

Tip 1. 예산편성 요령

- 사업에 직접 투입되는 비용을 인건비, 사업비, 관리운영비로 구분하여 작성해 주시기 바랍니다.
  - (인건비) 해당 사업을 직접적으로 수행하는 인력에게 투입되는 비용
  - (사업비) 프로그램 수행에 필요한 직접비용
  - (관리운영비) 프로그램의 수행에 필요한 간접비용(사업관리에 필요한 비용)
- 세목은 세부 사업별로 구분하고 단위가 큰 경우 세세목으로 구분하여 작성하시기 바랍니다.
- 산출근거는 실제 단가, 수량, 인원수, 건수, 횟수 등을 구체적으로 기록해 주시기 바랍니다.

(단위 : 원)

목	세 목	세세목	계	산출근거	예산조달 계획				
					신청금액	비율 (%)	자부담	비율 (%)	자부담 재원
총 계			52,150,000		48,900,000	100	3,250,000	100	
인건비	전담인력	급여	16,000,000	1,600,000원×10월×1명	16,000,000				
		사회보험	1,750,000	175,000원×10월×1명			1,750,000		자체 예산
	소 계		17,750,000		16,000,000	32.7	1,750,000	53.8	
사업비	맞춤형 서비스 지원	상담/ 심리	17,500,000	가정방문 다과 10,000원×20가정×5회			1,000,000		자체 예산
				심리검사 200,000원×20가정×1회	4,000,000				
				심리치료비 100,000원×20가정×6회	12,000,000				
				사례회의 자문 및 진행비 100,000원×5회			500,000		자체 예산
		심화 프로그램	4,000,000	전문상담 100,000원×10가정×1회	1,000,000				
				정신과 진료 지원 300,000원×10가정×1회	3,000,000				
	양육교육 프로그램	양육기술 상담교육	12,000,000	강사비(특별강사, 2시간) 400,000원×20회	8,000,000				
				교재·교구 200,000원×10회	2,000,000				
				교육진행비 100,000원×20회	2,000,000				
	소 계		33,500,000		32,000,000	65.4	1,500,000	46.2	
관리운영비	관리 운영비	교통비	600,000	50,000원×12월×1명	600,000				
		사무용품비	300,000	100,000원×3회	300,000				
	소 계		900,000		900,000	1.9			

출처 : 사회복지공동모금회 2018 배분사업 안내에서 발췌.

수행 과제

6. 예산계획

(단위 : 원)

<table>
<tr><td>관</td><td colspan="8">사업비</td></tr>
<tr><td>항</td><td colspan="8">공동모금회 “OOOOOO” 사업비</td></tr>
<tr><td rowspan="2">목</td><td rowspan="2">세목</td><td rowspan="2">계</td><td rowspan="2">산출근거</td><td colspan="5">예산조달 계획</td></tr>
<tr><td>신청금액</td><td>비율
(%)</td><td>자부담</td><td>비율
(%)</td><td>자부담
재원</td></tr>
<tr><td colspan="2">총 계</td><td></td><td></td><td></td><td></td><td></td><td></td><td></td></tr>
<tr><td rowspan="2">인건비</td><td></td><td></td><td></td><td></td><td></td><td></td><td></td><td></td></tr>
<tr><td>소 계</td><td></td><td></td><td></td><td></td><td></td><td></td><td></td></tr>
<tr><td rowspan="6">사업비</td><td></td><td></td><td></td><td></td><td></td><td></td><td></td><td></td></tr>
<tr><td rowspan="2"></td><td rowspan="2"></td><td></td><td></td><td></td><td></td><td></td><td></td></tr>
<tr><td></td><td></td><td></td><td></td><td></td><td></td></tr>
<tr><td rowspan="2"></td><td rowspan="2"></td><td></td><td></td><td></td><td></td><td></td><td></td></tr>
<tr><td></td><td></td><td></td><td></td><td></td><td></td></tr>
<tr><td>소 계</td><td></td><td></td><td></td><td></td><td></td><td></td><td></td></tr>
<tr><td rowspan="3">관리운영비</td><td></td><td></td><td></td><td></td><td></td><td></td><td></td><td></td></tr>
<tr><td></td><td></td><td></td><td></td><td></td><td></td><td></td><td></td></tr>
<tr><td>소 계</td><td></td><td></td><td></td><td></td><td></td><td></td><td></td></tr>
</table>

※ 사업에 직접 투입되는 비용만 예산계획에 기입

CHAPTER

09 프로그램 개발 6단계 : 평가계획

1. 프로그램 평가의 개념

평가란 프로그램 또는 기관의 계획, 수행, 성과 등 제반 활동들을 체계적으로 가치판단하는 것을 의미한다(Rossi & Freeman, 1993, 신원식 · 신민주, 2008 : 83 재인용). 어떤 사물이나 속성에 대해 가치판단을 하려면 반드시 판단의 준거, 즉 평가지표가 있어야 한다. 따라서 사회복지 프로그램을 평가하기 위해서도 당연히 평가지표 곧 평가도구가 있어야 한다. 어떤 특정 사회복지 프로그램에 대한 가치판단은 무엇보다 그 프로그램의 결과로 도출되는 성과가 가장 중심이 될 것이다. 그러나 일반적으로 사회복지 프로그램의 평가에는 프로그램의 제반 활동들의 수행과정과 프로그램의 결과인 산출목표와 성과목표의 달성 정도를 평가한다.

평가를 통해 얻고자 하는 것은 정보(information) 또는 유용한 피드백(feed-back)이며, 이를 통해서 사회복지 종사자는 자신의 업무에 대한 목표달성 정도를 확인 · 검정할 수 있고, 정부, 후원자, 클라이언트 및 그 가족 등 다양한 이해당사자들에게 합리적인 답변을 제공할 수 있게 된다. 또한 프로그램의 중단과 지속, 개선을 위한 피드백을 받아 보다 과학적이고 합리적인 의사결정을 할 수 있게 한다.

2. 프로그램 평가의 필요성[1]

1) 프로그램의 목적 달성 여부를 확인할 수 있다.
2) 프로그램에 대한 참여자나 수혜자의 만족 여부를 확인할 수 있다.
3) 프로그램의 개선점을 찾아 보완하여 효과성을 증가시킬 수 있다.
4) 프로그램의 계속 진행 여부나 확대 혹은 축소 등을 결정하기 위한 기준이 된다.
5) 프로그램 운영주체의 책임성을 증진시킬 수 있다.
6) 문제나 욕구에 대한 지식의 폭을 넓혀 더 나은 프로그램을 만들 수 있는 기반이 된다.

3. 평가의 유형[2]

1) 양적 평가와 질적 평가

(1) 양적 평가

양적 평가는 계량화된 평가자료를 통해 프로그램을 평가하는 것을 의미한다.

(2) 질적 평가

질적 평가는 계량화가 어려운 자료들을 분석하여 프로그램을 평가하는 것을 의미한다.

1) 사회복지 프로그램 운영 NCS 학습모듈/ 사회복지 프로그램 계획수립, 82.
2) 사회복지 프로그램 운영 NCS 학습모듈/ 사회복지 프로그램 계획수립, 82.

▍그림 9-1▍ 양적 평가와 질적 평가

2) 형성평가와 총괄평가

(1) 형성평가(과정평가)

형성평가는 프로그램이 운영 중인 상황에서 문제나 어려운 부분을 찾아 수정이나 보완할 목적으로 이루어지는 평가이다. 형성평가는 주로 필요한 정보를 확인하고 피드백을 제공하여 운영 중인 프로그램의 질을 높이고자 실시한다.

(2) 총괄평가(성과평가)

총괄평가는 프로그램이 종료되는 상황에서 프로그램의 전반적인 사항을 검토하여 목적 달성 등을 확인하기 위해 이루어지는 평가이다. 총괄평가는 프로그램의 성과를 확인하여 프로그램의 계속 여부, 확대나 축소 등을 결정하기 위한 근거로 사용되기도 한다.

▍그림 9-2▍ 형성평가와 총괄평가

3) 산출평가와 성과평가

(1) 산출평가

실적평가는 프로그램 참여자의 수, 프로그램 실시시간이나 횟수 등 활동 실적에 대한 평가를 의미한다. 논리모델에서 산출(output)에 해당하는 내용에 대한 평가가 실적평가이다.

(2) 성과평가

성가평가는 프로그램을 통해 나타난 변화, 즉 프로그램 대상의 문제나 욕구가 해결되거나 감소된 상태 등에 대한 평가를 의미한다. 논리모델에서 성과(outcome)에 해당하는 내용에 대한 평가가 성과평가이다.

| 그림 9-3 | 산출평가와 성과평가

4. 프로그램 평가의 기준[3)]

프로그램 평가의 기준을 York(1982)는 ① 노력, ② 효율성, ③ 효과성, ④ 영향, ⑤ 서비스의 질, ⑥ 과정, ⑦ 형평성 등 7개 기준을 제시하고 있다. 이 외에도 만족도도 평가의 중요한 기준이 된다. 다음은 프로그램 평가에서 가장 기본이 되는 평가기준에 대한 설명이다.

3) 사회복지 프로그램 운영 NCS 학습모듈/ 사회복지 프로그램 계획수립, 85 재구성.

1) 효과성

효과성은 프로그램의 목적이 얼마나 달성되었는지를 평가하는 기준이다. 효과성은 프로그램의 성과와도 직결이 되는 부분이기 때문에 사회복지 프로그램의 평가에서 가장 중요한 기준이라 할 수 있다. 효과성은 프로그램 대상의 문제나 욕구의 해결이나 개선 등을 확인하여 측정할 수 있다.

2) 효율성

효율성은 예산 대비 실적을 확인하여 프로그램의 경제적 효용성을 평가하는 기준이다. 효율성은 프로그램에 투입된 총비용을 산출물의 총량으로 나누어 산출물 단위당 금액을 산정하는 방식으로 측정한다.

3) 만족도

만족도는 비교적 수월하게 측정하여 확인할 수 있지만 사회복지 프로그램의 평가에서 매우 중요한 기준이다. 만족도는 프로그램이 문제나 욕구를 해결하거나 개선시킨 정도를 프로그램의 대상이 되는 이들이 주관적으로 느끼는 만족 정도를 조사하여 측정한다. 프로그램에 대한 만족도는 수혜자뿐만 아니라 가족, 고용주의 만족주의 만족도까지도 평가대상에 포함되어야 한다.

4) 기 타

사회복지 프로그램을 평가하는 기준은 앞에서 언급한 효과성, 효율성, 만족도 외에도 노력, 적절성, 형평성, 영향력, 과정 등 다양한 것을 채택하여 사용할 수 있다.

〈표 9-1〉 **프로그램 평가의 기준과 평가지표의 예**

평가기준	평가지표		
	사회적응훈련	직업적응훈련	직업훈련
효과성	• 프로그램 참석률 • 타 프로그램 참가율 • 사회적응도(SAS-SR)	• 프로그램 참석률 • 타 프로그램 참가율 • 직업적응도(KS)	• 고용률 • 참석률 • 임금 • 작업수행능력(GS)
효율성	• 훈련비용 • 훈련시간	• 훈련비용 • 훈련시간	• 훈련비용 • 훈련시간
만족도	• 프로그램 만족도	• 프로그램 만족도	• 프로그램 만족도 • 고용주의 만족도 • 주관적 삶의 질

출처 : 신원식 · 신민주(2008), p. 85.

5. 평가도구의 활용[4)]

프로그램 평가에 대한 계획을 수립할 때에는 평가의 기준도 고려해야 하지만 평가방법에 대해서도 고려해야 한다. 일반적으로 사용되는 프로그램 평가방법은 다음과 같다.

1) 산출지표

산출지표는 프로그램을 통해 직접적으로 나타난 1차적 결과에 대한 값을 의미한다. 프로그램 참여자나 참여집단의 수, 실시횟수, 실시시간, 프로그램을 통해 만들어진 산출물의 수량 등이 이에 해당된다. 프로그램 계획을 할 때 산출목표도 구체화하여 기술한다.

4) 사회복지 프로그램 운영 NCS 학습모듈/ 사회복지 프로그램 계획수립, 85-91.

2) 성과지표

프로그램의 대상이 되는 참여자나 수혜자가 프로그램을 통해 얻은 문제나 욕구상황의 해결이나 개선 등 긍정적 변화에 대한 결과치를 의미한다. 산출지표는 프로그램 실행활동의 결과이기 때문에 비교적 도출이 쉽지만 성과지표는 도출하기 어려운 경우가 많다. 김희성(2009)은 프로그램 성과를 측정하기 위한 방법으로 산술적 계산, 기능수준 척도, 만족도, 표준화된 측정도구의 네 가지를 제시하고 있다.

(1) 산술적 계산

산술적 계산은 프로그램의 결과에 대한 명목적 내용을 계산하는 것으로 일반적으로 클라이언트의 조건, 상태, 행동 등을 측정하는 데 사용한다(황성철, 2005 : 314). 산술적 계산은 인구학적이고 측정 가능한 자료로서 클라이언트의 변화와 관련된 정보를 측정하는 것이다.

〈표 9-2〉 **산술적 계산에 의한 평가방법의 예**

연 도	총 교육참여자(명)	합격자(명)	합격률
2010	80	40	50%
2011	80	44	55%
2012	100	55	55%
2013	100	60	60%
2014	120	4\72	60%
2015	120	72	60%

(2) 기능수준 척도

클라이언트가 가진 중요한 기능이나 행동, 문제 등을 측정하기 위해서 설계된 사정도구를 사용하여 성과를 평가할 수 있다.

〈표 9-3〉 기능수준 척도의 예(장애인활동지원 인정조사표 발췌)

영 역	조사항목	문항별 점수	산정방법
일상생활 동작영역	1. 옷 갈아입기	① 0, ② 10, ③ 20, ④ 40	7개 항목의 문항별 점수를 합산한다.
	2. 목욕하기	① 0, ② 10, ③ 20, ④ 30	
	3. 식사하기	① 0, ② 30, ③ 60, ④ 90	
	4. 잠자리에서 자세 바꾸기	① 0, ② 10, ③ 15, ④ 20	
	5. 옮겨 앉기	① 0, ② 10, ③ 15, ④ 20	
	6. 걷기	① 0, ② 10, ③ 20, ④ 30	
	7. 화장실 사용하기	① 0, ② 10, ③ 20, ④ 30	
	계	점	

(3) 만족도

클라이언트 만족도는 당사자인 프로그램의 참여자나 서비스 이용자의 의견을 통해 성과를 평가하는 방법이다. 주로 참여자나 이용자에게 설문지를 배포하여 조사하는 방법을 사용하나 상황에 따라 조사원이 면담을 통해 조사할 수도 있다.

(4) 표준화된 측정도구

표준화된 측정도구는 저작권이 보호되어 있는 경우가 많기 때문에 신중하게 사용해야 하지만 검증을 거쳐 만들어졌기 때문에 신뢰성이 대체로 높다. 일반적으로 프로그램이 시작되기 전이나 시작되는 시점에 측정도구를 이용하여 평가하고자 하는 내용을 측정하고, 프로그램이 종결되거나 종결이 다가왔을 때 그 도구를 이용하여 다시 측정하여 그 차이를 통해 성과를 나타낸다. 어떤 측정도구들 중에는 사전 혹은 사후에 한 번만 측정하는 것도 있다.

측정도구들 중에는 많은 항목으로 클라이언트를 심층적으로 측정하는 척도가 있는 반면, RAI(Rapid Assessment Instruments)라는 간결한 척도도 있다. 사회복지 프로그램의 성과측정에 사용되는 것은 대개 RAI를 사용한다(서초구립 반포종합사회복지관 · 서울대학교 실천사회복지연구회, 2003). RAI는 클라이언트가 직접 기입하는 자기보고 형식의 평가로 상대적으로 분량이 적고 작성하기가 쉽기 때문에 신속하게 측정이 가능하다. 또 측정결과에 대한 해석이 수월하고 분명하며, 측정도구에 대한 광대한 지식이 없어도 사용이 가능하다.

〈표 9-4〉 **사회복지 프로그램에 활용할 수 있는 척도**

개인영역			
세부영역	강 점	장 애	척 도
신체적 건강과 장애		신체장애	• ICD-10
		급성질환	
		만성질환	
정신건강·정서		임상적 진단에 의한 정신장애	• DSM-Ⅳ • 간이정신 진담검사 SCL-90 • 증상 체크리스트 • 한국판 일반정신건강 척도 • 한국판 알코올중독 자녀 선별검사 • 한국판 BDI • 자기평가우울 척도 • 상태-특성불안 척도 • 시험불안 측정도구 • 표출정서수준 측정도구 • 상태-특성분노 척도
		성격장애	
		약물중독	
		우울	
		불안	
		분노	
		스트레스	
정신지체, 발달장애		지체장애	
		발달장애	
자아개념	자아존중감		• 자아존중감 척도
	자기효능감		• 자기효능감 척도
	자아정체성		• 자아정체성 척도
	자아개념		• 자기개념 척도
인 지	지 능		• 지능검사
		비합리적 신념	• 일반적 사정
동 기			• 일반적 사정(욕구, 의지) • 의존성
태 도			• 역기능적 태도 척도 • (내·외) 통제소재 척도

행 동		문제행동	• K-CBL, K-YSR • 아동행동경향 척도
일상생활 능력			• ADL, IADL
개인적 자원	학력		• 일반적 사정
	기술(숙련도)		• 일반적 사정
	경력		• 일반적 사정
생활만족	생활만족		• 노인의 생활만족도 • 삶의 만족 척도 • 생활만족도 척도

사회적 기능				
영 역	세부영역	강 점	장 애	척 도
대인관계의 사회적 기능	사회기술	사회성		• 사회적응 척도
	대인관계 능력	대인관계 능력		• 대인관계 능력 척도
	공격성		공격성	• 공격성 척도
	주장성	주장성		• 주장성 척도
	권위행동		권위행동	• 권위행동 척도
	대담성	대담성		• 대담성 척도
대처능력으로서 사회적 기능	문제해결 능력	문제해결 능력		• 문제해결 능력 척도 • 사회적 문제해결 척도
	대처능력	대처능력		• 청소년 문제대처 행동 척도
	적응유연성	적응유연성		• 학교 적응유연성 척도
심리적 대처기제	통제성	통제력		• 내외통제성 척도
	고립		고립감	• 정서적 · 사회적 고립 척도
	충동		충동성	• 충동성향 척도
	스트레스		디스트레스	• 스트레스 척도

<table>
<tr><th colspan="5">환경-비공식적</th></tr>
<tr><th>영 역</th><th>세부영역</th><th>강 점</th><th>장 애</th><th>척 도</th></tr>
<tr><td rowspan="20">가족</td><td rowspan="6">전반적
가족관계</td><td>가족관계</td><td></td><td>• 가족관계 척도 IFR</td></tr>
<tr><td>가족대처 능력</td><td></td><td>• 가족사정 척도 FAD
• 가족생활사건변화 척도 FILE
• 가족위기지향개인평가 척도</td></tr>
<tr><td>가족응집성</td><td></td><td>• 가족응집성 척도 FSOC</td></tr>
<tr><td>가족적응력</td><td></td><td>• 가족적응 응집성 척도 FACES-Ⅲ</td></tr>
<tr><td>가족기능</td><td></td><td>• 가족기능조사서</td></tr>
<tr><td>원가족관계</td><td></td><td>• 원가족 척도</td></tr>
<tr><td rowspan="4">부부관계</td><td>결혼만족도</td><td></td><td>• 결혼만족도 척도 KMS</td></tr>
<tr><td></td><td>결혼불안정성</td><td>• 결혼불안정성 척도 MII</td></tr>
<tr><td>부부적응</td><td></td><td>• 부부적응 척도 DAS</td></tr>
<tr><td></td><td>배우자학대</td><td>• 갈등전술 척도 CT</td></tr>
<tr><td rowspan="3">부모양육</td><td>부모양육 행동</td><td></td><td>• 부모양육 행동 척도</td></tr>
<tr><td>부모양육 태도</td><td></td><td>• 부모양육 태도 척도</td></tr>
<tr><td></td><td>양육 스트레스</td><td>• 양육 스트레스 척도</td></tr>
<tr><td rowspan="2">부모-자녀
관계</td><td>부모유대감</td><td></td><td>• 부모유대 척도 PBI
• 한국판 부모-자녀 결합형태 검사</td></tr>
<tr><td></td><td>학대, 방임</td><td>• 갈등전술 척도 CT</td></tr>
<tr><td>형제관계</td><td></td><td></td><td>• 갈등전술 척도 CT</td></tr>
<tr><td>가정환경</td><td></td><td></td><td>• 가정환경 자극 검사</td></tr>
<tr><td>사회적 지지
자원으로서의
가족</td><td>사회적 지지</td><td>사회적 갈등</td><td>• 사회적 지지 척도
• 사회적 갈등 척도</td></tr>
<tr><td>확대가족 관계</td><td>사회적 지지</td><td>사회적 갈등</td><td>• 사회적 지지 척도
• 사회적 갈등 척도</td></tr>
<tr><td rowspan="8">사회적
지지체계</td><td>애인</td><td rowspan="8">사회적 지지</td><td rowspan="8">사회적 갈등</td><td rowspan="8">• 사회적 지지 척도
• 사회적 갈등 척도
• 또래관계 척도
• 동료관계 척도</td></tr>
<tr><td>친구</td></tr>
<tr><td>이웃</td></tr>
<tr><td>종교집단</td></tr>
<tr><td>자발적 모임</td></tr>
<tr><td>또래 관계</td></tr>
<tr><td>직장 동료</td></tr>
<tr><td>전문가</td></tr>
</table>

소속 집단	학교			• 일반적 사정
	직장			
	조합			
사회적 태도				• 장애태도 요인분석 척도

출처 : 서초구립반포종합사회복지관 · 서울대학교 실천사회복지연구회(2003). 사회복지 척도집, pp. 36-39.

6. 목표에 대한 평가계획 수립

<표 9−5>는 독거여성노인의 우울예방을 위한 일상생활 활력 증진 프로그램에 대한 평가계획의 예이다. 성과목표로 설정된 독거여성노인의 자아존중감 향상, 건강증진 및 신체기능 향상, 정서적 안정감 회복에 대한 평가방법을 보여주고 있다. 성과지표는 성과를 측정할 수 있는 지표나 측정 가능하도록 해주는 증거 혹은 측정도구가 필요하다. 성과지표는 변화량, 빈도, 수 혹은 % 등으로 제시하면 되며 변화의 정도(증가, 감소)를 확인할 수 있어야 한다. 자료원은 해당 자료의 출처를 의미하며 출처가 사람이 될 수도 있고 기록물이 될 수도 있다. 자료수집 방법은 해당 자료를 어떻게 수집할 것인가, 어떤 방법으로 수집할 것인가에 관한 것이다. 자료수집 시기는 해당 자료를 언제 수집할 것인가에 관한 것인데 월, 분기, 반기, 사전−사후 등으로 잡으면 된다. 설문지의 경우는 설문지를 언제 측정할 것인가 하는 측정시기를 나타내면 된다.

〈표 9−5〉 **목표에 대한 평가방법의 예**

성과목표	목표에 대한 평가방법			
	성과지표	자료원	자료수집 방법	자료수집 시기
독거여성노인의 자아존중감 향상(10% 이상) 및 우울증 감소(10% 이상)	자아존중감	자아존중감 결과표 프로그램일지(질적평가)	척도검사 프로그램일지 점검	사전(3월) 사후(11월)
	노인우울증 척도 10% 이상 감소	노인우울척도 검사 결과표 프로그램일지(질적평가)	척도검사 프로그램일지 점검	사전(3월) 사후(11월)

건강증진 및 신체기능 향상(정상수치 변화율 30% 이상)	체성분분석 수치 및 건강검진 기본수치	체성분검사 결과표 건강검진 결과표	검사 검진	사전(월) 사후(11월)
정서적 안정감 회복	프로그램 만족도	만족도설문지 결과 상담일지	만족도 조사 개별상담	프로그램 실시 후 수시

수행내용 사회복지 프로그램의 평가계획 수립하기

자료

- 프로그램 계획서(미완성본)
- 평가도구(척도)
- 만족도 설문지

기자재

- 컴퓨터 및 프린터
- 복사기

유의사항

- 평가계획은 프로그램의 목적 및 목표와 반드시 연계가 되도록 수립한다.

수행순서

1. 프로그램 평가의 목적을 검토한다.

2. 프로그램의 목표가 구체적으로 기술되어 있는지 여부를 검토한다.
   - 보완할 부분이 있으면 보완한다.

3. 프로그램의 목표가 측정 가능한 형태로 되어 있는지 여부를 검토한다.
   - 보완할 부분이 있으면 보완한다.

4. 평가대상과 범위를 정하여 기록한다.
   1) 별도의 지침이 있다면 지침에 따라 평가대상과 범위를 정한다.
   2) 별도의 지침이 없다면 프로그램 목표를 감안하여 평가대상과 범위를 정한다.

5. 평가목적에 맞는 평가방법과 도구를 선택하여 기록한다.
   1) 별도의 지침이 있다면 지침에 따라 평가방법과 도구를 정한다.
   2) 별도의 지침이 없다면 프로그램 목표를 감안하여 평가방법과 도구를 선택한다.

6. 평가를 위한 자료수집 방법을 결정하여 기록한다.
   1) 별도의 지침이 있다면 지침에 따라 자료수집 방법을 정한다.
   2) 별도의 지침이 없다면 프로그램의 내용과 일정을 감안하여 자료수집 방법을 결정한다.

7. 평가시기와 일정 등을 정하고 평가절차를 구성하여 기록한다.

8. 평가계획과 관련하여 기록된 내용을 정리하여 평가계획 초안을 작성한다.

9. 평가계획 초안에 대해 슈퍼바이저 등 관계자들과 검토하여 보완 후 확정한다.

수행 tip

[프로그램 평가계획 예시 1][5)]

---

5) 출처 : 2017 사회복지공동모금회 배분사업안내.

목표에 대한 평가방법

<table>
<tr><th rowspan="2">성과목표</th><th colspan="4">목표에 대한 평가방법</th></tr>
<tr><th>성과지표</th><th>자료원</th><th>자료수집 방법</th><th>자료수집 시기</th></tr>
<tr><td>보호아동의 야간 안전사고율 감소</td><td>• 야간 안전사고 발생건수/ 비율
※ <u>수 혹은 %</u></td><td>복지관 자체조사</td><td>아동상태 관찰
보호자 수시연락
안전사고 일지</td><td>분기별</td></tr>
<tr><td>평균 신체발달 지수 향상</td><td>• 동일연령 아동의 소아발육표준치 기준에서의 향상률
※ <u>변화량</u></td><td>복지관 자체조사</td><td>실제 신체지수 측정/ 학교 건강발달 사항 정보협조/ 질병관리 본부 자료 참조</td><td>상/ 하반기</td></tr>
<tr><td>기초학습능력 향상</td><td>• 학교 숙제 완성한 빈도의 증가량
※ <u>빈도</u>
• 프로그램 개입 후 학교 성적이 좋아진 아동의 수/ 비율
※ <u>수 혹은 %</u></td><td>학교 담임 교사,
알림장,
성적점수</td><td>알림장 매일 점검, 학교 담임 교사와 연락, 성적점수 점검</td><td>학기 초(3월)
학기 말
(11월)</td></tr>
<tr><td>보호아동의 가족 유대감 증대</td><td>• 가족들의 놀이모임 수 증가량
※ <u>빈도</u>
• 보호자/ 자녀 관계척도 점수의 유의미한 차이 정도
※ <u>변화량</u>
• 가족과의 1주 평균 대화횟수의 변화 ※ <u>변화량</u></td><td>프로그램 참여자 (아동, 가족)</td><td>참여자가 제출한 과제물</td><td>과제제출 시기</td></tr>
</table>

<table>
<tr><td>작성 방법</td><td>• 성과지표 : 성과목표가 결정되면 성과를 측정할 수 있는 지표, 측정 가능하도록 해주는 증거 혹은 측정도구가 필요함
– 성과지표는 '※'에 표기된 것처럼 변화량, 빈도, 수 혹은 % 등으로 제시함
– 제시된 지표를 통해 변화의 정도(증가, 감소)를 확인할 수 있어야 함
• 자료원 : 해당 자료를 누가 가지고 있는가에 관한 항목으로, 자료원은 사람이 될 수도 있고, 기록물이 될 수도 있음
• 자료수집 방법 : 해당 자료를 어떻게 수집할 수 있는가에 관한 항목
• 자료수집 시기 : 해당 자료를 언제 수집(설문지의 경우 측정시기)하는가에 관한 항목 (월, 분기, 상/하반기, 사전-사후 등)</td></tr>
</table>

[프로그램 평가계획 예시 2][6)]

1) 산출목표 평가

세부 사업명	산출목표	모니터링 방법
심리정서 지원	• 자기회복 프로그램 연 2회 실시	• 프로그램 계획서/ 결과보고 작성
직업역량 강화	• 기초교육 탈락률 5% 미만	• 교육일지/ 출석부 확인
	• 전문 진로상담 2회, 총 40회 실시	• 진로상담 일지 확인
인턴십센터 설립	• 유휴공간 확보 1곳	• 임대차 계약서 작성

2) 성과목표 및 평가 방법

성과목표	평가 도구 및 방법	측정시기
참여자 자립역량 강화	• **성과지표** : 자아존중감 10% 향상 • **평가도구** : 자아존중감 척도 • **평가방법** : 참여자 대상 사전·사후 설문조사	사업 시행 전 사후(1차년도 종료 시)
	• **성과지표** : 각 분야/ 단계별 직업교육 성취도 80% 달성 • **평가도구** : 이론, 실습 평가(초급 자격시험 기준) • **평가방법** : 교육 참여 후 성취도 측정	기초교육(8월) 심화교육(12월)
	• **평가주체** : 사업 담당자 • **평가방법** : 참여자 인터뷰와·인턴십 참여관찰을 통해 근로동기 향상 정도 확인	인터뷰(12월) 참여관찰(인턴십 진행 과정 중 월 1회)

3) 과정평가(선택)

평가대상 내용	평가방법	측정시기
직업역량 강화 프로그램 추진 과정	• **평가주체** : 담당자 • **평가방법** : 프로그램 진행 시 참여하여 관찰 사업담당자 및 중간관리자 인터뷰	• **참여관찰** : 매 회기 • **인터뷰** : 프로그램 종료 후

6) 출처 : 2018 사회복지공동모금회 배분사업안내.

수행과제

7. 평가계획

성과목표	목표에 대한 평가방법			
	성과지표	자료원	자료수집 방법	자료수집 시기

PART

03

사회복지 프로그램의 실행

제10장 이용자 선정과 프로그램 진행

제11장 프로그램 진행을 위한 행정처리 및 과정기록

제3부 사회복지 프로그램의 실행 부분은 사회복지 프로그램 운영의 NCS 학습모듈 중 「사회복지 프로그램의 실행」 부분을 재구성하여 편집한 것임

CHAPTER

10 이용자 선정과 프로그램 진행

1. 프로그램 신청접수와 선정

1) 클라이언트 확보를 위한 정보안내 방법

(1) 인쇄 및 홍보물

사회복지기관에서 프로그램을 홍보하기 위해 가장 흔히 사용되는 마케팅 방법의 하나가 인쇄물과 홍보물을 제작해 배포하는 방법이다. 그 기관의 특성에 맞게 소식지, 팸플릿, 전단지, 현수막을 제작하여 광고하고 기념품과 같은 별도 홍보물을 제작하여 배부함으로써 클라이언트나 지역주민의 관심을 유발시키기도 한다.

(2) 우편물

우편물은 전통적으로 사회복지기관의 프로그램을 홍보하기 위한 수단이 되어 왔다. 우편물은 수신자의 주소와 이름이 분명한 사람들에 한정되므로 기존 프로그램 이용자나 후원자에 국한되는 점에서 한계가 있다. 우편물 발송 시의 내용에 관해서는 짧고 분명한 메시지로 잠재적 클라이언트 집단에 호소할 수 있어야 한다.

(3) 전화

기업에서 판촉을 위해 텔레마케팅 방법을 사용하는 것과 같이 사회복지기관에서도 전화를 이용하여 잠재적 클라이언트 집단에 홍보할 수 있다. 전화를 통한 프로그램의 홍보는 실제로 통화 거부율이 높기 때문에 시간에 비해서 홍보의 실적이 저조하고 프로그램 담당자의 소진을 불러일으킬 가능성이 크기 때문에 이용 가능성이 높은 집단을 사전에 선별해서 전화작업을 하는 것이 유리하다.

(4) 신문 및 방송매체

신문과 방송은 대중의 인지도를 높이는 방법으로 광범위한 표적집단을 대상으로 홍보하는 데 매우 유리한 수단이 되고 있다. 그러나 신문이나 잡지의 광고란을 이용하는 데에는 상당한 비용을 지불해야 하므로 영세한 사회복지기관으로서는 좀처럼 시도하기 어려운 광고방법이다.

(5) 온라인

온라인 홍보는 인터넷 홈페이지, 각종 유관기관 협회나 단체 홈페이지상의 행사나 프로그램 안내 게시판을 활용하여 프로그램 정보를 홍보하는 것을 말하고, 최근에는 페이스북, 트위터, 카카오스토리, 밴드 등 SNS(Social Network Services), 즉 사이버공간에서 사람과 사귈 수 있는 방법이 많이 활성화되고 있다.

(6) 기타

사회복지 프로그램의 참여자를 모집하기 위해서 그 밖에 사용될 수 있는 클라이언트 홍보 방법에는 개별면담에 의한 소개, 기관의 게시판과 홍보 코너를 이용하는 방법 등이 있다.

2) 참여를 원하는 클라이언트들에게 제공하는 정보

(1) 프로그램 설명서

프로그램 설명서는 참여를 원하는 클라이언트의 이해를 돕고자 세세한 내용을 길게 작성하여 만든 것으로 프로그램 참여 시의 중요 내용, 즉 장소 및 일정, 프로그램 세부내용, 비용, 주의사항 등을 정리한 것으로 참여한 클라이언트가 궁금해하는 것들을 쉽게 이해하고 참여할 수 있도록 하는 매뉴얼이다.

(2) 프로그램 참여 시 이용자의 권리와 역할

각 기관마다 이용자의 권리에 관한 규정을 마련해 기관의 사업 참여 시 이용자의 편의 증진 및 서비스를 개선하고 이용자들이 부당한 일을 겪는다거나 불편이 없도록 하는 등 이용자의 권리침해를 예방하고 인권을 보장하여 이용자 중심의 서비스라는 궁극적인 목적을 달성하고자 이에 대한 정보를 제공한다. 또 이용자들이 프로그램 참여 시 역할에 대해서도 구체적으로 명시하여 정확한 책임과 의무에 대한 이해를 돕도록 한다.

(3) 이동편의와 담당자 연락처

이동편의 예시 제시(㉑ 약도)

3) 프로그램 신청서 접수

① 방문접수
② 온라인접수
③ 아웃리치

4) 클라이언트의 정보를 얻는 방법

(1) 클라이언트의 진술

클라이언트의 문제, 그가 느끼는 기분이나 감정, 클라이언트의 생각, 문제를 해결하기 위한 노력, 문제의 역사, 문제의 원인, 문제에 대한 클라이언트의 의견 등이 모두 포함된다. 여기에서 클라이언트의 진술은 주관적 경향이 있기 때문에 본인의 편견이나 감정에 의한 왜곡이 있는지 주의해야 한다.

(2) 클라이언트가 작성한 서류

프로그램 신청 시에 클라이언트가 직접 작성한 인구사회학적 정보 등은 클라이언트를 이해하는 중요한 정보원이 될 수 있다.

(3) 사회복지사의 관찰

클라이언트와 그의 삶에 중요한 사람들, 즉 부부나 가족 구성원 간의 상호작용을 사회복지사가 관찰함으로써 많은 정보를 얻을 수 있다. 가족뿐만 아니라 필요한 경우에는 친구나 동료 간의 상호작용도 중요한 정보원이 될 수 있다.

(4) 심리검사 결과

심리검사의 결과는 심리학자에 의해 실시되는 다양한 성격검사, 지능검사 등으로부터 얻은 결과의 정보이다. 심리검사가 필요하다고 생각될 경우에는 심리학자에게 의뢰하여 받을 수 있는데, 성격과 지능 등에 관한 정보로서 MMPI, MBTI, 사회성숙도, 자아존중감, 결혼만족도, 가족관계 친밀도 등이 있다.

(5) 클라이언트의 비언어적 행동

클라이언트의 언어적 표현뿐만 아니라 비언어적 행동, 즉 몸짓, 얼굴 표정, 어조, 눈빛, 손과 팔 등의 몸동작, 옷차림과 외모 등을 통하여 경우에 따라 클라이언트의 감정과 사고를 더 정확하게 판단할 수 있기 때문에 사회복지사는 세밀하게 관찰하고 클라이언트의 비언어적 행동까지도 읽을 수 있는 능력을 갖추어야 한다.

(6) 클라이언트의 주위환경

클라이언트의 친척이나 가족, 이웃, 친구, 직장 동료나 상사, 학교 선생님 등으로부터 얻게 되는 정보가 귀중한 정보원이 될 수 있다. 이러한 정보를 얻을 때에는 클라이언트의 동의를 얻어야 한다. 때로는 정보를 얻는 과정에서 상반되는 정보를 얻을 수 있으므로 사회복지사는 얻어진 정보들이 일관성이 있는지에 대해 주목할 필요가 있다.

(7) 사회복지사의 개인적 경험

클라이언트와 사회복지사가 상호작용하는 패턴을 보면 클라이언트가 다른 사람들과 어떻게 상호작용하는지 상호작용의 유형을 짐작할 수 있게 해줄 뿐만 아니라 문제행동을 이해하는 데 실마리를 제공한다. 사회복지사는 클라이언트와 상호작용하는 과정에서 자신이 느끼는 감정이 다른 사람에게도 비슷할 것이라는 생각을 하게 되고, 사회복지사의 이러한 감정이 결국은 문제행동에 대한 중요한 정보를 제공할 수 있다는 것이다.

5) 사회복지사가 갖는 클라이언트에 대한 윤리적 책임

(1) 클라이언트의 이익 우선

사회복지사의 우선적 책임은 클라이언트에 대한 것이다.

① 사회복지사는 헌신, 충성, 결정, 전문적 기술과 자질을 최대한 사용하여 클라이언트를 도와야 한다.
② 사회복지사는 개인적 이익을 위해 클라이언트와의 관계를 이용하지 말아야 한다.
③ 사회복지사는 인종, 피부색, 성(sex), 성적 정향, 연령, 종교, 국적, 결혼상

태, 정치적 믿음, 정신적 혹은 신체적 장애, 선호, 개인적 특징, 조건 혹은 지위에 기반한 어떤 형태의 차별에 협조, 용서하거나 이에 따라 실천하지 않는다.

④ 사회복지사는 클라이언트의 이익에 반하는 관계 혹은 약속을 피해야 한다.

⑤ 사회복지사는 어떤 상황에서도 클라이언트와 성적 관계나 행동을 해서는 안 된다.

⑥ 사회복지사는 클라이언트가 활용할 수 있는 서비스의 특성과 정도에 관해 정확하고 완전한 정보를 제공해야 한다.

⑦ 사회복지사는 사회적 서비스와 관련된 위험, 권리, 기회, 의무들을 클라이언트에게 알려야 한다.

⑧ 사회복지사는 클라이언트에게 최상의 이익이 되는 경우에는 동료 슈퍼바이저의 충고와 조언을 구해야 한다.

⑨ 사회복지사는 서비스가 더 이상 필요 없거나 클라이언트의 욕구 혹은 이익에 봉사하지 않을 때, 전문적 관계와 클라이언트에 대한 서비스를 종결해야 한다.

⑩ 사회복지사는 특별한 상황에서만 재빨리 서비스를 철회해야 한다. 그때 상황의 모든 요인들을 주의 깊게 고려하고 역효과를 최소화하기 위해 주의해야 한다.

⑪ 클라이언트에 대한 서비스의 종결 혹은 중단을 계획하는 사회복지사는 즉시 클라이언트에게 알리고 클라이언트 욕구와 선호에 따라 서비스 이전・의뢰 혹은 지속을 결정해야 한다.

(2) 클라이언트의 권리와 특권

사회복지사는 클라이언트의 자기 결정을 최대한으로 촉진하기 위해 모든 노력을 기울여야 한다.

① 법률적으로 무능력한 클라이언트를 위해 행동할 때 사회복지사는 클라이언트의 이익과 권리를 보호해야 한다.

② 클라이언트를 위해 행동하도록 법률적으로 권한을 부여받은 사람이 있을 때 사회복지사는 항상 클라이언트의 이익을 염두에 두고 그 사람을 대해야 한다.
③ 사회복지사는 클라이언트의 법적 권한 혹은 시민권을 감소·위반하는 어떤 행동에도 관여해서는 안 된다.

(3) 비밀보장과 사생활

사회복지사는 클라이언트의 사생활을 존중하고 전문적 서비스 과정에서 얻은 모든 정보에 대해 비밀을 유지해야 한다.

① 사회복지사는 강력한 전문적 이유가 있을 때에만 클라이언트의 동의 없이 클라이언트에 드러난 비밀을 다른 사람과 공유해야 한다.
② 사회복지사는 정보를 취하는 목적, 사용내역, 비밀보장의 한계를 클라이언트에게 완전하게 알려주어야 한다.
③ 사회복지사는 클라이언트와 관련된 공식적인 사회복지 기록에 대한 클라이언트의 접근을 합리적 수준에서 보장해야 한다.
④ 클라이언트에게 자신의 기록을 보여줄 때에는 사회복지사는 기록에 포함된 다른 사람의 비밀을 보호하는 데 주의를 기울여야 한다.
⑤ 사회복지사는 활동에 대한 제삼자의 관찰, 기록, 테이프 녹음을 하기 전에 클라이언트에게 알리고 동의를 구해야 한다.

(4) 비용

비용을 정할 때 클라이언트의 지불능력과 제공된 서비스에 비례하며 공정하고 합리적이 되도록 한다.

① 사회복지사는 의뢰 시 어떤 대가를 받아서는 안 된다.
② 사회복지사는 자신의 고용주나 기관을 통해 서비스를 이용할 수 있는 자격을 가진 클라이언트에 대해 사적으로 서비스에 대한 요금이나 어떤 다른 보수도 요청해서는 안 된다.

2. 프로그램 참여 계약

1) 클라이언트와 프로그램 계약

(1) 계약의 의미

프로그램 대상자로 확정된 이후 클라이언트와 기관의 의무와 과업, 구체적 실천활동을 상호 약속하는 것을 의미한다. 프로그램 실행의 성공 여부는 클라이언트가 자기가 해야 할 일과 역할을 분명하게 인식하고 적극적 참여가 요구된다는 사실을 인정하는 데 달려 있다고 해도 과언이 아니기 때문에 계약은 중요하게 다루어진다. 또 계약은 클라이언트로 하여금 문제해결 과정에서 자신이 수동적 존재가 아니라 중심적 역할을 하며 사회복지사와 동등한 인격으로 대우받는다는 사실을 일깨워 줄 수 있다.

(2) 계약에 포함될 내용

① 구조적 요인 : 프로그램명, 대상자, 날짜, 시간, 장소
② 문제 : 클라이언트가 규정한 문제, 사회복지사가 규정한 문제, 개입활동을 위한 합의된 문제개요, 최종목표
③ 최종목표 : 명확하고도 구체적으로, 목표달성 정도가 측정될 수 있도록 기술
④ 계획 : 접근방법, 클라이언트 과제, 사회복지사의 과제, 세션 내의 과제, 평가계획(목표와 과정에 대한 평가)
⑤ 비용 : 합의된 목표를 달성하기 위하여 사용될 비용
⑥ 서명날인 : 클라이언트 서명날인, 사회복지사 서명날인

2) 계약의 장단점

(1) 계약의 장점

계약은 목적을 분명히 함으로써 클라이언트와 사회복지사의 갈등을 줄일

수 있으며, 우선순위를 정하고, 역할과 책임을 설명하고, 측정과정에 합의된 방법을 제공할 수 있다. 이러한 측면에서 서비스 계약은 비자발적인 클라이언트와의 활동에 중요한 의미를 지닌다. 특히 동기가 없거나 불분명한 클라이언트와 계약을 맺음으로써 그에게 분명하지 않은 상태에서 클라이언트가 모르게 처리되지 않는다는 것을 보장해 줄 수 있다.

(2) 계약의 단점

계약이 가지는 단점은 서면계약을 준비하기 위하여 시간이 필요하다는 점이다. 또한 불확실한 법적 지위, 사소하지만 쉽게 개념화된 목표에 집중하고 복잡하거나 성공하기 위해 위험을 감수해야 하는 목표를 회피할 가능성이 있고, 무력한 클라이언트가 처벌의 두려움으로 계약에 동의할 위험성이 있다는 점이다.

3. 프로그램 일정계획과 관리

프로그램의 목표를 달성하기 위해서는 단일 프로그램이나 서비스로 달성되기보다는 다양한 서비스나 프로그램의 연속적인 과정으로 이루어져 있기 때문에 전체적인 진행과정과 순서를 체계적으로 관리할 수 있는 기법이 필요하다. 대표적으로 활용되고 있는 프로그램 활동에 대한 관리기법으로는 활동별 시간계획표(Gantt chart), 프로그램 평가검토기법(PERT : Program Evaluation and Review Technique)이 있다.

1) 활동별 시간계획표(Gantt Chart)

일정계획을 세우고 관리하는 데 도움을 줄 수 있는 방법 중 현장에서 가장 많이 활용되고 있는 것은 갠트 차트(Gantt chart)이다. 이 도표는 프로그램에 요구되는 활동과 각각을 완수하기 위한 시간들 사이의 관계를 시각적으로 설명하는 것이다.

갠트 차트의 유용성은 작성하기가 쉽고, 전체적인 프로그램에 필요한 활동을 확인하고 특정 활동을 완수하는 날짜를 추적할 수 있게 돕는 것에 있다. 사회복지공동모금회, 기업복지재단, 공공기관 등에서 프로그램 계획 일정관리를 위해 제시하도록 되어 있어 사회복지현장에서 가장 많이 활용되고 있는 도표이나 세부적인 활동 사이의 관계를 파악하기는 어려운 것이 단점이다.

〈표 10-1〉 **갠트 차트의 사례**

기간 / 내용	2015											
	1월	2	3	4	5	6	7	8	9	10	11	12
자문단 구성 및 회의	⇨	⇨	⇨	⇨	⇨	⇨	⇨	⇨	⇨	⇨	⇨	⇨
가족교육	⇨	⇨	⇨	⇨	⇨	⇨	⇨	⇨	⇨	⇨	⇨	⇨
사전 준비모임	⇨	⇨	⇨	⇨	⇨	⇨	⇨	⇨	⇨	⇨	⇨	⇨
부모교실 운영	⇨	⇨	⇨	⇨	⇨	⇨	⇨	⇨	⇨	⇨	⇨	⇨
부모동료 상담	⇨	⇨	⇨	⇨	⇨	⇨	⇨	⇨	⇨	⇨	⇨	⇨
프로그램 평가	⇨	⇨	⇨	⇨	⇨	⇨	⇨	⇨	⇨	⇨	⇨	⇨

2) 프로그램 평가와 기법 검토(PERT : Program Evaluation and Technique)

이 도표는 적절한 사건의 연속성을 분류하고 각 활동이나 사건을 완수하기 위해 필요한 시간의 양을 측정하는 데 특히 도움이 된다. PERT chart를 개발할 때 활동은 완수하는 데 요구되는 스태프 시간으로 정의된다. 따라서 다양한 활동에 투입되는 기간이나 시간을 추가함으로써 프로그램을 수행하기 위하여 스태프 시간을 비용으로 측정하는 것이 가능하다. 목적을 달성하는 데 필요한 활동들을 도표화하여 활동들을 효율적이고 효과적인 방법으로 조정할 수 있으며 활동들을 일목요연하게 제시할 수 있다.

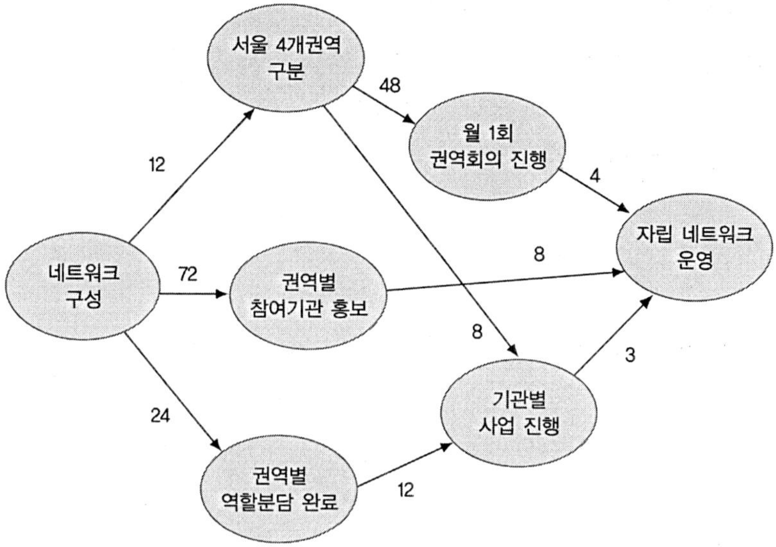

|그림 10-1| 프로그램 평가검토 기법 사례 "지역사회 자립 네트워크를 통한 장애인 리더 양성 및 자립역량 강화사업"

4. 진행보고

프로그램 진행상황에 대해 상급자, 지원기관, 관할행정기관, 프로그램 이용자 등에게 보고가 되어야 하고, 이에 따라 보고의 원칙과 사회복지기관에서의 보고 유형은 다음과 같다.

1) 보고의 원칙

① **필요성** : 업무수행상 필요한 경우 작성

② **완전성** : 중요 고려요소나 영향요소를 포함하고, 육하원칙에 의한 보고

③ **정확성** : 보고내용의 정확한 파악, 출처나 근거의 정확

④ **적시성** : 필요한 시점에 보고 실시(지연 및 누락 방지)

⑤ **적량성** : 적절한 분량의 보고

⑥ 간명성 : 보고내용의 최소화

⑦ 상대성 : 보고받는 사람의 직위, 업무 이해 정도, 취향 등 고려

2) 보고의 유형

① 서면보고 : 프로그램 계획서, 프로그램일지, 진행일지, 평가서 등

② 구두보고 : 상급자 슈퍼비전, 동료 슈퍼비전 등

③ 회의보고 : 팀별회의, TF팀 회의, 팀장회의, 전체회의 등

5. 예산집행

1) 예산집행의 개념

일반적으로 예산집행(budget execution)이란 세입세출예산이 담고 있는 정책목표와 프로그램을 성취하는 데 필요한 수입과 지출을 실행하는 일체의 행위를 말한다. 모든 예산은 사업을 수행해서 업적을 올려야 할 많은 계획을 내포하고 있는데 이러한 사업계획을 실천에 옮기는 것이 예산집행이다. 아울러 예산집행에는 효율성 차원에서 집행통제라는 의미도 강하게 내포하고 있는데, 제 학자들의 공통된 의견을 근거로 예산집행 통제를 살펴보면 다음과 같다(양승일, 2013).

2) 예산집행 통제의 원칙과 기제

(1) 예산집행의 원칙

① 개별성의 원칙

재정통제 체계는 개별 기관 그 자체의 제약조건, 요구사항, 그리고 기대사항에 맞게 고안되어야 한다.

② 강제성의 원칙

재정통제 체계는 강제성을 띠는 어떤 명시적인 규정이 있어야 한다. 즉, 강제성이 없는 규칙은 효과성이 없다. 강제성은 때로 개별성을 무시할 수 있으나 규칙의 동일한 적용을 통한 공평성과 활동을 공식화하는 것이다.

③ 예외의 원칙

규칙에는 반드시 예외상황을 고려하여야 하고 그러한 상황에 적용되는 다른 규칙도 명시되어야 한다.

④ 보고의 원칙

재정통제 체계는 보고의 규정을 두어야 한다. 재정활동에 대한 보고의 원칙이 없으면 재정 관련 행위를 공식적으로 감시하고 통제할 수가 없다. 예를 들면, 예산의 남용이나 개인적 유용, 그리고 항목 변경 등의 사실들이 있는 그대로 보고되지 않으면 재정활동에 큰 문제가 생길 수 있는 것이다.

⑤ 개정의 원칙

규칙에는 일정한 기간 동안만 적용할 수 있도록 제한되어 있거나, 적용할 때 부작용이 나타날 경우를 대비하여 일정한 기간이 지난 후에는 규칙을 새로 개정할 수 있어야 한다.

⑥ 효율성의 원칙

재정통제에는 시간과 비용이 높은 수준으로 소요되는 경우가 있다. 따라서 통제는 비용과 노력을 최소화하는 정도에서 이루어질 수 있어야 한다.

⑦ 의미의 원칙

효과적인 통제가 되기 위해서는 규칙, 기준, 의사소통 및 계약 등에 있어서 관계되는 모든 사람들이 잘 이해할 수 있도록 전달되어야 한다. 그러므로 규칙은 명확하게 쓰여지고, 통제자료는 쉽게 얻을 수 있어야 하며, 절차의 분류와 해석을 위한 사항도 명확히 명시되어야 한다.

⑧ 환류의 원칙

재정통제에 관한 규칙, 기준, 의사소통, 계약 등을 적용할 때 발생할 수 있는 여러 가지의 부작용 및 장단점 등을 관련자들로부터 들어서 개정과 개선의 기초가 되어야 한다.

⑨ 생산성의 원칙

재정통제는 서비스가 효과적이고 효율적으로 전달되도록 하기 위한 수단이므로 이로 인하여 서비스 전달이라는 생산성에 장애와 갈등이 발생하지 않도록 유의하여야 한다.

(2) 예산집행 통제의 기제

① 분기별 할당

수입예산이 계획된 대로 들어오지 않을 경우도 있고 또 한 기간에 집중되어 들어오는 경우가 있는가 하면, 비용의 지출이 월별로 또는 분기별로 동일하지 않고 어떤 시기에 집중되는 경우도 있다. 이러한 경우 수입예산의 수입과 지출예산의 지출을 분기별로 조정하여 수입과 지출의 균형을 유지할 필요가 있다. 행정책임자는 이러한 재정집행의 사정을 하부 활동책임자에게 이해시키고 상의하여 할당의 효과가 나타나도록 하여야 할 것이다.

② 지출의 사전승인

조직에서 일정액 이상의 지출을 할 경우 최고 행정책임자의 사전승인을 받도록 하거나 또는 지출액수에 따라 중간 행정책임자의 사전승인을 받도록 하는 것이 일반적이다. 이와 같은 사전승인은 수입과 지출의 균형을 유지하는데 도움이 되고 때때로 승인을 의도적으로 연기하여 지출을 억제할 수도 있다.

③ 자금지출의 취소

예상된 재정원칙으로부터의 수입이 인가되지 않거나 또는 삭감정책에 의하여 예상된 수입액이 입금되지 않을 경우는 자금지출을 잠정적으로 취소하거나 또는 최종적으로 취소할 수밖에 없다.

④ 정기적 재정현황 보고

행정책임자는 월별, 분기별로 재정현황을 보고받아 검토하여야 한다. 보고서의 내용은 수입지출의 현황, 변제비용, 인원당 비용, 기능별 비용, 그리고 서비스 단위당 비용 등이 포함되는 것이 바람직하다.

⑤ 대체

회계연도 말쯤에 재정현황이 사업별 또는 계정별로 과도지출이 되었거나 또는 과소지출이 된 경우에는 과소지출분에서 과다지출분을 메우기 위하여 대처할 필요가 있다.

이러한 대체는 조직의 구조와 액수에 따라 중간 행정책임자 또는 최고 행정책임자의 승인을 받아야 한다.

⑥ 지불연기

이 방법은 조직의 내·외부로부터의 지불요청에 대하여 의도적으로 적당한 방법을 통해 연기를 함으로써 수입예산의 입금 여유를 갖는 것이다. 특히 지불연기로 벌칙이나 벌금이 없는 경우는 요청자의 양해를 얻어 최대한으로 지불연기를 할 수 있다.

⑦ 차용

차용은 은행 또는 특별단체(협회, 연합회, 정부기관 등)로부터 자금을 빌리는 것을 말한다. 다시 말하면, 수입예산이 계획대로 확보되지 않아 불가피하게 지출을 하기 위해서는 일반적으로 은행, 사회복지 관련 특별단체 또는 정부의 기금으로부터 장기적 또는 단기적인 대부를 받을 필요가 있는 것이다.

수행내용 1 프로그램 실행을 위한 안내서 작성하기

자료

• 프로그램 계획서, 기관운영 규정, 프로그램 운영 매뉴얼, 프로그램 홍보자료

유의사항

• 프로그램 설명서는 반드시 프로그램 계획에 근거하여 작성되어야 하며, 기관의 규정 등에 벗어나지 않는 사항을 중심으로 작성해야 한다.
• 참여를 원하는 이용자들을 대상으로 하기 때문에 궁금한 사항을 상세하게 설명하지만 복잡하거나 어려운 구조로 되어 있지 않아야 한다.

수행순서

1. 프로그램 참여를 원하는 이용자에 대한 적절한 기관의 역할을 점검한다.
   1) 기관은 적절한 매체를 통해 이용 희망자에게 정보를 제공해야 한다.
      – 안내책자, 인터넷 홈페이지 등

   2) 기관은 이용 희망자의 문의에 적절하게 대응해야 한다.
      – 담당직원의 배치, 자주하는 질문에 대한 답변을 정리한 자료 준비 등

   3) 기관은 서비스 시작에 앞서 이용자와 가족에게 충분한 설명을 해야 한다.
      – 기본 원칙, 중요 사항 등에 대해 설명
      – 서비스 내용이나 이용요금 등

2. 프로그램 실행을 위해 이용자에게 전달할 안내사항을 구성한다.

프로그램 참여를 원하는 이용자들은 프로그램 내용 및 참여방법 등 세부적인 사항들을 궁금해한다. 이에 실무자는 프로그램 홍보가 나가는 시점에 세부 안내서를 작성·소지하여 이용자의 문의에 적절하게 대응해야 한다.

1) 안내사항 구성

(1) 프로그램 세부내용(활동내용, 장소, 기간, 대상자, 비용, 준비사항 등)

(2) 이용자의 권리

(3) 개인정보 보호

(4) 이동편의 등 각종 편의사항

(5) 담당자 이름과 연락처

(6) 기타 사항(주의사항 등)

2) 자주하는 질문과 응답 구성

(1) 프로그램과 관련해 예측 가능한 질문들을 구성하고 답을 작성해 놓는다.

(2) 프로그램 안내와 관련해 주의해야 할 응답에 대해 미리 인지한다.

(3) 비자발적 이용자가 발생할 수 있을 여지에 대해 검토한다.

〈프로그램 안내서 작업 양식〉

구 분	내 용	비 고
1. 안내사항 구성 목록		
2. 자주하는 질문		
3. 안내서 작성 시 주의점		

3. 구성한 안내사항들을 정리하여 안내서 형식으로 완성한다.

1) 사회복지기관들의 다양한 안내서 형식을 검토한다.

– 안내 리플렛, 설명회 자료, 안내문 등

2) 기관 내 곳곳에 비치하여 기관을 이용하고 있는 사람들이 볼 수 있도록 안내한다.

4. 안내서를 제작한다.
   1) 팀이 모여 프로그램 계획서(샘플)를 준비하고 이용자들에게 전달할 안내서에 들어갈 내용에 대해 토의한다.
   2) 토의한 내용을 바탕으로 안내문을 만든다.
   3) 만들어진 안내문을 팀이 모여 다시 한 번 점검하고 제작에 들어간다.

수행내용 2 프로그램 신청서 접수하기

자료

- 개인정보보호법, 프로그램 계획서, 기관운영규정, 프로그램 운영 매뉴얼

유의사항

- 프로그램 계획서에 제시되어 있는 선정기준에 근거한 대상자들이 신청서를 접수할 수 있도록 안내해야 한다.
- 프로그램 참여 시 필요한 정보를 중심으로 신청단계에서 정보를 얻어야 하기 때문에 불필요한 내용들을 제외하고 프로그램 참여 시 필요한 사항들을 중심으로 신청서 양식을 구비해야 한다.
- 이용자들이 다양한 방법으로 접수할 수 있도록 접수의 접근성을 높여야 한다.

수행순서

1. 프로그램 참여 신청서 양식을 제작한다.
   1) 신청서에 포함되어야 할 사항 구성
      (1) 이용자의 인구사회학적 기본 정보(이름, 생년월일, 연락처, 결혼 여부 등)
      (2) 이용자의 가족사항 : 프로그램에 따라 필요시
      (3) 이용자의 경제상황 및 특성(장애, 질환, 직업, 교육상황 등 필요시 선별하여 구성)
      (4) 프로그램 신청동기 및 경로
      (5) 프로그램을 통해 얻고자 하는 것(성과)
      (6) 기타 사항

2) 프로그램 신청서 제작

- 팀원이 모여 프로그램 계획서를 토대로 이용자가 참여신청을 할 경우 수집해야 할 정보를 정하고 신청서를 제작한다.

청소년 자원봉사활동 프로그램 참가 신청서

• 회원가입 필수 – 1365(자원봉사포털) 또는 VMS(자원봉사센터) (자원봉사활동 실적 입력 시 필요하므로 꼭 가입하셔야 됩니다) 미가입 시 자원봉사활동 실적 입력 안 됩니다.	• 회원가입 여부 체크 ☐ 1365 가입 ☐ VMS 가입

성 명				생년월일	
성 별	남 / 여	혈액형		연락처(본 인)	
주 소				연락처(보호자)	
소 속 (학교명/ 학년)					
취미 · 특기					

☆ 자원봉사활동을 통해 얻고 싶은 점(자세히 기록해 주세요)

※ 수집한 정보는 관련 목적으로만 사용되고, 개인정보보호법에 따라 철저히 보호됩니다.
※ 신청인 본인은 귀 기관의 개인정보 수집 및 이용에 관하여 각각 동의함. ☐

본인은 ○○종합사회복지관의 자원봉사자로 활동하고자 본 신청서를 제출합니다.

20 년 월 일

신청일 : (인)

○○종합사회복지관 귀중

2. 신청서를 비치한다.

프로그램 신청서가 완성되면 기관 내·외부에 비치하거나 배부할 계획을 구상하고, 접수할 방법을 다양하게 모색하고 준비한다. 오프라인을 활용할 경우 비치·배부할 것을 실행하고, 온라인을 활용할 경우 홈페이지나 모바일을 활용할 수 있도록 조치한다.

3. 접수상담을 진행한다.

이용자가 프로그램 참여를 원하여 신청서를 작성하는 것에서부터 접수완료까지 과정과 그 과정에서 이루어지는 면담까지를 포함한다.

1) 신청서 작성하기
   - 온라인 및 오프라인에서 준비된 양식에 따라 신청서 작성
2) 신청서 작성 시 면담을 진행한다.
   - 이용자가 내방하여 신청서를 작성할 경우 사회복지사가 직접 접수면담을 진행하면서 신청서를 작성할 수 있다.

4. 접수된 신청서를 목록으로 만든다.

프로그램 신청기간이 종료되면 접수된 신청서를 목록으로 만든다. 대상자에 대해 목록으로 정리해 놓으면 대상자의 적절성 여부를 점검하거나 신청서를 일일이 찾아야 할 때 유용한 자료가 된다.

수행내용 3 프로그램 대상자 선정하기

자료

• 프로그램 참여 신청서, 프로그램 계획서, 기관운영 규정, 프로그램 운영 매뉴얼, 프로그램 지원기관 안내서

유의사항

• 접수된 신청자들을 중심으로 선정회의를 하는 과정에서 신청자들의 개인정보에 대해서는 비밀보장이 이루어져야 하며, 사안에 따라서는 선정위원들에게 비밀보장이나 윤리적 서약과 관련된 확인서명을 확보할 필요도 있다.
• 프로그램 대상자 선정과정에서 사회복지사나 회의에 참여하는 관련자들이 신청자와의 개인적 친분이나 사생활 등 주관적 의견은 표현하지 말아야 한다.
• 프로그램 대상자 선정기준에 가장 적절한 대상자들이 중심이 되어야 하며, 비슷한 조건에서 우선순위를 선정할 때에는 사회복지사의 윤리적 기준 등 전문가로서 판단기준이 명확해야 한다.

수행순서

1. 프로그램 신청자 선정을 위한 자료를 준비한다.

프로그램 관리자는 목록화한 신청자들을 최종적으로 선정하기 위해 선정회의를 소집하고, 회의에 필요한 자료를 준비해야 한다.

1) 선정회의 소집

(1) 선정위원 선정

(2) 회의장소 섭외

(3) 선정위원 연락 : 신청서철, 신청자 목록, 선정기준, 선정위원사례영

수증, 윤리서약 등

2) 준비해야 하는 자료

(1) 접수된 프로그램 신청서와 목록

(2) 프로그램 선정기준 자료

(3) 선정위원 관련 증빙자료 : 사례지급확인증, 윤리서약, 신분증, 계좌 사본

(4) 프로그램 계획서, 선정회의 일정표 등

3) 프로그램 대상자 선정기준

(1) 프로포절에 제시된 대상자와 선정기준

기업복지재단, 사회복지공동모금회, 지방자치단체 등에서 사회복지 관련 기관·단체를 대상으로 하여 배분사업을 공고하여 접수한 뒤 일정한 기준에 의해 선정하고 배분금을 지원하는 형태의 프로포절과 개별 기관에서 특정한 사업과 관련한 계획서를 작성한 후 후원자를 확보하기 위한 프로포절의 경우 작성된 계획서에 근거해 프로그램 대상자를 선정하며, 구체적으로 대상자 선정기준이 명시되어 있기 때문에 이에 대한 기준을 근거로 선정회의를 진행한다. 사회복지공동모금회 선정 프로그램 대상자와 선정기준을 예로 들면 다음과 같다.

〈표 10-2〉 **사업명 : S시 노인자살 예방을 위한 정신건강 프로그램**

대상 구분	대상자 산출근거	인원수
일반집단	S시 만 65세 이상 노인인구	1,108,857명*
위험집단	S시 만 65세 이상 노인인구 중 최근 1년 이내에 자살충동을 경험한 노인인구	83,165명**
표적집단	S시 만 65세 이상 노인인구 중 최근 1년 이내에 자살충동을 경험한 노인인구 중 국민기초생활수급자	6,237명***
클라이언트 집단	표적집단 노인 중 일반 교통수단을 이용하여 센터에 다닐 수 있으며 가족이나 본인이 프로그램 참여를 희망하는 노인	100명

* S시청. 2010 통계연보
** 보건복지가족부 2008 통계 결과로 추정(만 65세 노인인구의 7.6%)
*** 보건복지가족부 2009 노인복지실태조사 결과로 추정

출처 : 김상아·김장권·이원지 외(2013). 사회복지 프로그램개발과 평가, p. 53.

(2) 사회교육 등 일반적인 프로그램 대상자 선정기준

① 대상에 따른 대상자

노인, 장애인, 아동, 청소년, 여성, 다문화, 노숙자, 성소수자, 은퇴자, 실업자 등

② 목적(욕구나 문제의 범위)에 따른 대상자

경제, 의료, 정서, 대인관계, 의사소통, 성격변화, 고용, 역량강화 등

③ 수행방법에 따른 대상자

상담, 캠프, 단발성 교육이나 행사, 집단치료, 자조모임, 동아리, 네트워크 등

(3) 지역사회 요보호 대상자들을 위한 선정기준

지역사회 내 요보호 대상자들의 프로그램 참여를 높이기 위해, 또 프로그램의 목적상 필요에 의해 의도적으로 요보호 대상자의 참여 비율을 설정하여 프로그램 우선대상자로 선정하거나 참여기준을 규정하여 선정기준으로 적용하기도 한다.

〈표 10-3〉 A 복지관 비용감면 기준

감면대상	감면혜택	감면자	제출서류
국민기초수급권자	100%	본인+가족(주민등록상)	수급권 증명서
장애인	〃	본인	장애인복지카드
국가유공자	〃	본인	유공자증명서
차상위계층	〃	본인+가족(주민등록상)	차상위 증명서
기타	50~100%	사회복지사가 인정하는 사람	사회복지사 소견

2. 선정회의를 진행한다.

프로그램 관리자는 선정회의를 진행하여 프로그램 선정기준에 적절한 대상자들이 선정될 수 있도록 선정위원에게 안내하고 협의될 수 있도록 진행한다.

3. 대상자에게 연락한다.

프로그램 관리자는 선정회의가 종료된 사항을 정리하여 최종 선정된 대상자들에게 추후 진행일정에 대한 안내를 해야 한다. 상황이나 필요에 따라 방법을 다양하게 적용하여 연락을 취할 수 있으며, 선정되지 못한 대상자들에게도 참여 여부를 정확히 알 수 있도록 연락을 취할 수도 있다.

수행내용 4 프로그램 참여 계약하기

자료

- 프로그램 참여 계약서, 프로그램 계획서, 기관운영 규정, 프로그램 지원기관 안내서

유의사항

- 클라이언트와의 참여계약 시 클라이언트에게 충분한 정보를 제공해야 한다.
- 계약은 동등한 입장에서 이루어지도록 하고, 계약사항에 대해 클라이언트가 숙지할 수 있도록 하나하나 읽어가며 설명하여 추후 오해의 발생을 줄인다.
- 계약사항을 소지하여 궁금할 때 볼 수 있도록 원본 중 한 부를 클라이언트가 가지고 있게 한다.

수행순서

1. 프로그램 참여를 위한 계약서 양식을 개발한다.

   프로그램 참여계약서는 기관마다 또는 프로그램마다 그 형식과 내용이 다를 수 있다. 사회복지사는 운영 프로그램에 맞도록 계약에 들어가는 기본 구조를 활용하여 프로그램 참여를 위한 계약서 양식을 개발한다.

   1) 계약서 개발 시 고려해야 할 사항

      (1) 계약은 클라이언트의 능력, 사회복지사의 기술, 기관의 임무와 일관적이어야 한다.

      (2) 계약은 절대 한쪽에 치우쳐서는 안 되며 사회복지사와 기관이 해야 하는 것을 무시한 서면서술은 결코 계약이 될 수 없다.

(3) 계약은 클라이언트가 정확하게 알 수 있도록 단순하고 분명한 언어로 표현한다.

(4) 클라이언트를 혼란시키거나 위협적인 단어를 사용하지 않는다.

(5) 법률적이거나 사회복지 전문용어는 피한다.

(6) 계약에 명시된 목표는 현실적이고 클라이언트의 관점에서 달성할 만한 가치가 있어야 한다.

(7) 목표를 선택하고 구성할 때 논리적인 순서에 따라 계획을 세운다.

2) 계약서 양식 개발

(1) 팀을 구성하여 프로그램 계획서를 준비하고 계약서에 포함될 사항들을 토의를 통해 정리한다.

(2) 토의한 내용을 구조화하여 제작하도록 한다.

(3) 계약서 양식을 완성한다

2. 프로그램 참여계약서를 작성한다.

개발한 계약서를 준비하고, 클라이언트에게 자세하게 설명하고 확인 서명을 할 수 있도록 안내한다.

1) 계약서 작성 시 고려해야 할 사항

(1) 클라이언트가 문맹일 경우 사회복지사는 서면 작성과 함께 녹음된 내용을 준비하여 합의사항을 녹음하는 방법을 활용한다. 또 장애로 인해 작성이 어려울 경우 동행한 보호자나 보조인이 도울 수 있도록 지원한다.

(2) 클라이언트가 혼자 할 수 있는 것을 도와서는 안 된다. 클라이언트를 위해 불필요한 일을 하는 것은 사회복지사가 도움을 주려는 열망이 지나치거나 클라이언트의 힘을 과소평가했을 때 생긴다.

(3) 계약에 대한 규정은 변화하는 현실적 상황에 따라 필요한 경우에 수정 가능함을 알린다.

2) 작성된 계약서 원본을 클라이언트와 기관이 각각 한 부씩 소지

(1) 계약서는 같은 내용을 2부 작성한다.

(2) 작성된 계약내용에 대해 각각 서명을 하고, 서명한 2부를 간인한다.

(3) 완성된 계약서를 봉투에 넣어 보관하도록 클라이언트에게 안내한다.

수행내용 5 프로그램 진행하기

자료

- 프로그램 실행계획서, 프로그램 운영 매뉴얼, 프로그램 참여계약서, 프로그램 지원기관 안내서, 프로그램일지

유의사항

- 클라이언트의 상황 변화에 따라 진행과정을 조정하여 집단을 유지하면서도 개별적인 상황들이 고려될 수 있도록 융통성 있는 진행이 되도록 관리한다.
- 사회복지사의 편의에 의해 진행이 조정되어서는 안 된다.
- 프로그램 진행일지 작성이나 과정보고에 대한 것은 누적되거나 누락되지 않도록 관리한다.
- 프로그램 중도 탈락자가 발생하지 않도록 하고, 참여율을 높이기 위해 참여클라이언트를 정기적이고 지속적으로 관리해야 한다.

수행순서

1. 프로그램 일정에 따른 세부 진행사항들을 준비한다.

   프로그램 계획서에 있는 내용들을 진행하기 위해서 일정계획을 참고로 하여 세부 진행매뉴얼을 준비한다. 진행매뉴얼은 사회복지사가 프로그램을 총체적으로 관리하기 위해 작성하는 것으로 어느 누가 진행하더라도 가능할 정도로 세부적인 사항들을 정리해 놓은 것이다.

   매뉴얼의 기록이 어려우면 프로그램 관리자 노트를 만들어 준비사항들을 점검해 가며 진행하는 세심한 관리가 필요하다.

2. 프로그램 진행 중 외부환경, 이용자의 상황 변화를 조정한다.

프로그램 진행 중 발생할 수 있는 외부환경의 변화나 이용자 신변 변화 등이 프로그램에 영향을 미치는 정도가 최소화되도록 관리한다.

1) 프로그램에 영향을 미칠 수 있는 외부환경

(1) 천재지변 등과 같은 자연재해로 인하여 안전상 프로그램 진행이 어려울 경우

(2) 신종플루, 메르스, 사스 등 전염성 질환으로 사람이 많은 곳의 접근으로 인해 프로그램 참여자의 건강을 위협할 우려가 있는 경우

(3) 프로그램 진행기관의 운영 중단 및 이에 준하는 어려움이 발생하였을 경우

(4) 프로그램 자체가 이용자들의 안전을 위해할 우려가 있어 점검이 필요한 경우

(5) 기타 위에 준하는 사건이나 상황이 발생하여 조정이 불가피한 경우

2) 프로그램에 영향을 미칠 수 있는 이용자 신변 변화

(1) 개인의 신체적·정신적 건강의 문제가 발생한 경우

(2) 가족 구성원의 변화, 경조사 등 가족환경의 변화가 발생한 경우

(3) 개인이 프로그램의 참여계약 사항을 이행하지 않는 경우

(4) 프로그램 참여 시 문제되었던 부분이 해결되어 참여가 무의미한 경우

(5) 기타 위에 준하는 사건이나 상황이 발생하여 조정이 불가피한 경우

3. 프로그램 진행상황을 보고한다.

프로그램 진행상황에 대한 보고는 기록을 통한 보고와 회의 시 보고, 구두보고 등으로 진행되며 기록을 통한 보고는 매회 진행된 내용을 정리하는 프로그램일지 또는 과정기록지의 결재과정을 통해 이루어지고, 회의 시 보고는 팀회의, 부서장회의, 전체회의 등 기관에서 정기/ 비정기적으로 시행되고 있는 회의를 통해 프로그램 공지사항을 전달하고 연계하는 방식으로 이루어진다. 구두보고는 매회 진행과정에서 있었던 일 중 긴급히 의논되어야 할 사항이나 협의가 필요한 사항들에 대해 슈퍼바이저나 동료 등과 면담의 방식으로 시행된다.

수행내용 6 프로그램 예산 집행하기

자료

- 프로그램 계획서, 프로그램 지원기관 예산사용 안내서, 재무회계규칙, 「국가 또는 지방자치단체를 당사자로 하는 계약에 관한 법률」, 내부기안서, 지출결의서, 프로그램 전용 체크카드, 예금통장, 현금출납부, 무통장입금증, 보안카드, 각종세법

유의사항

- 모든 예산집행은 사업계획서상의 예산서에 의거하여 집행하여야 한다.
- 예산집행 시 발생되는 각종 증빙자료는 재무회계규칙이나 프로그램 지원기관에서 요구하는 법적 증빙이 가능한 것인지를 확인하여야 한다.
- 예산집행 모든 내용이 증빙자료와 일치하도록 누락이 없어야 한다.
- 무통장입금이나 인터넷뱅킹 사용 시 이체되는 거래처나 사람의 계좌번호와 이름 등이 정확한지 확인하여 오류가 없어야 한다.

수행순서

1. 예산계획서를 검토하여 집행할 예산을 확정한다.

   예산계획서상 항목에 따라 집행 가능한 비용을 확인하고, 이를 기반으로 집행의 근거가 될 수 있는 내부기안서, 품의서, 지출결의서를 작성한다. 이때 항목에 적절한 비용의 지출인지 프로그램 직접비용으로 집행 가능한 것인지를 면밀히 검토해야 한다.

   1) 직접비

      특정 프로그램만을 위하여 새롭게 편성되어 지출되는 비용으로 어떠한

프로그램을 수행하기 위해서는 해당 프로그램을 위해 전적으로 새로운 인력과 시설이 필요하게 되는데 이에 해당하는 비용을 직접비라고 한다.

2) 간접비

특정 프로그램의 수행만을 위해 완전히 새롭게 지출되는 비용이 아니라 기존에 사용되던 시설이나 인력 가운데 새롭게 수행되는 프로그램에 활용될 비용을 말한다. 즉, 특정 프로그램 수행의 간접비는 다른 프로그램의 수행과 공유되는 비용을 말하는 것이다.

2. 확정된 집행예산 중 지출할 부분을 회기마다 승인받는다.

예산집행을 위한 승인은 작성된 내부기안서, 품의서, 지출결의서를 승인받는 과정으로 프로그램 관리자가 계획에 근거해 작성한 예산을 필요시마다 사용승인 과정인 결재를 하는 것이다.

3. 지출규정(재무회계규칙, 지원기관의 지출처리 수행안내 등)에 근거하여 지출을 시행하고, 증빙서류를 확보한다.

1) 지출방법

(1) 법인카드(신용카드, 직불카드 등) 사용, 현금 사용 지양

(2) 계좌이체 – 대금결제 및 인건비 등 지급 시 계좌이체 원칙

(3) 현금지출 – 법적 증빙이 가능한 지출, 일정 금액 이하의 소액지출만 가능

2) 지출행위 종료 후 첨부해야 할 증빙서류

(1) 일정 금액 지출 시 법정증빙서류 : 세금계산서(계산서), 신용카드 매출전표, 영수증(직불카드/ 현금영수증), 계좌입금 영수증 등

(2) 물품구입, 수리 등 : 2개 이상의 견적서, 일정 금액 이상 시 계약서

(3) 인건비, 수당 등 지급 시 : 해당자의 신분증, 이력서, 통장사본, 수령증, 입금증, 원천징수영수증

(4) 기타 증빙서류 : 출판물/ 행사진행/ 회의 등 지출 시 사진, 출판물 일

부 사본 등 실제 구입 확인할 수 있는 증빙자료 등

3) 증빙이 불가능한 지출행위에 대한 조치

(1) 증빙이 불가능한 지출행위 : 영세사업장, 위장가맹점, 해외 사용 등에서 증빙이 발급이 안 되거나 잘못되어 있는 경우 등

(2) 불가피한 사례발생 시 조치 : 기관 차원의 사업일 경우 기관의 내부 규정에 따라 처리하고, 외부지원 사업일 경우 지원처에 문의하여 최대한 조치 가능한 증빙 마련

4. 정산보고서를 작성한다.

월별, 분기별, 반기별 등 일정 기간별로 혹은 기관에서 요구하는 상황에 따라 프로그램 집행비용을 정산한 내용을 정리하여 보고한다.

CHAPTER

11 프로그램 진행을 위한 행정처리 및 과정기록

1. 문서의 개념

문서(documents)란 특정 정보를 사용자에게 전달하기 위해 작성된 종이나 기타 매체에 의해 기록된 정보를 말한다. 문서는 현재 혹은 미래의 사용자들에게 공유되고, 재사용이 가능하며, 사용되면서 부가가치가 축적되는 등의 특징을 가지고 있다.

2. 문서의 필요성

대부분의 사무는 "문서에서 시작하여 문서로 끝난다"고 할 수 있다. 문서는 인체의 혈액 또는 산소처럼 행정업무를 수행하는 과정에서 필수적인 요소이다. 문서의 주요 기능은 의사전달과 의사보존이라 할 수 있으며, 일반적으로 다음과 같은 경우 문서가 필요하다.

① 내용이 복잡하여 문서 없이는 해당 업무의 처리가 곤란할 때
② 사무처리 결과의 증빙자료로서 문서가 필요할 때
③ 사무처리 형식 및 체제상 문서의 형식이 필요할 때

④ 사무처리에 대한 의사소통이 구두로는 불충분하여 문서에 의한 의사소통이 필요할 때

⑤ 사무처리 결과를 일정 기간 동안 보존할 필요가 있을 때 등이다.

3. 문서의 분류

1) 작성주체에 의한 분류

(1) 공문서

공적인 목적을 위하여 사회복지기관 또는 사회복지기관의 임직원이 권한 내에서 작성 또는 접수한 문서를 의미한다. 공문서에는 일반적인 문서는 물론 도면, 사진, 디스크, 필름과 슬라이드, 전자문서 등의 특수기록 매체도 포함된다. 반면 사문서도 각종 신청서 등과 같이 사회복지기관에 제출하여 접수된 것은 사문서가 아니고 공문서가 된다. 따라서 공문서에 관한 제 규정에 따라 취급되면 그 문서를 제출한 사람도 접수된 문서를 임의로 회수하여 갈 수 없다.

(2) 사문서

개인이 사적인 목적을 위하여 작성한 문서를 말한다. 예를 들면, 개인의 사사로운 의사 또는 심경을 표시하는 문서로 추천장, 안내장, 소개장, 초청장 등이 이에 속한다.

2) 유통대상에 의한 분류

(1) 대내문서(내부 결재문서)

기관 내부에서 지시, 명령하거나 협조하기 위하여 또는 보고, 통지하기 위하여 오가는 문서를 말하는 것으로, 기관 내에서 유통되는 문서를 말한다. 내부적으로 결재를 받는 문서이므로 발신하지 않는다.

(2) 대외문서

지역주민이나 관련 기관 및 단체 또는 행정기관에 수발하는 문서를 말한다.

(3) 전자문서

컴퓨터 등 정보처리 능력을 가진 장치에 의하여 전자적인 형태로 작성, 송수신 또는 저장된 문서를 말한다.

3) 처리단계에 따른 분류

(1) 접수문서

외부에서 접수되는 문서로서 문서 주관 부서에서 일정한 절차에 의하여 접수되는 문서를 말한다.

(2) 배포문서

접수문서를 문서주관과가 배포절차에 의해서 처리과로 배포하는 문서이다.

(3) 기안문서

결재문서라고도 하며, 사전에 결재권자의 결재를 얻기 위하여 기안 서식에 따라 사무처리 초안을 기재한 문서를 말한다.

(4) 합의문서

기안문서 중 그 내용과 관계되는 다른 부서와의 협조를 얻기 위하여 합의하는 문서를 말한다.

(5) 시행문서

발송문서라고도 하며, 결재문서의 내용을 시행하기 위하여 규정된 서식에 의하여 작성된 문서를 말한다.

(6) 보존문서

자료적 가치가 있으므로 일정 기간 동안 보존을 필요로 하는 문서를 말한다.

(7) 폐기문서

보존기간이 종료되어 문서의 가치가 상실되어 폐기처분되는 문서를 말한다.

4. 문서의 결재

1) 결재의 개념

결재란 해당 사안에 대하여 기관에 의사를 결정할 권한이 있는 자가 그 의사를 결정하는 행위를 말한다. 또 기관의 장 또는 결재권을 위임받은 자가 행정기관의 의사를 결정하기 위한 과정에서 산하기관의 서명을 받은 검토와 협조는 결재의 개념에 해당되지 않는다.

2) 결재의 종류

(1) 결재

좁은 의미의 결재란 법령에 따라 소관 사항에 대한 기관의 의사를 결정할 권한을 가진 자(주로 기관의 장)가 직접 그 의사를 결정하는 행위를 말한다. 행정업무의 효율적 운영에 관한 규정상 문서는 해당 기관의 장의 결재를 받되, 상황에 따라 최고관리자 다음의 자가 위임받아 결재를 할 수 있다.

(2) 전결

전결이란 기관의 장으로부터 업무의 내용에 따라 결재권을 위임받은 자(중간관리자)가 행하는 결재를 말하며, 그 위임전결사항은 해당 기관의 장이 위임전결규정 또는 지방자치단체의 규칙(사무전결처리규칙)으로 정한다(사무관리규정 제16조 제2항).

(3) 대결

대결이란 결재권자가 휴가, 출장, 그 밖의 사유로 결재할 수 없을 때에 그 직무를 대리하는 자가 행하는 결재를 말한다. 대결한 문서 중에서 내용이 중요하다고 판단되는 문서는 결재권자에게 사후에 보고하여야 한다.

(4) 후결

긴급한 문서로서 결재권자의 사정에 의하여 결재를 받을 수 없을 때에는 그의 직무를 대행할 수 있는 자의 대결로서 우선 시행하고 결재권자에게 후에 보고한다.

5. 문서관계 규정

1) 사무관리규정(제정 1991.6.19 대통령령 제13390호)
2) 사무관리규정 시행규칙(제정 1991.9.30 총리령 제395호)
3) 「공공기관의 기록물 관리에 관한 법률」(제정 1991.1.29 법률 제5709호)
4) 「공공기관의 기록물 관리에 관한 법률 시행령」(제정 1999.12.7 대통령령 제16609호)
5) 「공공기관의 기록물 관리에 관한 법률 시행규칙」(제정 1999.12.30 행정자치부령 제78호)
6) 「공공기관의 정보공개에 관한 법률」(제정 1996.12.31 법률 제5242호)
7) 「공공기관의 정보공개에 관한 법률 시행령」(제정 1997.10.21 대통령령 제15498호)
8) 「공공기관의 정보공개에 관한 법률 시행규칙」(제정 1997.11.11 총리령 제659호)

6. 프로그램 과정 기록

1) 프로그램 기록의 목적

사회복지실천 기록의 일차적 목적은 책무성, 효율성, 사적 권리 등에 있다. 사회복지사는 기관, 클라이언트, 지역사회에 대한 윤리적·법적 책무성을 가지고 자신이 전달하는 서비스를 기록하고 설명해야 하며, 평가해야 한다.

(1) 클라이언트의 욕구 및 사회복지실천 활동의 문서화

기록은 클라이언트의 상황과 서비스에 대한 욕구를 확인시켜 주는 정확한 사회진단 및 개입을 위한 기초자료를 얻기 위해 필요하며, 사회복지사는 그 과정 중 문제의 정확성을 평가해 보며 앞으로의 서비스 계획을 수립하기 위해 기록을 검토하는 것이 필요하다.

(2) 직접적인 서비스 제공의 근거 마련

기관의 수급자격을 입증할 문서를 구비하거나 사회복지실천기관에서 직접적인 서비스 제공이 목적이 되는 경우는 사례기록이 그 근거자료가 될 수 있다.

(3) 사례의 지속성 유지

사회복지실천은 개인의 책임이 아니라 기관의 책임에 의해서 행해지는 것이므로 항상 기관의 책임을 명백히 해두기 위해서는 기록이 그 기관의 책임을 명시하는 자료로써 활용될 수 있어야 한다.

(4) 슈퍼비전의 활성화

지도감독의 자료로써 사용되기 위해서 가장 중요한 것이 사례기록이다. 학생 실습 및 초보 사회복지사의 교육훈련, 사례연구 등에 중요한 자료로 활용될 수 있다.

(5) 조사연구를 위한 자료 제공

연구조사 자료 활용 목적으로 사회복지서비스를 연구하고자 하는 기관이나 연구자들에게 자료와 정보를 제공할 수 있다.

(6) 전문가 간의 의사소통 활성화

사회복지사만이 아니라 타 전문가들과 함께 일하는 기관에서 기록은 전문적 공조체제를 원활하게 하기 위하여 필요하다.

(7) 클라이언트와의 정보 공유

사회복지실천 방법 중 클라이언트와 기록의 일부나 기록과정을 공유하도록 권장하고 있다.

기록이 클라이언트와 의사소통하는 도구로 사용될 필요가 있다.

(8) 효과적 서비스를 위한 모니터링

기록은 서비스의 궁극적인 효과를 측정하기 위하여 필요하며 구조화된 체계적 기록은 서비스가 진행되는 동안 클라이언트에게 제공된 서비스 활동을 점검하고 평가하고 수정하는 데 활용된다.

(9) 행정적 자료

기록은 클라이언트의 욕구, 서비스의 유형, 직무관리, 직원의 직무 수행, 자원의 분배에 관한 행정적 결정을 위한 정보를 제공하기 위하여 필요하다.

(10) 클라이언트에 대한 책무성

어떠한 원칙을 가지고 어떻게 사정하고 개입하였는지 등에 관한 사회복지실천의 전문성 평가 및 법적 책임에 관한 자료로서 활용할 목적이 있다.

(11) 기관 평가

사회복지기관의 평가를 위한 자료로 기록이 활용되기도 한다.

2) 프로그램 기록의 종류

① 프로그램 일지
② 프로그램 과정기록지(이용자 선정 과정 기록, 슈퍼비전 기록, 진행내용 기록, 회의록 등)
③ 결과보고서(중간/ 최종)
④ 개인 성과기록지(개별평가서, 사전/ 사후 결과)

3) 기록의 윤리

① 기록업무를 통해 실제로 있었던 사실, 결정, 서비스 행위 등을 구체화하여야 한다. 그 결과 정보의 차이, 해석의 오류가 명확해지는 경우가 있을 수 있다.
② 클라이언트가 작성하는 기록이 프로그램 과정에서 활용될 경우 이는 매우 주관적이라는 제한점을 인식하고, 클라이언트가 작성한 기록을 활용하기 위해서는 다른 정보들과 함께 사용되어야 한다.
③ 기록내용상의 중복을 피하고 전산화 작업 등을 통해 비용절감 자원을 제공한다.
④ 클라이언트의 사적 권리를 보호하는 의무를 지켜야 한다.

수행내용 1 프로그램 진행을 위한 내외부 공문서 작성하여 승인받기

자료

- 프로그램 계획서, 프로그램 지원기관 업무안내서, 사무관리규정, 「공공기관의 기록물 관리에 관한 법률」, 「공공기관의 정보공개에 관한 법률」

유의사항

- 문서의 작성은 일반적으로 육하원칙에 따라 작성하고, 오·탈자나 계수 착오가 없도록 한다.
- 의미전달에 혼동을 일으키지 않도록 정확한 용어를 사용하고 문법에 맞게 문장을 구성한다.
- 읽기 쉽고 알기 쉬운 용어를 사용하고, 어려운 전문용어, 약어 등은 사용하지 않는다.
- 성의 있고 진실하게 작성하고, 상대방에게 불쾌감을 주거나 상대를 무시하는 듯한 표현은 사용하지 말아야 하며, 적절한 경어를 사용한다.
- 기안문, 시행문에 기안자, 검토자, 협조자 및 결재권자의 직위(직급)를 온전하게 나타내고, 서명을 그대로 표시하여 의사결정 과정과 참여자를 알 수 있도록 한다.

수행순서

1. 프로그램을 진행하기 전후 작성해야 하는 문서들을 구분한다.

   프로그램이 진행되기 전이나 진행과정, 진행 후에 작성해야 하는 문서들이 무엇이 있는지 확인하여 문서작성의 지연이나 누락으로 인해 프로그램 진행이 지연되거나 차질이 생기지 않도록 프로그램 담당자는 확인하고 준비해야 한다.

1) 프로그램 진행 전

내부기안서, 단위사업별 세부 계획서, 외부발송 공문, 기관 내 업무협조, 각종 프로그램 홍보문서, 회계 관련 문서(지출결의서, 구입결의서 등) 등

2) 프로그램 진행과정 및 종료

프로그램일지, 회의록, 정산보고서, 결과보고서, 프로그램 평가보고서, 외부발송 공문 등

2. 프로그램과 관련하여 작성해야 되는 문서를 확인한 후 작성방법을 학습한다.

1) 기관 내부문서

기관에서 사용하는 문서작성 양식을 검토하고, 컴퓨터 작업을 통해 문서를 작성한다. 한글파일로 공통양식이 있는 경우 샘플을 받아 필요한 내용을 편집하여 사용하고, 별도의 문서작성과 관련된 전산 프로그램을 사용하는 기관인 경우 매뉴얼을 학습하거나 동료에게 사용방법을 배워 활용한다.

2) 기관 외부문서

외부지원사업을 통해 진행되는 프로그램일 경우 지원기관에서 요구하는 프로그램 진행 전후 필요한 문서를 안내서나 매뉴얼을 확인해 작성하고, 사업계획 중 내용이나 예산 등을 불가피하게 변경해야 하는 경우 공문을 통해 승인받는 과정이 필요하다.

3. 문서작성 시 사용되는 용어를 이해하고, 문서를 작성한다.

1) 용어의 이해

(1) 처리부서 : 문서에 관한 사무를 담당하는 부서

(2) 생산발송 : 문서를 생산하여 대외기관으로 발송하는 문서

(3) 접수 : 외부기관에서 생산하여 접수한 문서

(4) 내부결재 : 기관 자체에서 생산하여 기관 자체에서 보관하는 문서 (기안, 단위사업계획 등)

(5) 문서의 성립과 효력 : 문서는 최종 결재권자가 결재함으로써 성립하고, 상대방에게 도달됨으로써 효력 발생, 공고문서는 그 공고한 날로부터 효력 발생

(6) 문서번호 : 문서등록대장에 의한 일련번호

2) 문서의 작성

(1) 문서의 사용용어

① 문서는 한글로 가로 쓰되 표준말을 사용한다. 다만, 뜻의 전달이 곤란할 때에는 괄호 안에 한자 또는 외국어를 병기할 수 있다.

② 문서에 사용하는 숫자는 아라비아 숫자를 쓴다. 다만, 계약서 영수증 등 필요한 경우에는 한글 또는 한자를 쓸 수 있다. 단, 예산사용을 위한 경우에는 금액을 한글과 아라비아 숫자를 함께 적는다.

③ 문서에 사용하는 일시는 숫자로 표시하며, 연・월・일을 구분해도 된다.

④ 문서에 사용하는 시간은 24시간제에 의하여 시, 분의 문자를 생략하고 두점(:)을 찍어 시, 분을 구분해도 된다.

(2) 문서의 수정

① 문서의 일부분을 삭제하거나 수정한 때에는 삭제자 또는 수정자가 삭제, 수정한 곳에 날인하여야 한다. 다만, 중요한 삭제 또는 수정에는 그 삭제 또는 수정한 곳의 난 밖에 기재한 자수를 표시하고 날인하여야 한다.

② 예산이 명기되는 문서의 경우 예산액은 수기로 수정할 수 없다.

(3) 문서의 구성

① 문서의 수신란은 경유, 수신 및 참조로 구성하여 각각의 상황에 따라 기입한다.

- 경유 : 문서내용에 따라 관계 부서(팀)의 경유를 필요로 하는 경우에 그 팀명을 쓴다.

- 수신 : 수신기관 또는 수신부서장의 직명을 쓴다. 수신부서가 2개 이상일 때에는 "수신처 참조"라 쓰고 수신처란에 수신부서명 또는 기호를 표시한다.
- 참조 : 문서를 직접 처리하여야 할 부서장의 직명을 쓴다.

② 문서의 본문 중 제목은 문서의 내용을 쉽게 알 수 있도록 간단명료하게 표시하여야 한다.

③ 문서의 본문 중 내용은 그 문서로서 표현하고자 하는 뜻을 쉬운 말로 간략하게 작성하여야 한다. 성질을 달리하는 내용은 같은 문서로 작성할 수 없다.

④ 끝 및 붙임의 표시

문서의 본문이 끝나면 한 자 띄어 "끝"자를 쓰고 첨부물이 있을 때에는 본문내용의 말미에서 줄을 바꾸어 "붙임"이라 기재하고 첨부물의 순위, 명칭 및 부수를 기재한 후 한 자 띄우고 "끝"자를 쓴다.

⑤ 항목의 표시

문서의 내용을 둘 이상의 항목으로 구분할 필요가 있을 때에는 다음과 같이 나누어 표시한다.

(가) 첫째 항목의 구분은 1, 2, 3 …로 구분한다.

(나) 둘째 항목의 구분은 가, 나, 다 …로 구분한다.

(다) 셋째 항목의 구분은 1), 2), 3) …로 구분한다.

(라) 넷째 항목의 구분은 가), 나), 다) …로 구분한다.

(마) 다섯째 항목의 구분은 (1), (2), (3) …로 구분한다.

⑥ 발신명의 : 대외의 기관 등에 발신하는 문서는 기관장의 명의로 한다.

⑦ 직인 사용 : 각종 증명서류에 속하는 문서에는 해당 기관의 직인을 사용한다. 문서발송 시 동일 내용으로 발송처가 100곳을 넘을 경우 발송문서 상단 중앙에 "직인 생략"을 명기하고 직인 날인 없이 발송할 수 있다.

4. 문서의 내용이 다른 부서와 관련되는 것일 때에는 기안용지의 협조란에 관련 부서장의 협조 서명을 받는다. 단, 협조에 동의할 수 없는 경우에는 그 사유를 명시하고 서명하여야 하며 동의할 수 없음을 이유로 서명을 거부하거나 문서의 회송을 지연시켜서는 안 된다.

5. 완료된 문서는 결재권자의 결재를 받는다.

수행내용 2 프로그램 과정 기록하기

자료

• 프로그램 계획서, 프로그램 지원기관 업무안내서, 문서관리규정, 사회복지 시설 정보시스템, 기타 관련 법률

유의사항

• 프로그램 과정기록 시 누락 없이 작성될 수 있도록 회기종료 후 바로 작성한다.
• 프로그램 기록양식을 준용한다. 이때 기관의 문서규정이나 지원기관의 양식을 최대한 반영할 수 있도록 한다.
• 실적이나 성과 등을 제시함에 있어 사실적이고 객관적인 근거를 기반으로 정리하여야 한다.
• 프로그램 관리자의 주관적 의견이 진행기록의 중심이 되지 않도록 한다.

수행순서

1. 프로그램 진행과정에 따라 필요한 기록물들이 무엇인지 정리한다.
   프로그램 과정 기록, 일지, 결과보고서 등 기본적인 사항 외에 프로그램에 따라 기록할 내용과 방법이 다양할 수 있으므로 진행하고 있는 프로그램의 경우 어떠한 기록물이 필요한지에 대해 열거하고, 시기나 방법들을 명시하여 실무자로서 기록에 대한 관리 책임을 다할 수 있도록 한다.

2. 프로그램 진행과정에 따라 필요한 기록물들이 무엇인지 정리한다.

기관에서 규정에 의해 사용되고 있는 양식이 진행하는 프로그램과 맞는지 확인하고, 양식이 없는 경우 어떻게 기록업무를 수행할 것인지, 사회복지시설 정보시스템의 입력은 어떻게 할 것인지 등 기존 양식을 적용하고 수정・보완이 필요한 양식에 대해서는 새로이 작성해 놓는다. 또 외부 지원 프로그램의 경우 지원기관에서 필요한 기록물이나 양식을 제시해 주는 경우가 많으므로 이에 대한 점검이 필요하다.

3. 프로그램 진행과정을 기록한다.

프로그램 진행과정에 대한 기록을 문서와 전산입력 두 가지 방법을 중심으로 그 수행과정을 간접 실습한다.

1) 프로그램 결과보고서 작성

(1) 기관 내부에서 사용하는 프로그램일지, 과정기록지, 결과보고서와 외부지원사업의 대표인 사회복지공동모금회 프로그램 결과보고서 양식을 각각 확보한다.

(2) 확보된 양식 중 외부지원사업의 대표 양식인 사회복지공동모금회의 프로그램 결과보고서 양식을 검토하여 구성항목에 대한 이해와 해당 항목에 작성해야 할 내용들은 무엇인지 문답식으로 진행하여 간접 작성이 되도록 한다. <활용서식 참조>

(3) 작성 시 어려운 점이나 고려해야 할 사항들이 무엇이 있는지 메모한다.

(4) 학생들과 함께 피드백을 나눈다.

2) 사회복지시설 정보시스템에 프로그램 과정기록 입력

(1) 프로그램(서비스) 계획 입력 – 프로그램 단위 혹은 개인별 단위의 계획을 입력할 수 있으며 서비스 분야(개별화 지원, 프로그램 지원, 기타 지원, 간접 지원)로 구분하여 검색 가능하다. 또 서비스명으로 구분되어 있으며 계획일자를 1.1에 놓고 보면 계획에 대한 제목들을 볼 수 있다(서비스 분야는 사업정보관리에서 기관의 환경에 맞게 조정 가능).

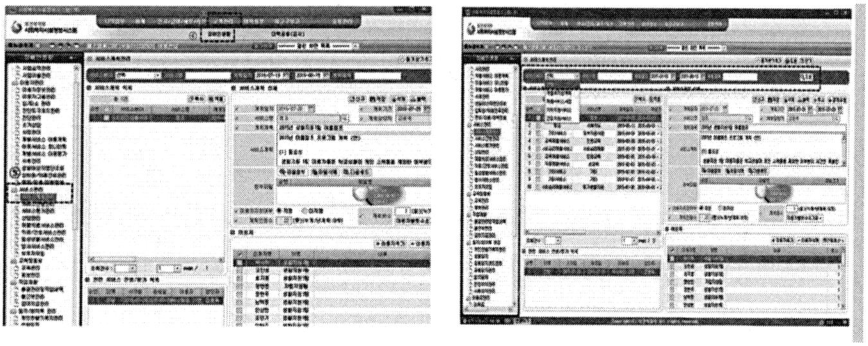

▌그림 11-1▐ 서비스 계획관리

출처 : 보건복지부 사회복지시설 정보시스템.

(2) 프로그램(서비스) 진행관리 입력 – 서비스 분야, 서비스명, 진행일자, 계획제목, 담당자로 구분하여 조회가 가능하다. 신규작성 시 서비스명 검색으로 서비스를 선택하여 서비스 내용을 작성하고 저장한다. 이용자 추가로 개별적으로 진행과정을 작성하며 삭제도 가능하다.

▌그림 11-2▐ 서비스 진행관리

출처 : 보건복지부 사회복지시설 정보시스템.

(3) 프로그램(서비스) 평가관리 입력 – 서비스명, 계획제목, 담당자로 조회 가능하고, 평가일자, 평가기간, 평가단계, 평가담당자, 평가제목, 평가내용을 입력할 수 있다. 평가단계에 따라 구분하여 내용을 기록할 수 있다.

【그림 11-3】 **서비스 평가관리**

출처 : 보건복지부 사회복지시설 정보시스템.

수행내용 3 프로그램 참가자의 변화를 문서로 작성하기

자료

• 프로그램 계획서(평가계획), 프로그램 지원기관 업무안내서, 사회복지 프로그램 평가척도집, 기타 관련 법률

기자재

• 컴퓨터, 프린트기, 탁자, 의자, 필기도구, 관련 평가도구

유의사항

• 프로그램을 통한 이용자의 변화 정도는 프로그램 계획 중 평가계획에 근거하여 실행하여야 하며, 프로그램 전후에 대한 적절한 시기를 고려하여 실행한 결과물들을 활용해야 한다.
• 프로그램의 성과를 과도하게 기록하지 않도록 있는 그대로의 평가결과물을 적용한다.
• 개별 변화과정에 대한 기록은 이용자의 동의 없이 유출되거나 공개되어서는 안 되며 지원기관의 증빙자료로 제출할 경우 이용자의 동의를 얻어야 한다.

수행순서

1. 프로그램 과정에서 수행한 내용이나 평가계획에 근거하여 개별 이용자의 변화 정도를 기록한 결과물 등 개별 자료들을 확보한다.
   1) 프로그램 참여자의 프로그램 전후 검사자료
   2) 프로그램 과정기록 중 참여자의 변화내용 기록
   3) 프로그램 참여 현황
   4) 프로그램 수행과정 중 참여자의 수행내용
   5) 기타 사진이나 영상, 녹음자료 등

2. 수집된 자료들을 개인별로 파일을 만들어 프로그램 진행순서대로 철해 놓는다.

3. 기관 내 등록된 대상자의 경우 기존 개인파일에 보관하고, 새로운 대상자의 경우 개별 파일을 만들어 프로그램 진행과정과 성과분석 등을 순서대로 철해 놓는다. 이는 개별변화를 위한 프로그램의 경우 중요한 증빙자료가 되며 문서로 보관해야 하는 기록물이기도 하다.

4. 개별 파일의 자료 중 개인별로 프로그램 통한 변화 정도를 평가계획에 근거하여 분석하고 기록으로 정리한다.

5. 프로그램을 통하여 변화된 개인의 자료들을 적절한 양식을 개발하여 정리하고, 작성하여 결과보고에 활용하고, 개별 참여자나 보호자에게 설명하는 자료로 활용한다.

PART

04

사회복지 프로그램의 평가

CHAPTER

12 사회복지 프로그램 평가와 평가절차

1. 사회복지 프로그램 평가의 개관

프로그램 평가는 프로그램 개발의 마지막 과정으로서 프로그램 기획과 실행이 효과적이었는지, 즉 의도한 결과가 잘 성취되었는지를 확인하는 절차이다. 프로그램의 평가는 프로그램 개발의 각 단계에 해당하는 프로그램의 기획, 설계, 실행이 올바로 이루어졌고 소기의 성과가 달성되었는지를 확인하는 절차와 과정에 해당된다. 실제로 사회복지 프로그램 관리자는 프로그램의 목적이 달성되었는지, 프로그램의 참여자인 클라이언트는 변화하였는지, 클라이언트는 현재의 서비스에 만족하는지, 이전에 적용한 개입방법은 과거의 것보다 효과적이었는지 등과 같은 질문에 봉착하고 이러한 질문에 적절한 해답을 구하기 위해서도 프로그램 평가는 피할 수 없는 과제가 된다(황성철, 2005 : 273). 이러한 평가작업을 성공적으로 수행하기 위해서 프로그램 관리자 또는 사회복지사들은 우선적으로 프로그램 평가의 개념과 필요성을 올바르게 알고 있어야 하고 평가에 대한 기본 태도도 잘 갖추고 있어야 한다.

최근에 와서 사회복지 체계를 둘러싼 외부환경의 변화로 사회복지조직의 책무성 요구가 점점 높아지고 있다. 이러한 추세로 사회복지조직과 사회복지사들은 그들이 수행하는 다양한 서비스와 프로그램에 대한 객관적인 결과를 평가를 통해 관련 이해당사자들에게 보여야 할 책임을 가진다. 평가는 일반적으로 감독기관이나 감사조직에 의해 행해지지만, 프로그램 개발자나 프로그램 운영자도 평가에 대한 전문성을 갖추고 있어야 한다. 평가에 대한 전문성은 결국 사회복지서비스와 프로그램을 통해 취할 수 있는 클라이언트의 이득을 최대한 보장하는 것이 되기 때문이다. 따라서 평가는 외부 감독기관을 위한 것이기보다 사회복지조직과 프로그램 운영자가 스스로 사회복지서비스의 품질을 보장하고 높이기 위한 기회로 삼아야 할 것이다.

2. 프로그램 평가의 정의와 목적

1) 프로그램 평가의 정의

평가란 '무엇인가를 판단하는 것'이라고 할 수 있다. 여기서 '무엇'은 바로 '가치'를 말한다. 따라서 평가라는 것은 다른 말로 '가치판단'이라고 할 수도 있다. 즉, 어떤 사물이나 행위에 대한 가치판단이다. 프로그램의 평가에서는 이 프로그램이 프로그램으로서 가치가 있는지, 없는지 하는 것에 대한 판단이다. 프로그램의 가치는 당연히 프로그램을 통해서 성취하고자 하는 목적과 목표의 성취일 것이다. 따라서 프로그램 평가의 중심은 프로그램의 목적과 목표를 어느 정도 효과적이고 효율적으로 달성했는지 하는 목표달성의 정도일 것이다. 여기에 더하여 프로그램이 프로그램으로서 필요하고 가치 있는 프로그램이 되기 위해서 행하는 프로그램의 형성과 수행과정에 대한 평가도 이루어져야 한다.

평가에 대한 정의는 여러 학자들에 의해 다양하게 제시되고 있다. Rutman (1984 : 10)은 평가를 정책이나 프로그램에 관한 의사결정을 목적으로 사회과학적 조사방법을 사용하여 정책이나 프로그램의 수행과정과 결과를 측정하는 일련의 절차라고 정의한다. Posavac과 Carey(1997 : 1-3)는 사회복지서비스의 필요성, 욕구충족의 정도, 문제해결을 위한 비용의 적절성, 목표달성의 정도를 측정하기 위한 조사방법과 기술의 사용을 프로그램 평가라고 정의하며 좀 더 구체적으로 설명하고 있다. 더 나아가 DePoy와 Gilson(2003), Hall과 Hall(2004) 같은 학자는 평가를 사회복지조직에 있어서 조직의 조직적 실천행동을 개선하기 위한 것이라고 하고 있다. 이는 평가가 서비스, 프로그램에만 국한되는 것이 아니라 조직의 평가에도 적용됨을 말하고 있다.

2) 프로그램 평가의 목적

사회복지 프로그램 평가의 첫 번째 목적은 사회복지서비스의 질 향상, 즉 클라이언트에게 최적의 서비스를 제공해 줄 수 있는 프로그램을 개발하는 데에 필요한 자료를 획득하는 데 있다. 그리고 사회복지서비스를 수행하는 사회복지기관과 종사자들의 책임성을 보증하는 의미의 목적도 있다. 또한 평가조사는 사회복지 이론의 형성에 이바지하는 데에 그 목적이 있다고 할 수 있다. 그 외 평가의 목적이 더 있을 수 있으나 여기서는 앞에 언급한 세 가지의 평가조사 목적에 대해 좀 더 구체적으로 살펴보고자 한다(성규탁, 1994 : 187-189; 채구묵, 2005 : 362-363).

(1) 환류적 목적

프로그램 평가는 프로그램의 계획이나 운영과정 개선에 필요한 환류적(feedback) 정보를 제공해 준다. 즉, 평가조사는 프로그램의 중단, 축소, 유지, 확대 여부를 결정하는 데에 합리적인 판단근거가 되며, 프로그램 내용을 수정하거나 보다 효율적으로 운영하는 데 필요한 정보를 제공해 준다.

(2) 책임성 수행

프로그램 평가는 사회복지조직체로 하여금 책임성 있는 운영을 하도록 하는 자극제가 되고 있다. 사회복지조직체는 사회로부터 복지활동을 할 수 있도록 위임을 받았기 때문에 사회에 대해 복지활동을 성실히 수행할 책임을 져야 한다. 오늘날 복지비용의 증대와 국민들의 세부담의 증대로 책임성에 대한 추궁이 더욱 심화되었기 때문에 기관에서는 예산을 포함하여 인적・물적 자원의 사용과 기관의 목적을 얼마나 달성하였는지 등에 대한 효율성과 효과성을 평가하여 책임성 이행의 근거를 마련해야 할 필요성이 있다.

(3) 이론의 형성

프로그램 평가는 이론형성에 기여한다. 프로그램 평가는 프로그램 운영방법에서부터 프로그램 결과에 이르는 과정을 검토, 분석, 검증하는 작업이다. 즉, 프로그램 실시 전후의 차이를 분석하여 프로그램의 실시가 어떤 영향을 미쳤는지 평가함으로써 인과관계를 규명하고 이론화할 수 있다. 그렇지 못한 경우에는 이론을 수정하는 데 기여한다.

3. 평가의 종류

평가를 좀 더 깊게 이해하기 위해서는 모든 사회체계를 [투입]−[과정]−[산출]의 구조로 설명하는 일반체계모형(general system model)의 관점에서 사회복지사업을 바라볼 필요가 있다. 사회복지사업은 ▌그림 12−1▌과 같이 투입, 과정, 산출, 성과로 구성된다.

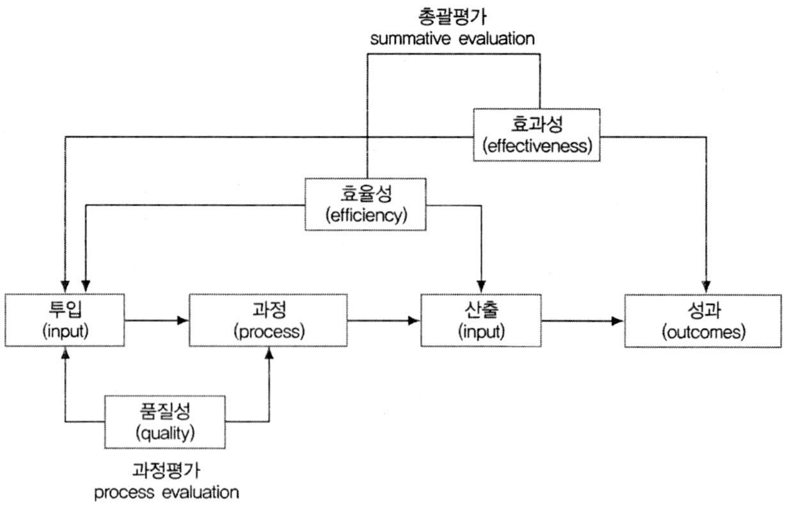

▌그림 12−1▌ **평가를 위한 사회복지사업의 구성요소**

출처 : Martin & Kettner(1996) 재구성.

여기서 "투입"은 프로그램에 활용되는 인적·물적·시간·정보자원들이고, "과정"은 사업이 진행되는 모든 절차들이고, "산출"은 사업 종결 후 나타나는 객관적 산출물이며, 성과는 사업의 목적과 관련된 내용을 담고 있는 클라이언트와 지역사회의 바람직한 변화이다. 이상의 네 가지 체계요소에 따라, 크게 두 가지 평가접근이 가능하다. 하나는 총괄평가(summative evaluation)이고, 다른 하나는 과정평가(process evaluation)이다(조성우·노재현, 2009 : 11-12).

1) 총괄평가

총괄평가(summative evaluation)는 프로그램의 종결 후의 시점에 실시되며, 프로그램의 성공과 실패를 확인하기 위해 실시되는 조사이다. 이 평가는 결과를 이해관계자에게 보여주기 위해 실시되며 프로그램의 효과성(effectiveness)과 효율성(efficiency)을 평가한다. 평가정보는 단기성과, 중기성과, 장기성과에 초점을 준다. 그리고 평가결과에 대한 신뢰성은 객관성이 얼마나 높은 자료를 사용하는가에 달려있다.

(1) 효과성 평가(Effectiveness Evaluation)

효과성이란 한 조직이나 프로그램의 목표성취 정도와 관련이 있다. 의도했던 목표가 성취되었는지, 성취되었다면 프로그램 때문이었는지를 확인하는 것이 효과성 평가의 질문이다. 그래서 효과성 평가에서는 먼저 조직이나 프로그램의 목표들이 무엇인지를 찾아내는 것이 일차적으로 중요하다(김영종, 2007 : 425).

효과성 평가는 주로 다음과 같은 질문에 대한 답을 찾는다. ① 의도했던 프로그램 효과가 과연 그 프로그램에 의해 발생했는가, ② 발생한 프로그램 효과는 프로그램 목표와 대비하여 어느 정도인가, ③ 프로그램 효과의 크기는 해결하려고 했던 원래의 사회문제를 해결하는 데 충분한가, ④ 의도하지 않았던 부수효과가 있었는지, 있었다면 그것은 어느 정도인지 등을 파악한다. 이러한 평가를 통해 프로그램의 중단, 축소, 현상 유지, 확장에 관한 결정을 하는 데 필요한 정보를 얻는다(성규탁, 1994 : 191).

효과성 평가의 과정에는 일반적으로 프로그램을 독립변수로, 프로그램의 목표를 종속변수로 규정하고, 측정 가능한 지표로 조작화한다. 이 경우 프로그램의 목표가 구체적으로 설정되어야 하며, 평가의 결과가 프로그램 때문이었다는 것을 확실히 할 수 있도록 조사설계가 마련되어야 한다. 따라서 효과성 평가는 내적 타당도를 확보할 수 있는 실험조사설계가 많이 활용된다(황창순 외, 2010 : 236).

효과성 평가는 산출평가(outputs evaluation)와 성과평가(outcomes evaluation)로 분류될 수 있다. 산출평가는 주로 프로그램 실시결과의 양적인 면, 즉 산출목표의 달성 여부를 평가하는 것이다. 여기서 산출목표는 프로그램을 수행하는 주체가 클라이언트에게 무엇을 얼마나 수행할 것인가를 의미한다. 이에 비해 성과평가는 질적인 면까지 고려한 평가를 의미한다. 즉, 성과평가는 프로그램의 성과목표의 달성 여부를 평가하는 것이다. 여기서 성과목표는 클라이언트의 변화를 의미한다. 한편 사회복지 프로그램 평가의 경우 양적 중심 위주의 산출평가는 숫자 자체가 갖는 허구성이나 기만성으로 인해 사회복지가 추구하는 질적인 서비스를 잘 측정하지 못한다는 문제점이 있다(김통원, 2003 : 110). 따라서 효과성 평가의 경우에는 산출평가보다 성과평가가 선호되고 있다(채구묵, 2005 : 364-365).

(2) 효율성 평가(Efficiency Evaluation)

효율성 평가는 프로그램 수행의 비용 적절성을 평가하기 위한 조사이다. 즉, 얻고자 하는 성과를 얻는 데 프로그램이 얼마나 비용효율적인가를 평가하는 조사이다. 효율성은 주로 투입과 산출의 비율로 표시되는데, 투입은 프로그램의 비용을 의미하며, 산출은 프로그램의 효과를 의미한다. 이를 공식으로 나타내면 다음과 같다(채구묵, 2005 : 365).

$$\text{효율성} = \frac{\text{프로그램의 산출(또는 성과)}}{\text{프로그램에 대한 투입}} = \frac{\text{효과}}{\text{비용}}$$

효율성 평가는 다음과 같은 내용을 파악한다. ① 프로그램의 직접접 비용은 얼마인가, ② 부작용이나 사회적 충격을 포함한 사회적 비용은 얼마인가, ③ 프로그램의 효과(편익)는 비용을 정당화할 만큼 큰 것인가, ④ 적절한 비용으로 프로그램을 성사시켰는가, ⑤ 더 적은 비용으로 같은 결과를 산출할 수 있는 다른 방안이 있는가 등이 이에 해당한다(성규탁, 1994 : 192).

효율성을 평가하는데 두 가지 주요 접근방법이 있다(김영종, 2007 : 440-442).

첫째, 비용-편익(cost-benefit)분석이다. 비용-편익분석은 프로그램에 투입된 자원의 총량을 화폐단위로 계산하면 비용(cost)이 되고, 성과, 즉 측정을 통해 드러난 상태의 변화량이 갖는 의미를 화폐적 가치로 환산하면 편익(benefit)이 된다. 특정 서비스에 대한 성과를 계산하는 방식은 만약 그 서비스가 주어지지 않았다면 발생할 수 있었을 결과들을 통해 유추해 낸다. 이렇게 산출된 프로그램의 경제적 편익가치는 프로그램에 투입된 비용가치와 대비한다. 비용-편익의 비율은 $\frac{\text{편익}}{\text{비용}}$으로 나타내는데, 이 비율이 클수록 프로그램은 효율성이 높은 것으로 간주된다.

그러나 사회복지 분야에서 비용-편익분석이 널리 확산되어 사용되는 것에는 한계가 있다. 주된 이유는 사회복지 프로그램의 편익을 화폐단위로 환산하는 것이 어렵다는 것이다. 또한 사회복지 프로그램들 간에는 역할 경계가 불명확하기 때문에 특정 성과가 발생했을 때 그것이 어떤 프로그램에 어느 정도로 귀속된 것인지를 분간하기 쉽지 않다는 문제도 있다.

둘째, 비용-성과(cost-outcome)분석이다. 비용-성과분석은 비용-효과성(cost-effectiveness)분석이라 하기도 한다. 비용-성과분석은 성과에 대한 화폐단위 환산을 시도하지 않는다. 그 대신 유사한 목표를 가진 프로그램들의 비용을 비교하여 최소 비용으로 최대 효과를 내는 프로그램을 가장 효율적이라고 판단하는 것이다. 무형의 사회복지서비스에서 발생하는 성과를 화폐가치로 환산해 내기는 대단히 어려운 일인데, 비용-성과분석은 그 문제에서 벗어날 수 있다는 것이 장점이다. 반면 각기 다른 유형의 성과가 발생하는 프로그램들에는 비용-성과분석을 적용하기 어렵다는 단점이 있다(김영종, 2007 : 440-442).

2) 과정평가

과정평가(process evaluation)는 프로그램 운영과정상의 장단점을 파악하여 프로그램 향상을 위한 개선방안을 마련하는 데 도움을 주기 위한 조사이다. 즉, 과정평가를 통해 얻어진 내용들은 프로그램 개선을 위한 환류자료로 활용되어 프로그램의 품질을 개선시킨다. 이러한 평가작업은 프로그램을 진행하는 전 과정에 걸쳐 시행되어 프로그램을 수정, 변경시킴으로써 프로그램을 형성하는 데에 영향을 준다. 따라서 과정평가를 형성평가(formative evaluation)라고도 한다(채구묵, 2005 : 368).

과정평가는 프로그램이 계획대로 실행되고 있는지의 여부와 함께, 또한 어떻게 하면 프로그램을 가장 잘 실행하고 유지할 수 있는지에 관련된 많은 문제들에 대한 답을 추구하게 된다. 이와 관련된 질문들을 살펴보면 다음과 같다(성숙진 외 공역, 1998 : 617-618; 이익섭 · 이윤로, 2004 : 258; 채구묵, 2005 : 368).

- 표적집단 가운데 얼마 정도가 서비스를 받고 있는가?
- 어떤 유형의 개인들이 서비스를 받지 못하는가?
- 표적집단 중 왜 많은 수가 서비스 받기를 거부하는가?
- 시설들 가운데 어느 시설이 가장 많은 클라이언트에게 서비스를 제공하는가?
- 어떤 유형의 임상가가 특정 목표대상에 가장 적합한가?
- 여러 종류의 임상가들이 가지고 있는 임상적 개입기술 수준은 어느 정도인가?
- 임상가들은 어느 분야에서 준비가 덜 되어 있고, 어느 분야에서 보충적 교육이 필요한가?
- 시설의 새로운 절차에 대하여 종사들이 어떻게 반응하는가?
  그로 인하여 어떤 어려움을 겪게 되는가?
- 클라이언트들은 서비스에 대하여 만족하고 있는가? 만족하고 있다면 그 이유는 무엇이며 또한 만족하지 못한다면 그 이유는 무엇인가?

• 클라이언트들이 프로그램 참여를 중도에 그만두는 경우가 많은 이유는 무엇인가?

한편 과정평가를 위해 어떤 연구방법을 사용할 것인가는 연구의 내용과 성격에 따라 달라진다. ① 프로그램 수행자와 클라이언트 혹은 프로그램 수행자와 수행자 간의 관계를 파악하고자 할 때에는 관찰방법을, ② 서비스를 받고 있는 사람들의 속성이 프로그램의 표적집단으로 의도했던 사람들의 속성과 일치하는지를 알아보기 위해서는 자료분석을, ③ 프로그램 수행과정 검토는 사례연구를, ④ 프로그램에 대한 참여와 전달 정도, 어떤 요인이 중요했는지에 대한 정보를 얻기 위해서는 설문조사를, ⑤ 여러 가지 전략 중에서 어떤 것이 효과적인지 사정한다거나, 설득하기 어려운 클라이언트를 치료에 참여하도록 하는 가장 효과적인 접촉전략은 무엇인지 결정하는 데에는 실험을 사용할 수 있다(성숙진 외 공역, 1998 : 618; 이익섭 · 이윤로, 2004 : 259, 채구묵, 2005 : 369 재인용).

그러나 과정평가는 많은 경우 질적 연구방법에 의존한다. 예를 들어, 개방적인 질적 면접방법이 프로그램 수행자들이 시설의 새로운 프로그램 및 절차에 대하여 어떻게 반응하고 있으며, 그러한 프로그램 및 절차로 인하여 겪게 되는 어려운 점은 어떤 것인지를 알아내는 데 가장 적합한 방법이라고 볼 수 있다. 질적 면접방법은 또한 클라이언트들이 시설의 서비스에 대하여 만족하지 못하는 이유나 서비스를 제공받는 것을 너무 빨리 끝내려고 하거나 아예 서비스를 거부하는 이유 등을 파악하는 데에도 가장 적절한 방법이라고 할 수 있다. 또한 관찰을 통해서 연구자는 프로그램 수행자들이 클라이언트를 대하는 방식이나 혹은 수행자들 간에 서로를 대하는 방식을 파악하는 데 유용한 정보를 얻을 수 있다(성숙진 외 공역, 1998 : 618, 채구묵, 2005 : 370 재인용).

4. 평가의 내용

평가의 내용은 '평가요소(factor)'와 '평가기준(criteria) 및 평가지표(indicator)'를 말한다. 평가의 요소는 평가의 대상이 되는 평가의 범주 내지 항목이며, 평가기준은 평가의 준거로 프로그램의 어떤 측면을 평가의 기준으로 삼아 평가할 것인가를 말하고, 평가지표는 평가요소를 평가기준에 의거 구체적으로 측정하기 위한 잣대, 즉 척도(scale)를 의미한다. 여기서 중요한 것은 이들 상호 간 관련성이 매우 밀접하게 연결이 되어 있어야 옳은 평가가 될 수 있다는 점이다. 여기서는 평가의 기준과 요소를 먼저 설명한 후 프로그램의 방향과 평가내용 간의 정렬과 평가도구의 타당도 문제에 대해 좀 더 구체적으로 설명하고자 한다(조성우 · 노재현, 2009 : 11-12).

1) 평가의 기준과 평가요소

프로그램 평가의 기준이란 평가를 위한 준거를 의미한다. 즉, 프로그램을 평가하기 위해 프로그램의 어느 측면을 평가의 초점 또는 기준으로 삼아야 할 것인가를 의미한다(채구묵, 2005 : 371). 그리고 프로그램 평가요소는 프로그램 평가의 대상이 되는 항목을 의미한다. 프로그램 평가기준이 설정되면 각 평가기준별 대상이 되는 평가요소를 정할 수 있는데, 이때 평가요소는 프로그램의 목표의 달성 여부를 확인할 수 있는 요소여야 한다. York는 평가기준을 ① 노력(effort), ② 효과성(effectiveness), ③ 효율성(efficiency), ④ 서비스의 질(service quality), ⑤ 과정(process), ⑥ 영향(impact), ⑦ 형평성(equity) 등 일곱 가지를 제시하였다. 이를 중심으로 평가기준과 평가요소를 정리하면 <표 12－1>과 같다(한동우, 2000 : 88, 채구묵, 2005 : 370 재인용).

〈표 12-1〉 평가의 기준과 평가요소

기 준	정 의	평가요소의 예
노력성	프로그램 활동의 양	프로그램의 투입요소와 이의 전환과정 • 단위활동 수 • 이용자 수 • 전문지식과 기술의 소유과 활동 정도(전문인력 수) • 프로그램 예산 및 자원 • 프로그램 기간 및 하위 활동들의 단위기간 • 프로그램 활동에 대한 전문인력 투입시간 등
효과성	프로그램 목표의 달성 정도	목표달성과 프로그램 노력과의 인과관계 • 이용자의 인지적 · 감정적 변화 • 이용자의 행동상 변화 • 이용자의 사회적 변화 등
효율성	산출대비 비용 정도	서비스 단위 산출당 소요비용 • 프로그램 노력(노력의 평가요소들)에 대한 비용 • 프로그램 결과(효과성의 평가요소들)에 대한 비용 등
서비스의 질	프로그램의 전문성	프로그램 제공자의 전문성 • 서비스 인력의 전문자격 소유 여부와 정도 • 프로그램에서 활용하고 있는 전문지식과 기술의 정도 등
과정	프로그램 결과의 경로	프로그램 운영상의 매개체 • 세부목표(수단적 목표)들의 달성 정도와 연계성 • 세부목표와 프로그램 결과 사이의 영향 정도의 차이 등
영향	사회문제나 이용자 변화에 미친 영향	프로그램 노력과 사회적 지표 변화 간의 관계 • 위기집단과 표적집단 내에서의 변화 정도 • 사회지표상의 변화에 대한 실증적 기대 정도 등
형평성	프로그램 배분의 공평성	프로그램의 접근성 • 대상집단에게 동일한 접근기회가 주어지는지 여부와 그 정도 • 프로그램 활동이 지역 내에 균등하게 배분되는 정도 등

출처 : 채구묵(2005), p. 375.

2) 논리모델(4체계 모형)에 따른 평가요소들

사회복지 프로그램은 4체계, 즉 투입(inputs), 전환(throughputs), 산출(outputs), 성과(outcomes)의 과정으로 구성되어 있다. 프로그램 평가요소들은 프로그램의 구성, 즉 4체계 모형에 따라 다양하게 있다. 이를 자세히 살펴보면 다음과 같다(정무성 · 정진모, 2001 : 198-202; 채구묵, 2005 : 373-3750).

(1) 투입 : 이용자나 서비스 자원과 관련된 변수

투입은 프로그램의 목표달성을 위해 소요되는 자원을 의미한다. 사회복지 프로그램에서의 투입은 이용자, 인적 자원, 물적 자원, 시설, 설비의 다섯 가지 요소를 포함한다. 연구자는 프로그램 목표와 관련하여 아래의 요소들을 평가할 필요가 있다.

- 대상 : 이용자
- 인적 자원 : 프로그램 담당직원, 직원의 업무 부여시간, 자원종사자의 수 및 봉사시간
- 물적 자원 : 자금, 예산
- 시설 : 활용된 편의시설
- 설비 : 이용된 물품, 장비 등
- 프로그램에 작용하는 기제들 : 법, 규정, 규칙 등

(2) 전환 : 개입방법과 관련된 변수

전환은 서비스의 전달과정, 즉 목적 달성을 위해 투입되는 자원을 활용하여 프로그램을 진행시키는 과정을 의미한다. 전환은 서비스의 종류, 서비스의 내용, 개입의 방법 등을 포함한다.

- 서비스의 종류 : 예를 들어, 실직자의 경우 직업훈련, 취업알선, 동기부여 등
- 서비스의 내용 : 직업훈련의 경우 제과, 중장비, 컴퓨터 관련 과정 등
- 개입방법 : 직업훈련의 경우 교육훈련 내용, 기법 및 기술 등

(3) 산출 : 서비스의 산출과 관련된 변수

산출은 프로그램 활동을 통해 얻어진 직접적인 산물을 의미한다. 산출은 그 자체로서의 가치보다는 대상집단이 바라는 이익, 변화가 나타날 수 있도록 하기 때문에 중요하다. 산출과 관련된 주요 변수들을 살펴보면 다음과 같다.

- 상담 건수
- 서비스에 참여한 수
- 서비스 제공시간
- 제공된 활동의 양
- 취업인원 등

(4) 성과 : 변화내용과 관련된 변수

성과는 이용자가 프로그램 참여를 통해 성취된 삶의 질 측면에서의 변화를 의미한다. 즉, 프로그램 서비스를 받은 후 참가자가 얻은 이익, 참가자에게 나타난 변화, 효과 등을 의미한다. 성과는 지식, 기술, 태도, 가티, 행동, 환경, 지위의 변화 등과 관계가 있다. 성과와 관련된 주요 변수를 살펴보면 다음과 같다.

- 참가자의 지식, 기술, 태도의 변화
- 참가자의 지식, 기술, 태도의 변화에 따른 행동변화
- 참가자의 환경과 지위의 변화 등

〈표 12-2〉 **프로그램 평가요소**

<table>
<tr><th>투입(inputs)</th><th>전환(throughputs)</th><th>산출(outputs)</th><th>성과(outcomes)</th></tr>
<tr><td>프로그램에 소요된 자원
– 이용자
– 직원, 봉사자
– 자금, 예산
– 시설
– 장비, 소모품

프로그램에 작용하는 기제들
– 법, 규정, 규칙</td><td>투입되는 자원을 활용하여 프로그램을 진행시키는 활동
– 상담
– 직업훈련
– 치료 및 교육
– 보호
– 대인관계 지도
– 사회적응 훈련
– 정보제공 및 의뢰</td><td>프로그램 활동의 직접적인 산물
– 상담 건수
– 서비스에 참여한 수
– 서비스 시간
– 분배된 교육적 자료의 수
– 취업인원 등</td><td>프로그램 참여를 통해 참여자들이 얻은 이익
– 새로운 지식
– 향상된 기술
– 태도 및 가치의 변화
– 향상된 조건
– 변화된 지위</td></tr>
<tr><td colspan="2" rowspan="2">과정평가의 주요 평가요소</td><td>산출평가의 요소</td><td>성과평가의 요소</td></tr>
<tr><td colspan="2">총괄평가의 주요 평가요소</td></tr>
</table>

출처 : 정무성 · 정진모(2001), p. 199 재구성.

3) 프로그램의 방향과 평가내용 정렬

평가에서 프로그램의 방향과 평가내용을 정렬하는 작업은 매우 중요하다. 모든 프로그램은 나름대로 목적(goal)과 목표(objective)를 갖는데, 이 목적과 목표가 바로 프로그램의 방향이 된다. 그리고 여기서 평가내용은 평가요소(factor)와 평가기준(criteria) 및 지표(indicator)를 의미한다.

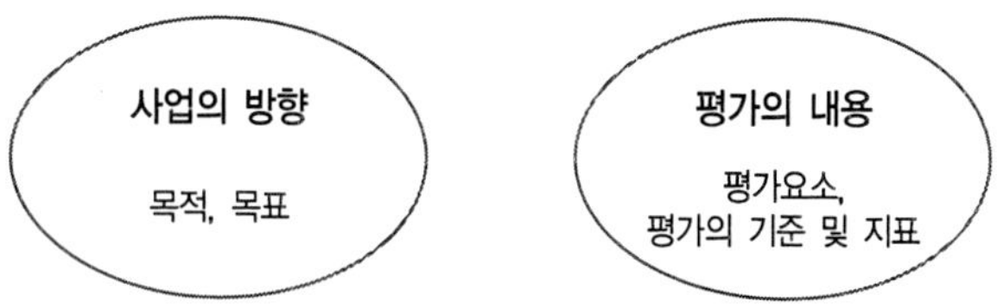

| 그림 12-2 | 프로그램의 방향과 평가의 내용

사회복지 프로그램은 1개 이상의 목적을 가지며, 그 목적 아래에 1개 이상의 목표를 가진다. 중요한 것은 각 목표는 달성 여부가 명확히 확인될 수 있어야 한다는 점이다. 그렇기 때문에 목표는 명료하게 정의될 필요가 있다.

평가에서 중요한 작업은 목표－평가요소－평가지표를 명확하게 정렬(alignment)하는 작업이다. 1개의 목표 아래에는 1개 이상의 평가요소가 있고, 그 평가요소 밑에는 1개 이상의 지표가 있다. 여기서 평가요소는 프로그램이 달성하고자하는 목표와 관련된 평가의 대상이 되는 평가의 범주 내지 항목을 말하며, 평가기준은 프로그램의 어느 측면을 평가를 위한 초점이나 기준으로 할 것인가를 의미한다. 예를 들어, '노인의 신체기능 향상'이 목표라면 '신체기능'이 평가요소가 될 수 있고, 평가기준은 '노력성 또는 효과성'이 될 수 있다. 평가지표는 평가요소를 평가기준에 의거 구체적으로 측정하기 위한 항목(item)이나 척도(scale)가 된다. 다시 말해, '신체기능'이 평가요소라면, '운동량', '1일 운동시간', '신체기능을 확인하는 체크리스트 점수' 등이 지표가 된다.

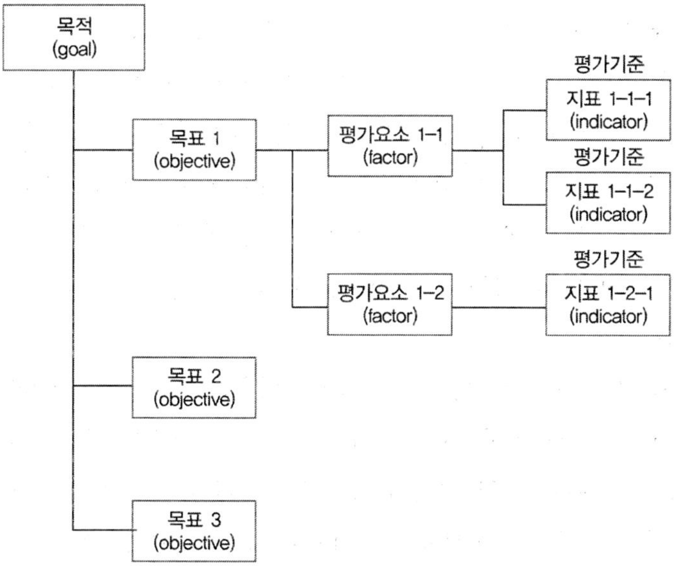

그림 12-3 목적, 목표, 평가요소, 지표의 정렬

4) 객관적 지표와 판단적 지표

평가요소(factor)는 실제 객관적으로 측정되거나 관찰될 수 없다. 그에 비해 지표(indicator)는 객관적으로 측정될 수 있으며, 요소를 측정하기 위한 용도로 사용된다. 예를 들어, '이용자 만족'은 평가요소가 되고, 설문지를 사용한 '만족도 점수'는 평가요소를 확인하는 지표가 된다.

지표에는 객관적 지표와 판단적 지표로 구분된다. 객관적 지표는 누가 측정을 하든지 동일한 점수로 측정될 수 있는 경우를 의미하는 것으로, 대체로 측정의 신뢰도가 높다. 예를 들어, 이용자 수, 서비스 제공 횟수, 참가기간 등의 수치로 객관적 지표로 측정된다. 이와 달리 판단적 지표를 통해 수집된 자료, 즉 설문지 또는 심리검사 응답자료 등은 측정의 오차가 객관적 지표에 비해 상대적으로 높은 단점을 가지고 있다.

5) 평가내용(요소, 기준 및 지표)의 타당성

타당도를 이해하는 것은 모든 평가업무에서 가장 중요하고 결정적인 것이다. 따라서 성공적으로 평가업무를 수행하기 위해서는 반드시 타당도의 개념을 이해할 필요가 있다. 평가를 수행할 때 실무자들이 갖는 거의 대부분의 고민은 모두 타당도와 관련이 있는 것들이다. 예를 들어, "어떤 설문지 혹은 측정도구를 사용할까?", "이 측정도구를 사용하는 데 문제는 없을까?" 등의 고민은 평가업무에서 평가도구의 타당도를 얼마나 높이는가를 통해 해결될 수 있을 것이다.

평가에서 타당도를 한마디로 정의하면, "내용적으로 서로 관련된 정도"로 설명된다. 어떤 평가도구를 사용할 때 타당도의 관점에서 생각해야 하는 것은 평가도구의 내용과 프로그램의 목표가 얼마나 내용적으로 일치하는가이다. 예를 들어, 아동의 사회성을 향상시키는 목표를 가지고 있는 프로그램에서 평가요소와 평가지표는 '아동 사회성'과 밀접한 내용적 관련성을 맺고 있어야 한다.

• 타당도 : 내용적으로 서로 관련된 정도
• 평가요소의 타당도 : 목표와 평가요소 간의 내용적 관련성
• 지표의 타당도 : 평가요소와 지표 간의 내용적 관련성

▮그림 12-4▮는 목표와 평가요소 및 지표와의 일치 정도를 표현한 것이다. 이처럼 프로그램에서는 목표, 평가요소, 지표가 서로 내용적으로 관련이 높을 때 평가요소와 지표는 높은 타당도를 갖게 된다.

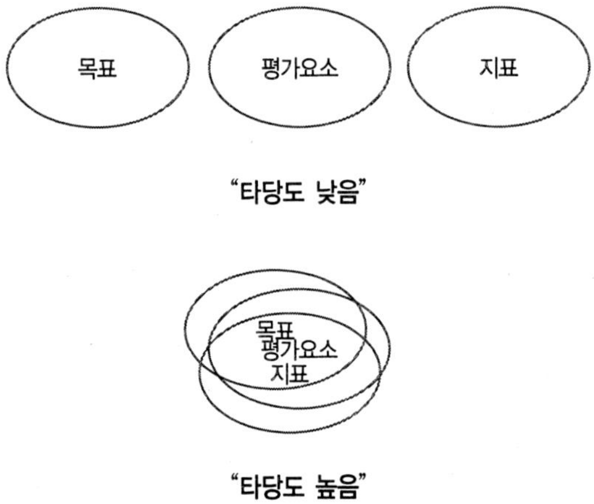

▮그림 12-4▮ 평가기준과 지표의 타당도 수준

5. 프로그램 평가 절차[1)]

1) 프로그램 평가를 위한 단계

프로그램을 평가하기 위한 단계들은 학자들에 따라 다양한 견해가 있다. 학자들의 견해는 관점의 차이가 있지만 다음과 같다.

(1) York의 프로그램 평가 단계

York(1982)는 프로그램 평가가 6단계로 실행된다고 한다(지은구, 2005 재인용).

1단계 : 프로그램 확인 → 2단계 : 프로그램 평가기준의 선택 → 3단계 : 평가를 위한 설계 선택 → 4단계 : 자료수집 → 5단계 : 결과분석 → 6단계 : 평가의 잠재성과 한계 지적

(2) Smith의 프로그램 단계

Smith(1990)도 York와 같이 평가의 단계를 6단계로 보고있다(지은구, 2005).

1단계 : 프로그램에 관한 서술 → 2단계 : 프로그램 목적의 명확화 → 3단계 : 조사방법의 설계 → 4단계 : 프로그램 평가의 실행 → 5단계 : 자료분석 → 6단계 : 프로그램 평가보고서의 작성(또는 보고하기)

(3) Pietrzak, Ramler, Renner, Ford와 Gilbert의 프로그램 평가 단계

Pietrzak, Ramler, Renner, Ford와 Gilbert(1990)는 투입평가, 과정평가, 결과평가를 강조하면서 11단계를 제시한다(지은구, 2005).

1단계 : 평가를 위한 계획 수립 → 2단계 : 평가를 위한 질문의 구체화 → 3단계 : 특정 변수의 선택 → 4단계 : 조사설계의 선정 → 5단계 : 조사참여자의 선정 → 6단계 : 연구방법론의 선택 → 7단계 : 자료수집 도구의 획득 → 8단계 : 자료수집 → 9단계 : 결과를 평가하기 위한 기준의 구체화 → 10단계 : 자료분석 → 평가결과의 보고

1) 「프로그램 평가의 절차」 부분은 사회복지 프로그램 개발과 평가(김상아 · 김장권 · 이원지 · 정현태, 2013 : 163-172) 재구성.

(4) Muraskin의 프로그램 평가 단계

Muraskin(1994)은 평가의 단계를 8단계로 제시하였다. 평가를 위해 거쳐야 하는 8단계는 다음과 같다.

> 1단계 : 소비자 확인 → 2단계 : 질문선정 → 3단계 : 실행계획서 작성 → 4단계 : 자원확보 → 5단계 : 평가의 실제 문제 도출 → 6단계 : 평가자문 요청 → 7단계 : 자료수집 방법 및 도구 선정 → 8단계 : 분석과 보고

이상과 같이 학자들의 프로그램 평가 단계는 다양하게 나타나지만, 결론적으로 프로그램 평가가 사회과학적 조사방법론을 사용해서 사회 프로그램이 성취하려는 목적을 성취하였는지를 정의한다면, 프로그램 평가에 있어서 필요한 과정들은 다음과 같이 정리될 수 있다(지은구, 2005).

> 1단계 : 프로그램에 관한 서술 → 2단계 : 프로그램 목적과 목표의 확인 → 3단계 : 프로그램 평가를 위한 조사설계 → 4단계 : 평가의 실행 → 5단계 : 자료분석 → 6단계 : 평가보고서의 작성

(5) 평가단계 시 고려사항

프로그램을 평가하는 단계에 있어서 고려해야 할 몇 가지 사항이 있다.

① 프로그램 목표를 결정한다.
② 평가를 실시하기 위해 재정지원을 할당한다.
③ 평가기술 요원을 고용한다.
④ 평가고문과 계약을 체결한다.
⑤ 목표를 조직목표 달성을 위한 측정 가능한 지표로 전환시킨다.
⑥ 평가개념에 관해 관리자와 참모를 훈련시킨다.
⑦ 평가체계를 설계한다.
⑧ 정보체계를 개발하고 이를 정당화하고 집행한다.
⑨ 서비스를 받고 있는 수혜자와 서비스를 받고 있지 않는 유사집단의 지표에 관한 자료를 수집한다.

⑩ 두 집단에 관한 자료를 목표기준과 비교한다.
⑪ 평가를 개발하고 집행함에 있어서 각 전문분야의 전문가들의 활동을 조정한다.
⑫ 평가결과를 보고한다.

2) 프로그램 평가의 실제

(1) 프로그램 평가 1단계 : 프로그램에 관한 서술

프로그램이 어떠한 내용을 담고 있는지 또는 프로그램이 목적하는 것을 어떻게 성취하였는지를 아는 것은 프로그램 평가를 위한 전제조건이자 가장 먼저 이루어져야 하는 단계이고 또한 평가에 있어서 가장 결정적인 단계라고 볼 수 있다.

그리고 프로그램 서술을 통해서 평가자들은 프로그램에 대한 전체적인 윤곽을 이해하고, 그 내용에 관한 이해의 폭을 넓힐 수 있는 기회를 갖게 된다.

프로그램에 관한 서술은 평가자에게 무엇이 프로그램을 성공 또는 실패로 만들었는가를 알 수 있는 포괄적인 지식을 제공한다.

또한 프로그램에 관한 서술은 양적인 서술과 질적인 서술을 동시에 포함하기 때문에, 결국 양적인 조사방법과 질적 조사방법이 동시에 사용된다고 할 수 있다.

프로그램 서술에는 다음의 내용이 포함되어야 한다(Smith, 1990).

- **프로그램의 개요** : 프로그램에 대한 포괄적인 내용을 간략하게 서술
- **사용된 개입방법**(문제 또는 욕구 해결을 위해 제공된 서비스) : 접근방법(상담, 교육, 개별치료, 집단치료 훈련 등)과 서비스 제공시간 등을 서술
- **프로그램의 영역이나 정황에 관한 주요 요소** : 프로그램이 시·군·구 또는 국가 중 어느 수준에서 제공되어야 적합한지, 프로그램의 영역 또는 서비스의 영역은 무엇인지, 특정 서비스의 영역에서의 사용기술은 무엇인가 등을 서술

- **프로그램이 제공된 장소** : 정부조직인지 민간조직(비영리조직)인지, 조직의 역사는 어떠한지 등에 대한 대답을 중심으로 프로그램을 서술
- **프로그램의 재원과 비용** : 재원과 비용은 반드시 사회적 비용과 사회적 가치의 측면에서 고려되고 서술되어야 하며, 프로그램이 목적하는 문제를 해결할 수 있는 수준의 비용인지에 대한 확인이 반드시 필요
- **프로그램을 제공받은 클라이언트** : 어떻게 클라이언트가 프로그램의 참여를 위해 선별되는가가 프로그램의 성공과 실패에 결정적
- **서비스를 제공한 직원들의 특성** : 직원들의 전문적 배경은 무엇인지, 그들이 이 서비스를 위해 어떠한 교육을 위해 어떠한 교육을 받았는지 등이 포함
- **실행시 나타나는 이슈** : 평가자가 현재 실행되고 있는 프로그램이 적절한 방식으로 실행되고 있는지에 대한 정확한 평가

(2) 프로그램 평가 2단계 : 프로그램 목적과 목표의 명확화

프로그램이 성취하려는 목적과 그 목적을 구체적으로 성취하기 위한 행동들의 총 집합체로서의 목표들이 보다 정확하게 정의되어 있어야만 그들 목표들이 성취하려는 것들이 완수되었는가를 측정할 수 있게 된다.

프로그램의 목적과 목표가 명확히 정리되어 있는가를 확인하기 위한 하나의 방안으로 프로그램 설계 시에 서술하였던 프로그램 이론을 확인하는 것도 명확한 목적과 목표의 수행 그리고 성취 여부를 알 수 있는 데 도움이 되고, 이는 무엇을 평가할 것인지를 확인시켜 준다.

평가조사를 위해서 프로그램이 목적과 목표들을 <표 12-3>과 같이 조사에 맞는 용어로 바꾼다면, 프로그램의 목적(목표들을 포함해서)은 종속변수가 되고, 프로그램 자체는 독립변수가 된다. 즉, 프로그램의 목적과 목표는 프로그램이 성취하려는 것이고, 목적과 목표의 성취가 결국 결과로서 나타나기 때문에 프로그램 자체가 영향을 미쳐서 어떤 특정한 결과가 산출된다고 할 수 있다. 독립변수는 프로그램 또는 프로그램이 제공하는 서비스들이 될 수 있다. 이는 프로그램의 목적은 분명하고, 명확할 수 있지만, 그것을 성취하기 위

해서 프로그램이 제공하는 서비스들은 다양할 수 있기 때문이다.

〈표 12-3〉 **프로그램 목적의 확인**

알코올중독 프로그램(독립변수)	⇒ 클라이언트들의 음주중단(종속변수)
개인적 심리치료	⇒ 클라이언트들의 음주중단(종속변수)
개인적 심리치료와 중독자들의 집단모임을 통한 치료	⇒ 클라이언트들의 음주중단(종속변수)

프로그램의 목표인 종속변수들에 대한 독립변수의 관계를 확인하기 위해서는 광범위한 프로그램이 독립변수가 되기보다는 목표를 성취하기 위해 제공되는 보다 구체적인 서비스나 계획 등이 독립변수가 된다. 따라서 사회복지사는 목적과 목표가 분명하고 명확한 것인가를 살피기 위해 프로그램과 프로그램이 수행하는 행동들과 목적과 목표들과의 관계의 명확성, 즉 분명한 독립, 종속변수로서 자리 잡고 있는지를 확인하는 것이 다음 단계의 프로그램 평가를 위해서 반드시 필요하다.

(3) 프로그램 평가 3단계 : 평가를 위한 연구(조사)방법의 설계

프로그램이 목적하는 바를 성취하였는지 성취하지 못하였는지를 프로그램 평가자 또는 사회복지사가 구체적으로 어떠한 질문방식을 통해서 어떻게 조사할 것인가에 대한 계획을 수립하는 단계이다. 따라서 연구설계는 조사를 하기 위한 계획을 수립하는 것이라 정의할 수 있다.

조사를 실행하기 위해 연구설계 단계는 다음과 같은 네 분야를 포함한다(Smith, 1990).

- 조사설계 방식의 선택 : 사례조사(단일사례조사와 복합사례조사)와 민속학적 조사설계, 단일사례연구디자인과 실험조사(준실험조사) 등 조사방법
- 어떻게 자료를 수집할 것인가를 결정 : 양적인 방법과 질적인 방법
- 자료수집 도구의 확립 : 질문지, 면접지, 지침서, 가이드, 관찰목록 등
- 관찰할 프로그램의 부분들이나 인터뷰할 사람들의 선택 : 샘플링(확률과 비확률)

프로그램 평가조사는 평가조사의 일부로서 개입기술과 프로그램 목적의 달성 정도를 조사하는 응용조사의 하나이다. 기본적인 조사방법론의 과정을 따르지만 특이할 점은 <표 12-4>와 같다.

〈표 12-4〉 **프로그램 평가조사와 기본 조사의 차이**

프로그램 평가조사	기본 조사
응용조사(사회현장에 직접 이용하려는 목적)	순수조사(이론 형성이 주된 목적)
조사문제는 프로그램 효과성 조사	조사문제는 개인적인 관심
초점은 사실과 기준의 비교	초점은 사실의 발견
조사결과 비공개	조사결과 공개
조사목적 달성을 위한 프로그램 조작이 어렵다.	조사목적 달성을 위해 프로그램을 조작한다.

(4) 프로그램 평가 4단계 : 프로그램 평가의 실행

앞에서 제시한 1~3단계를 실행하게 된다. 이 단계는 수집된 자료를 분석할 수 있는 전 단계라고 할 수 있다. 자료분석을 위해서는 수집된 자료를 어떻게 실행할 것인지를 조사해야만 한다. 예를 들면, 인터뷰를 실행하기 위해서 인터뷰에 관한 조사자의 교육이 필요할 것이며, 샘플링을 했다면 샘플을 대상으로 실행한다는 것이다.

(5) 프로그램 평가 5단계 : 자료분석

프로그램을 실행하고 실행되어 샘플로부터 수집된 자료를 분석하는 단계이다. 자료분석의 목적은 프로그램의 목적에 대한 성취 여부를 결정하도록 자료를 요약 편집하는 것이다. 자료분석의 유형은 양적 분석방법과 질적 분석방법이 있다. 양적 분석방법은 질문지를 통한 숫자형태의 방법이라고 할 수 있으며, 질적 분석방법은 관찰 및 인터뷰 등의 기법이라고 할 수 있다.

(6) 프로그램 평가 6단계 : 평가보고서 작성

① 평가보고서 작성의 예

이 단계는 정리단계라고 할 수 있다. 분석한 평가 결과를 요약하고 정리하여 일정한 규정과 형식을 갖추어 보고서를 작성한다. 평가보고서를 작성하는 목적은 프로그램에 대해서 서술하고 발견점들을 제시하고 권고를 하기 위함이다(Hall & Hall, 2004, 지은구, 2008 재인용).

그리고 평가보고서는 작성양식에 있어서 차이는 있지만 기본적인 내용은 비슷하다고 하겠다(표 12−5, 표 12−6, 표 12−7 참조).

〈표 12−5〉 **평가보고서 작성(예 1)**

1. 평가결과의 정리	1) 기관의 목적 2) 프로그램의 목적 3) 프로그램의 목표
2. 프로그램의 내용과 목적	1) 프로그램의 업무영역 2) 표적집단의 범위 3) 투입인력 4) 프로그램 예산, 수입, 지출 5) 프로그램의 수행 : 기대효과 표적집단 해결대상 문제 서비스 전달전략 프로그램 최종목적
3. 프로그램의 목표와 평가도구	1) 업무수행과 관련된 프로그램 목표 : 업무자료(수혜자에 관한 자료와 행정업무 전반 등), 지표, 비율 2) 목표달성 척도 : 수혜자 만족 등

〈표 12-6〉 **평가보고서 작성(예 2)**

1. 표지	평가수행자, 단체, 날짜 등
2. 목차	보고서의 내용 및 페이지-내용들의 위치 파악을 위해서
3. 평가개요	평가보고서의 핵심적인 내용-평가의 목적, 사용된 평가조사 방법, 주요 발견점들 그리고 권고의 내용들
4. 조직과 개입행동이나 프로그램에 대한 소개	조직에 대한 간략한 소개와 조직이 제공하는 프로그램이나 개입행동에 대한 소개 포함-정보나 역사적 배경, 자금조달 등
5. 평가의 목적와 목표 확인	평가의 목적이 무엇인지를 서술하는 중심내용
6. 평가 계획 또는 설계	① 조사설계, ② 자료수집절차, ③ 조사도구, ④ 샘플 선정계획, ⑤ 자료분석 방법
7. 평가조사에서 발견된 것에 대한 서술	평가보고서의 가장 핵심적인 부분, 표나 그래프 등을 이용
8. 결론과 권고	결론과 미래의 행동을 위한 권고
부록 : 질문지 또는 인터뷰 지침서	

〈표 12-7〉 **평가보고서 작성(예 3)**

1. 제목 : 표제	평가제목, 평가자, 기관의 이름, 작성일자 등
2. 목차	보고서의 내용을 나타내는 세부제목
3. 요약	평가보고서 전체 중요한 부분 요약
4. 서론	① 조사목적, ② 연구가설
5. 본론	① 조사방법(조사개시일과 종료일), ② 자료수집 방법, ③ 조사 모집단에 대한 설명, ④ 조사대상 표본설명, ⑤ 자료분석 방법, ⑥ 자료분석 결과, ⑦ 한계점
6. 결론 및 제언	평가목적, 평가과정, 평가방법, 평가내용 등을 간략히 정리, 결론 및 신뢰성에 대한 근거도 제시
7. 부록	① 설문지 및 기타 조사도구, ② 본문에 포함되지 않은 도표, ③ 색인 및 참고문헌

② 평가보고서 작성의 원칙과 유의사항

평가보고서를 작성하는 데 있어 몇 가지의 원칙들이 있다(DePoy & Gilson, 2003, 지은구, 2008 재인용).

첫째, 명확성 : 평가보고서는 복잡하고 장황하면 내용의 이해가 어렵기 때문에 될 수 있는 한 명확하여야 한다.

둘째, 정확성 : 보고서를 작성하는 데 있어 내용의 정확도를 의미한다. 평가의 과정이나 성과에 대한 정확하게 묘사되어야 한다.

셋째, 간결성 : 평가 보고서는 긴 문자보다는 간결한 문장으로 표현되어야 한다.

넷째, 구조에 대한 주의 : 평가보고서는 인용, 장, 절 등의 구분에 있어 보고서의 구조가 중요하다.

그리고 평가보고서 작성 시 유의사항이 몇 가지 있는데, 다음과 같다(김학주, 2004).

첫째, 대상자의 수준을 고려한 보고서를 작성한다.

둘째, 문장 표현에 있어 과거/ 현재 시제를 명확하게 표현해야 한다.

셋째, 항목별로 간결하게 기재한다.

넷째, 문장배열이 간결하고 필요한 내용만 선별적으로 기록한다.

수행내용 1 프로그램 과정 평가하기

자료

- 프로그램 계획서
- 기관운영규정 및 매뉴얼
- 사회복지 재무회계규칙, 예산사용 확인자료(회계 관련 서류)
- 프로그램 진행일지, 제공된 서비스 목록, 참여자 명부

유의사항

- 프로그램 참여자의 개인정보에 대한 개인정보 보호와 비밀보장을 준수한다.
- 객관적이고 체계적인 평가를 위한 내외부 전문가의 자문을 포함한다.
- 프로그램 평가 시 참여자의 의견을 존중하고 반영하도록 노력한다.
- 참여자의 작은 변화도 민감하게 관찰하고 반응하며, 이를 참여자에게 전달한다.
- 프로그램 수행인력(직원, 강사, 자원봉사자) 의견을 존중하고, 이를 충분히 반영할 수 있도록 노력한다.
- 사회복지 재무회계규칙, 개인정보보호법 등 관련 규칙을 준수한다.

수행순서

1. 프로그램 진행과정을 평가하기 위한 사전준비를 한다.
   1) 프로그램 진행과정 평가를 위한 자료를 준비한다.
      (1) 프로그램 계획서를 준비한다.
      (2) 프로그램 진행일지, 참여자 명부를 준비한다.

(3) 전산(사회복지시설정보시스템, 진우정보시스템 등)을 통해 예산집행 내역을 확인한다.

2. 수집된 서류를 통해 프로그램 진행과정을 평가한다.

1) 계획된 일정에 따라 세부 프로그램이 실행되었는지 평가한다.

(1) 프로그램 계획서의 추진일정을 확인한다.

(2) 세부 프로그램의 회기별 진행일지를 확인한다.

2) 계획된 자원들의 사용률을 평가한다.

(1) 인적자원으로 수행인력(직원, 강사, 자원봉사자) 투입량을 확인한다.

〈표 12-8〉 **프로그램 수행인력 평가표 예시**

성명(직위)	담당업무	투입계획 시간 (주단위)	실제 투입시간 (주단위)	사용률(%)
최○○(관장)	총괄 슈퍼비전	2	2	100
김○○(부장)	프로그램 슈퍼비전	4	4	100
강○○(팀장)	프로그램 총괄운영	10	9	90
이○○(담당)	세부 프로그램 진행	10	10	100

(2) 물적 자원으로 사업비, 후원금품, 장비, 비품 등의 활용실적을 확인한다.

물적 자원의 활용실적은 지출내역, 물품 구입내역, 시설 및 장비대여 등의 내역을 확인하여 평가한다.

3) 세부 프로그램의 진행과정을 평가한다.

(1) 관련된 법규나 규정을 준수하고 있는지 평가한다.

프로그램 진행과정이 기관의 운영규정, 사회복지 재무회계규칙, 개인정보보호법, 후원처의 요청사항 등을 준수하고 있는지를 확인한다.

(2) 참여대상자가 계획대로 선정되었는지 평가한다.

(3) 프로그램 참여율을 평가한다.

(4) 프로그램 진행과정을 관찰하고 참가자의 반응을 확인한다.

(5) 계획된 세부 프로그램의 실행 여부를 평가한다.

3. 프로그램 진행과정 평가를 위한 회의를 실시한다.

1) 프로그램 담당자는 회의 목적과 진행순서를 설명한다.

2) 프로그램 담당자는 회의자료를 바탕으로 간략히 프로그램 진행사항을 보고한다.

3) 참여자에게 프로그램 운영과 관련된 의견을 수렴하고 평가한다.

4) 프로그램 담당자는 회의내용을 구체적으로 기록한다.

5) 회의 종료 전 논의된 내용을 정리하여 참여자들과 공유한다.

6) 회의 종료 후 회의록을 작성하여 내부결재를 받는다.

4. 서류검토와 평가회의를 통해 확인된 과정평가 내용을 정리한다.

1) 프로그램의 잘된 점을 중간성과로 평가한다.

(1) 계획된 프로그램의 목표, 성과지표를 파악한다.

(2) 진행일지에 기록된 내용을 기반으로 긍정적인 성과를 파악한다.

(3) 수행인력(직원, 강사, 자원봉사자)을 통해 프로그램의 중간성과를 파악한다.

(4) 참여자에게 프로그램 참여로 달라진 점, 도움이 된 점을 파악한다.

(5) 수집된 정보와 자료를 통해 중간성과를 기록한다.

2) 발견한 문제점의 수정 및 보완 사항을 정리한다.

(1) 계획된 프로그램의 목표, 성과지표를 파악한다.

(2) 진행일지에 기록된 내용을 기반으로 문제점을 파악한다.

(3) 수행인력(직원, 강사, 자원봉사자)을 통해 프로그램의 문제점을 파악한다.

(4) 참여자 의견수렴을 통해 프로그램의 문제점 및 보완사항을 파악한다.

(5) 수집된 정보와 자료를 통해 수정 및 보완사항을 기록한다.

▌그림 12-5▐ 수행인력 평가회의

5. 평가결과의 피드백이 프로그램 실행에 반영되도록 한다.
   1) 과정평가 결과를 근거로 수정이 필요한 프로그램 내용을 조정한다.
      (1) 평가내용을 반영하여 프로그램 계획을 수정한다.
      (2) 수정된 계획은 내부보고(결재)를 통해 최종 확정한다.
      (3) 프로그램의 조정내용을 수행인력(직원, 강사, 자원봉사자)과 공유한다.

▌그림 12-6▐ 프로그램 조정 내용 공유

   2) 수정된 계획을 기반으로 프로그램을 실행한다.
      (1) 프로그램 참여자에게 변경된 내용을 공지한다.
      (2) 수정된 계획에 따라 프로그램을 실행한다.

┃그림 12-7┃ 수정사항 안내 게시하기

┃그림 12-8┃ 변경사항 공지하기

수행내용 2 프로그램 목표(산출, 성과)달성 평가하기

자료

- 프로그램 계획서
- 기관운영규정 및 매뉴얼
- 과정평가 결과 기록지
- 프로그램 진행일지
- 참여자 명부 및 출석부
- 제공된 서비스 목록
- 만족도조사 결과지, 사전사후 척도조사 결과지
- 사회복지시설정보시스템(www.w4c.go.kr)

유의사항

- 프로그램 참여자의 개인정보에 대한 개인정보 보호와 비밀보장을 준수한다.
- 프로그램 계획서에 명시된 평가도구를 활용해야 한다.
- 프로그램 목표 달성률을 확인하는 데 필요한 자료원을 빠짐없이 수집한다.

수행순서

1. 프로그램 목표 달성률을 평가하기 위한 사전준비를 한다.
   1) 프로그램 목표 달성률을 확인할 수 있는 자료를 준비한다.
      (1) 프로그램 계획서를 준비한다.
      (2) 프로그램 진행일지, 참여자 명부를 준비한다.
      (3) 프로그램 과정평가 결과 기록지를 준비한다.
      (4) 프로그램 계획서에서 제시한 자료원(만족도조사 결과지, 사전사후 척도 결

과지 등)을 준비한다.

(5) 프로그램 이용실적이 입력된 전산 프로그램(사회복지시설정보시스템, 진우정보시스템 등)을 확인한다.

〈표 12-9〉 **만족도조사 결과지 예시**

• 만족도조사 결과

내 용	1점	2점	3점	4점	5점	합 계
(1) 교육시간(1시간)은 적절했습니까?	–	–	1명 (4.2%)	–	23명 (95.8%)	24명 (100.0%)
(2) 교육횟수(12회기)는 적절했습니까?	1명 (4.2%)	1명 (4.2%)	1명 (4.2%)	1명 (4.2%)	20명 (83.2%)	24명 (100.0%)
(3) 강사의 강의내용 및 수업방식에 만족합니까?	–	–	–	–	24명 (100.0%)	24명 (100.0%)

- 교육시간의 경우 5점에 응답한 경우가 대부분으로 적절했다가 평가됨
- 교육횟수는 사전에 공지되었던 만큼 적절했다는 응답이 많았으나, 그 밖에 1~4점으로 응답한 인원도 4명이 있었음. 직접 의견을 기술하는 부분에서 12회기의 수업이 짧아서 아쉬웠다는 의견도 다수 나와 이에 대한 아쉬움이 있었던 것이라 평가됨
- 강의내용과 수업방식에는 설문에 응답한 전원이 만족한다고 응답함. 이는 강사가 재미있고, 친절하다는 이유가 다수였음

〈표 12-10〉 **사전사후 척도검사 결과지 예시**

• 노인우울증 사전·사후 검사 결과

성 명	사전검사 결과	사후검사 결과	결과평가
고길동	14점(경도 우울)	11점	우울증 지수가 3점 감소함
이희동	16점(경도 우울증)	15점	우울증 지수가 1점 감소함
서마콜	14점(경도 우울증)	16점	우울증 지수가 2점 증가함
김또치	18점(중도 우울증)	17점	우울증 지수가 1점 감소함
유도너			평가 진행하지 못함

2. 프로그램 목표 달성률을 평가한다.
   1) 프로그램 계획서에 명시된 목표를 확인한다.
      (1) 프로그램의 산출목표를 확인한다.
      (2) 프로그램의 성과목표를 확인한다.
   2) 계획된 목표 대비 진행결과를 비교하여 산출목표 달성률을 평가한다.
      (1) 프로그램 진행일지, 참여자 명부, 전산기록 등의 자료원을 확인한다.
      (2) 계획된 목표와 진행결과를 비교하여 목표 달성률을 확인한다.
      (3) 비교 결과를 분석하여 목표 달성률을 평가한다.

〈표 12-11〉 **산출목표 평가방법 예시**

• **프로그램 산출목표 달성률**

프로그램명	참여인원		
○○○프로그램	계획 목표인원	실제 참여인원	목표 달성치
	28명	27명	96.4%

– 프로그램 계획 시 신청인원 28명이었으나, 진행과정에서 1명이 건강상 이유로 프로그램 참여를 포기하였음

3. 계획된 목표 대비 진행결과를 비교하여 성과목표 달성률을 평가한다.
   1) 만족도조사 결과지, 사전사후 척도조사 결과지 등의 자료원을 확인한다.
   2) 계획된 목표와 진행결과를 비교하여 달성률을 확인한다.
   3) 비교결과를 분석하여 달성률을 평가한다.

〈표 12-12〉 **성과목표 평가방법 예시(사전·사후 결과 비교)**

성과목표	결과 (목표달성 평가)	평가 지표	자료원	자료 수집 방법	자료 수집 시기
참여 아동들의 학급 내 또래 관계 증진	사전 3.25 → 사후 3.74 : 사전·사후조사 결과 또래관계 정도가 소폭 상승하였고, 활동 소감을 통해 참여아동들의 또래 관계에 긍정적 영향이 있음을 확인	또래관계 증진 정도	친구지지 척도 활동지	사전·사후 척도조사, 아동 및 학급 관찰	사전 사후, 수시

부록

1. 사회복지공동모금회 사업계획서 표준양식 및 작성예시, 작성 매뉴얼
2. 사회복지 프로그램 사례
3. 사회복지지원재단 현황 및 사이트

[부록 1] 사회복지공동모금회 사업계획서 표준양식 및 작성예시, 작성 매뉴얼

※ 다음은 사회복지공동모금회 「2018 배분사업 안내」에서 발췌한 내용입니다.

사업계획서 표준양식 및 작성예시

Ⅰ. 프로그램_성과중심형 사업계획서 표준 양식

〈성과중심형〉 사업계획서

1. 사업명 : ___대상___ ___목적___ ___방법___

• 대상, 목적, 방법과 관련된 정보를 담은 사업명을 적어주십시오[슬로건은 부제(副題)로 병기해 주세요].

2. 사업내용 및 추진전략

1) 사업참여자 모집 전략

(1) 참여 대상 및 인원

핵심 참여자	
주변 참여자	

• 누가 이 사업에 참여합니까?
- (핵심 참여자) 성과를 측정하게 되는 대상은 누구이며, 인원은 몇 명입니까? (이 사업에 참여하게 함으로써 누구의 변화를 이끌어 내려고 하는 것입니까?)
- (주변 참여자) 성과측정 대상은 아니지만 핵심 참여자의 변화를 이끌어 내는 데 중요한 역할을 하는 사람은 누구이며, 인원은 몇 명입니까?

(2) 참여자 선정기준

• 어떤 기준을 세워서 참여자를 모집하게 됩니까?

(3) 참여자 모집방안

• 기준에 적합한 참여자를 어떻게 모집할 예정입니까?

2) 사업내용 및 사업집행 전략

• 아래 내용을 모두 포괄하되, 자유롭게 (질문순서에 상관없이) 표현해 주시기 바랍니다.
  - 전체 사업을 몇 개의 세부 사업으로 분류한다면 어떻게 구성될 수 있습니까?
  - 사업을 어떻게 추진할 것인지에 대하여 세부 사업별 시행방법, 시행 시기 및 횟수, 사업 진행 일정 등 구체적인 정보를 담아서 기술해 주시기 바랍니다.

3) 기관 연계협력 전략

• 위의 사업 집행 전략과 관련하여, 지역사회 내(또는 그 범위를 넘어서) 어떤 기관들과 유기적인 협조관계를 가질 것인지에 대하여 아래 내용을 포함하여 기술해 주시기 바랍니다.
  - 협력기관이 세부 사업에서 어떤 역할을 담당하게 되는지, 그때 신청기관의 역할은 무엇인지, 이러한 협력체계는 어떤 절차를 통해 진행되는지 등

3. 예산편성

(단위 : 원)

목	세목	세세목	계	산출근거	예산조달 계획				
					신청금액	비율(%)	자부담	비율(%)	자부담재원
총 계									
인건비									
	소 계								
사업비									
	소 계								
관리운영비									
	소 계								

- 사업에 직접 투입되는 비용을 인건비, 사업비, 관리운영비로 구분하여 작성해 주시기 바랍니다.
  - (인건비) 해당 사업을 직접적으로 수행하는 인력에게 투입되는 비용
  - (사업비) 프로그램 수행에 필요한 직접비용
  - (관리운영비) 프로그램의 수행에 필요한 간접비용(사업관리에 필요한 비용)
- 세목은 세부 사업별로 구분하고 단위가 큰 경우 세세목으로 구분하여 작성하시기 바랍니다.
- 산출근거는 실제 단가, 수량, 인원수, 건수, 횟수 등을 구체적으로 기록해 주시기 바랍니다.

4. 문제의식(사업 필요성)

1) 사업 계획 배경

- 왜 이 사업을 기획하게 되었습니까?
  - 귀 기관이 관심을 가지기 전에는 어떤 상태에 있었는지, 인근 다른 지역에도 유사한 상황이 있다면 어떻게 대응하고 있는지에 대해서도 서술해 주시기 바랍니다.

2) 기존 유사사업과의 차별성

- 기존의 시각이나 접근방식과 다른 점은 무엇입니까?

3) 신청기관의 강점

- 이 사업을 신청기관에서 수행해야 하는 이유에 대해 사전조사 내용, 관련 분야 수행 경험 등을 포함하여 기재해 주시기 바랍니다.

5. 목표 및 평가

1) 산출목표

세부 사업명	산출목표	모니터링 방법

- 성과목표를 달성하기 위해 이끌어 내야 하고 모니터링해야 하는 산출목표는 무엇입니까?

2) 성과목표 및 평가방법

성과목표	평가 도구 및 방법

- **(성과목표)** 성과목표와 관련하여 아래 내용들에 대해 작성해 주시기 바랍니다.
  - 핵심 참여자의 어떤 부분을 어느 수준까지 변화시키는 것입니까?
  - 작성하고자 하는 성과목표가 이후에 기술되는 평가방법을 통해 달성 여부를 알 수 있게 됩니까?
  - (성과라고 강조하고 싶은데) 양적으로 드러내기(수치화하기) 어려운 성과목표가 있다면 무엇입니까?
  - 앞서 기술하신 사업내용과 성과목표를 논리적으로 연결하여 작성해 주십시오.
- **(평가 도구 및 방법/ 측정시기)** 성과목표 달성 여부와 정도를 어떻게 평가하실 건가요?
  - 성과목표 달성 여부와 정도를 판단하기 위해 어떤 성과지표를 설정하실 건가요?
  - 제시된 성과목표에 대한 평가계획(자료수집 방법, 측정시기 등)은 어떠한가요?
  - 수치화하기 어려운 성과목표가 있다면 어떤 평가방법을 통해 변화의 수준과 의미를 드러내실 건가요?

6. 사업종료 후 지향점

1) 사업 수행으로 인한 기대효과

- 이 사업이 성공적으로 수행된다면 기대되는 효과는 무엇입니까?

2) 사업결과의 활용계획

- 사업의 효과로 나타난 결과를 어떻게 활용할 계획입니까?
- 사업결과를 통해 유사기관이나 지역사회에 꼭 알리고 싶은 이야기가 있다면 무엇입니까?

[프로그램_성과중심형 사업계획서 작성 예시]

※ 배분신청서, 기관현황을 포함하여 총 20매 이내로 작성하여 주십시오.

<성과중심형> 사업계획서

1. **사업명** : 아동학대 고위험 가정의 재학대 예방을 위한 심리・정서지원 프로그램[1)]

2. 사업내용 및 추진전략

1) 사업 참여자 모집전략

(1) 참여 대상 및 인원

핵심 참여자	− OO구, △△구, XX구 내 아동학대 고위험 가정 피해아동 20명 − OO구, △△구, XX구 내 아동학대 고위험 학대 행위자 20명
주변 참여자	− OO구 내 핵심 참여자 가족 구성원 60명

(2) 참여자 선정기준

− 1순위 : 본 기관에 접수된 아동학대 사례 중 아동학대 위험도 평가척도 측정 결과 재학대 고위험 가정으로 판단된 가정의 아동 및 학대 행위자

− 2순위 : 본 기관에 접수된 아동학대 사례 중 실무진 회의를 통해 재학대 가능성이 높다고 판단된 가정의 아동 및 학대 행위자

(3) 참여자 모집방안

− 최근 3년간 접수된 아동학대 사례 분석 및 위험도 평가척도 측정을 통한 참여자 선정

− 선정된 참여자에게는 사업 소개 후 참여 여부에 대한 참여동의서 작성

1) 본 예시는 2017년 복권기금 아동학대예방사업(중앙아동보호전문기관) 일부를 발췌하여 작성되었음

2) 사업내용(사업 수행일정 포함) 및 사업집행 전략

○ 사업내용

세부 사업명	활동(수행방법)
맞춤형 서비스 지원	ㅇ 상담/ 심리치료 : 담당자의 가정방문을 통한 문제 파악 및 해결방안 모색/ 가정별 5회 전문 심리검사/ 가정별 1회, 심리치료/ 가정별 6회 ㅇ 일상생활 지원 : 주거환경 개선, 긴급생계지원, 학습지원 등 서비스 연계/ 가정별 1회 ㅇ 사례회의 : 참여자 및 사업 담당자 대상 사례별 진행상황 점검 및 상호 피드백 실시/ 1회 ㅇ 정신 건강 지원 : 정신의학 전문가 진단에 따라 치료 정신과 진료 지원/ 10가정 선정, 가정별 1회
양육교육 프로그램	ㅇ 담당자 상담을 통해 양육교육이 필요한 10가정 선정 ㅇ 전문기관 연계를 통한 양육기술 상담 교육 • 행위자 초기 상담, 종합심리평가, 양육태도검사 각 1회 실시 • 양육태도 및 감정코칭 등 전문가를 통한 교육 2회 실시

○ 사업 진행 일정

주요 내용 \ 기간		1월	2월	3월	4월	5월	6월	7월	8월	9월	10월	11월	12월
참여자 선정		■	■	■									
맞춤형 서비스 지원	상담/ 심리치료			■	■	■	■	■	■	■	■	■	
	일상/ 정신건강 지원				■	■	■	■	■	■	■	■	■
	사례회의					■		■		■		■	
양육 교육 프로 그램	초기상담/ 검사					■	■						
	교육 진행							■	■	■	■	■	

3) 기관 연계협력 전략

협력 기관명	세부사업명	협력계획	비 고
△△복지관	맞춤형 서비스 지원	• 일상생활 지원(긴급생계 지원) 연계	협약체결 예정
OO대학병원	맞춤형 서비스 지원	• 정신의학 자문 제공, 의료서비스 연계	협약체결(20XX)

3. 예산편성

(단위 : 원)

목	세 목	세세목	계	산출근거	예산조달 계획				
					신청금액	비율(%)	자부담	비율(%)	자부담 재원
총 계			52,150,000		48,900,000	100	3,250,000	100	
인건비	전담인력	급여	16,000,000	1,600,000원×10월×1명	16,000,000				
		사회보험	1,750,000	175,000원×10월×1명			1,750,000		자체예산
	소 계		17,750,000		16,000,000	32.7	1,750,000	53.8	
사업비	맞춤형 서비스 지원	상담/심리	17,500,000	가정방문 다과 10,000원×20가정×5회			1,000,000		자체예산
				심리검사 200,000원×20가정×1회	4,000,000				
				심리치료비 100,000원×20가정×6회	12,000,000				
				사례회의 자문 및 진행비 100,000원×5회			500,000		자체예산
		심화 프로그램	4,000,000	전문상담 100,000원×10가정×1회	1,000,000				
				정신과 진료 지원 300,000원×10가정×1회	3,000,000				
	양육교육 프로그램	양육기술 상담교육	12,000,000	강사비(특별강사, 2시간) 400,000원×20회	8,000,000				
				교재 · 교구 200,000원×10회	2,000,000				
				교육진행비 100,000원×20회	2,000,000				
	소 계		33,500,000		32,000,000	65.4	1,500,000	46.2	
관리운영비	관리 운영비	교통비	600,000	50,000원×12월× 1명	600,000				
		사무 용품비	300,000	100,000원×3회	300,000				
	소 계		900,000		900,000	1.9			

4. 문제의식(사업 필요성)

1) 사업 계획 배경

아동학대 사례가 발생하여 피해아동에 대한 상담 및 치료가 성공적으로 진행되더라도 학대행위자 및 가정환경에 대한 근본적인 개입이 이루어지지 않으면 재학대로 이어질 확률이 높다. 20XX년 전국아동학대 현황보고서에 따르면, 아동학대 사례 1만 7천여 건 중 가해자가 부모인 사건은 80%이며, 전체 피해아동의 76%는 가정으로 돌아갔다. 또한 전체 피해아동 10명 중 1명은 재학대 경험이 있으며, 재학대 장소의 93%가 가정이라는 점은 부모에 의한 재학대 발생의 심각성을 뒷받침한다. 최근 5년간 재학대 사례를 살펴보면 20△△년 563건에서 20XX년 1,240건으로 약 220% 증가한 것으로 나타나고 있으나 이에 대한 대책은 전무한 실정이므로 적극적인 사회적 지원이 필요하다.

2) 기존 유사사업과의 차별성

본 기관의 기존 사업은 아동학대 예방을 위한 의심사례와 아동학대 피해사례 개입 중심으로 진행된다. 아동학대 의심사례 개입의 경우 예방적 차원에서 접근되기는 하나 아동학대 피해사례 개입의 경우 예방적 차원보다는 문제 해결을 위한 접근을 우선으로 한다. 더욱이 피해아동과 학대행위자 중심으로 진행되어, 가족 구성원 등과 같은 주변 요소에 대해서는 간과되는 경우가 많고 결국 학대 발생 위험환경에 동일하게 노출되는 경우가 발생하고 있다.

따라서 본 프로그램을 통해 기존에 간과되었던 주변 환경에 대한 개입과 예방 차원의 접근을 통해 재학대 발생 위험요인을 제거하고 재학대를 예방을 도모하고자 한다.

3) 신청기관의 강점

본 기관은 아동복지법에 의해 설치된 전문기관으로 아동학대 개입 및 아동 권익 증진 관련 사업을 진행하고 있다. 또한 피해아동 및 가정 지원을 위해 법조계, 의료계 등 전문가 조직 네트워크를 구축하고 있으며, 아동학대 사례 가정의 지역사회 내 정착을 위해 자원봉사동아리를 구축하여 운영하는 노력을 펼치고 있다. 20XX년부터는 재학대율을 낮추고자 전문가 자문을 통해 가족단위 심리정서 프로그램을 진행한 바 있으며, 이를 통해 재학대 발생위험을 감소시킨 경험을 가지고 있다. 본 프로그램을 통해 보다 체계적인 개입을 실시하여 재학대 예방을 성공적으로 진행할 수 있을 것으로 기대된다.

5. 목표 및 평가

1) 산출목표

세부 사업명	산출목표	모니터링 방법
맞춤형 서비스 지원	• 20가정 일반상담 5회, 총 100회 실시	• 방문일자별 상담기록 작성
	• 20가정 심리치료 1회, 총 120회 실시	• 검사 결과/ 치료일지 확인
	• 서비스 통합사례 회의 5회 실시	• 사례회의록 작성
	• 일상생활 지원 가정별 1회, 총 20회 실시	• 자원연계 내역 기록
양육교육 프로그램	• 전문가 상담 및 교육 가정별 2회, 총 20회 진행	• 교육일지 및 상담기록 작성

2) 성과목표 및 평가방법

성과목표	평가 도구 및 방법	측정시기
아동학대 행위자의 학대위험 요인 감소	• **성과지표** : 학대위험 20% 감소 • **평가도구** : 학대위험도 평가척도 • **평가방법** : 학대행위자 20가정 대상 사전·사후 설문조사	사전(2월), 사후(12월)
아동학대 행위자의 부모양육 태도 향상	• **성과지표** : 부모양육 태도 20% 향상 • **평가도구** : 부모양육태도검사(PAT) 척도 • **평가방법** : 부모, 가족 구성원 사전·사후 설문조사	사전(4월), 사후(12월)
아동학대 피해가정 가족기능 강화	• **평가주체** : 본 기관 담당자 • **평가방법** : 참여자 20가정 대상으로 구조화된 질문지를 통해 인터뷰 실시	사업종료 후 (12월)

6. 사업종료 후 지향점

1) 사업 수행으로 인한 기대효과

아동학대 피해사례 발생 이후 근본적인 학대 발생 위험요인이 충분히 제거되지 않은 채 재학대의 위험에 노출되어 있던 아동과 가족에 대한 체계적인 접근을 통해 가족의 기능을 강화시키고, 아동의 안전을 도모함으로써 건강한 성장에 기여할 수 있을 것으로 기대된다.

2) 사업 결과의 활용계획

본 사업으로 구축된 지역사회 내 자원들과의 지속적인 협력체계를 확보하여, 사업 종료 후에도 지속적인 모니터링을 통해 한시적인 사례관리가 아닌 재학대 예방을 위한 사례관리를 실시할 수 있도록 아동보호 예방체계를 구축하고자 한다.

Ⅱ. 프로그램_성과확산형 사업계획서 표준양식

〈성과확산형〉 3개년 사업계획서

1. 사업명 : ____대상____ ____목적____ ____방법____

• 대상, 목적, 방법과 관련된 정보를 담은 사업명을 적어주십시오[슬로건은 부제(副題)로 병기해 주세요].

2. 사업내용 및 추진전략

1) 사업 참여 대상 및 인원

구 분	1차년도	2차년도	3차년도
핵심 참여자			
주변 참여자			

• 누가 이 사업에 참여합니까? 연차별 핵심 참여자와 주변 참여자를 상호 관련성 있게 작성하시기 바랍니다.

– (핵심 참여자) 성과를 측정하게 되는 대상은 누구이며, 인원은 몇 명입니까?
(이 사업에 참여하게 함으로써 누구의 변화를 이끌어 내려고 하는 것입니까?)

– (주변 참여자) 성과측정 대상은 아니지만 핵심 참여자의 변화를 이끌어 내는 데 중요한 역할을 하는 사람은 누구이며, 인원은 몇 명입니까?

※ '시스템 구축', '지역사회 수준변화' 등과 같이 "사람"의 변화에 일차적인 초점이 있지 않은 경우가 있을 수 있습니다. 이런 때에는 사업 참여자에 대한 기술 내용 및 방식이 달라질 수 있을 것이므로 사업내용에 따라 적절하게 기술해 주시기 바랍니다.

2) 연차별 사업내용

1차연도	
특징	
핵심내용	
2차연도	
특징	
핵심내용	
3차연도	
특징	
핵심내용	

- (특징) 각 연차별 인과관계 등을 포함하여 연차별 특징(주요 초점)에 대해 제시하여 주십시오.
- (핵심내용) 연차별 주요 사업 등 핵심내용을 작성하여 주십시오.

3) 기관 연계협력 전략

- 위의 사업내용과 관련하여, 지역사회 내(또는 그 범위를 넘어서) 어떤 기관들과 유기적인 협조관계를 가질 것인지에 대하여 아래 내용을 포함하여 기술해 주시기 바랍니다.
  - 협력기관이 세부 사업에서 어떤 역할을 담당하게 되는지, 그때 신청기관의 역할은 무엇인지, 이러한 협력체계는 어떤 절차를 통해 진행되는지 등
- 연차별 네트워크의 확대 혹은 축소가 있는 경우 변화에 대한 확인이 가능하도록 기재

3. 예산편성

(단위 : 원)

구분	1차연도			2차연도			3차연도		
목	세 목	신청 금액	자부담	세 목	신청 금액	자부담	세 목	신청 금액	자부담
총 계				총 계			총 계		
인건비									
	소 계			소 계			소 계		
사업비									
	소 계			소 계			소 계		
관리운영비									
	소 계			소 계			소 계		

• 사업에 직접 투입되는 예산 내 주요 세목(세부 사업별)의 금액과 비중이 사업 연차별로 어느 정도 차지하는지에 대해 작성해 주시기 바랍니다.

4. 문제의식(사업 필요성)

1) 사업 계획 배경

• 왜 이 사업을 기획하게 되었습니까?
  - 귀 기관이 관심을 가지기 전에는 어떤 상태에 있었는지, 인근 다른 지역에도 유사한 상황이 있다면 어떻게 대응하고 있는지에 대해서도 서술해 주시기 바랍니다.

2) 기존 유사사업과의 차별성

• 기존의 시각이나 접근방식과 다른 점은 무엇입니까?

3) 신청기관의 강점

• 이 사업을 신청기관에서 수행해야 하는 이유에 대해 사전조사 내용, 관련분야 수행경험 등을 포함하여 기재해 주시기 바랍니다.

5. 목표 및 평가

1) 성과평가

성과목표	평가 도구 및 방법	측정시기

• **(성과목표)** 3년 뒤 핵심 참여자의 어떤 부분을 어느 수준까지 변화시킬 목표를 가지고 있습니까?
  – 성과목표가 "사람"이 아닌 경우에는 그와 관련되는 성과목표를 제시하여 주십시오.
  – (성과라고 강조하고 싶은데) 양적으로 드러내기(수치화하기) 어려운 성과목표가 있다면 무엇입니까?
  – 앞서 기술하신 사업내용과 성과목표를 논리적으로 연결하여 작성해 주십시오.

• **(평가 도구 및 방법/ 측정시기)** 성과목표 달성 여부와 정도를 어떻게 평가하실 건가요?
  – 성과목표 달성 여부와 정도를 판단하기 위해 어떤 성과지표를 설정하실 건가요?
  – 제시된 성과목표에 대한 평가계획(자료수집 방법 등을 포함)은 어떠한가요?
  – 달성된 성과가 사업참여자에게 (나아가서는 지역사회에) 주는 의미를 어떻게 드러내실 계획입니까?

2) 과정평가(선택)

평가대상 내용	평가방법	측정시기

• '어떤 과정을 통해 성과를 거두게 되었는지'에 대한 내용을 어떻게 보여주시겠습니까?

6. 사업종료 후 지향점

1) 사업 수행으로 인한 기대효과

- 이 사업이 성공적으로 수행된다면 기대되는 효과는 무엇입니까?

2) 사업 결과의 활용계획

- 사업의 효과로 나타난 결과를 어떻게 활용할 계획입니까?
- 사업결과를 통해 유사기관이나 지역사회에 꼭 알리고 싶은 이야기가 있다면 무엇입니까?

3) 사업 지속 유지 전략

- 모금회로부터 이 사업 소요예산에 대한 지원이 종료된 후 후속적인 사업추진을 위한 재원 마련 등의 전략은 무엇입니까?
- 후속 사업 추진을 구현하기 위한 노력을 각 연도별로 어떻게 반영하였습니까?

〈성과확산형〉 연차별(1차연도) 사업계획서

1. 사업명 : ___대상___ ___목적___ ___방법___

• 3개년 사업계획서와 동일한 사업명을 적어주십시오.

2. 사업내용 및 추진전략

1) 사업참여자 모집전략

(1) 참여 대상 및 인원

핵심 참여자	
주변 참여자	

• 1차연도에는 누가 이 사업에 참여합니까?
 – **(핵심 참여자)** 성과를 측정하게 되는 대상은 누구이며, 인원은 몇 명입니까? (이 사업에 참여하게 함으로써 누구의 변화를 이끌어 내려고 하는 것입니까?)
 – **(주변 참여자)** 성과측정 대상은 아니지만 핵심 참여자의 변화를 이끌어 내는 데 중요한 역할을 하는 사람은 누구이며, 인원은 몇 명입니까?

(2) 참여자 선정기준

• 어떤 기준을 세워서 참여자를 모집하게 됩니까?

(3) 참여자 모집방안

• 기준에 적합한 참여자를 어떻게 모집할 예정입니까? 그 방법이 적합하다고 생각하는 이유가 무엇입니까?

2) 사업내용 및 사업집행 전략

• 아래 내용을 모두 포괄하되, 자유롭게 (질문순서에 상관없이) 표현해 주시기 바랍니다.
 – 1차연도 사업을 몇 개의 세부 사업으로 분류한다면 어떻게 구성될 수 있습니까?
 – 3개년 사업계획서에 기반하여 1차연도 사업을 어떻게 추진할 것인지에 대하여 세부 사업별 시행방법, 시행 시기 및 횟수, 사업 진행 일정 등 구체적인 정보를 담아서 기술해 주시기 바랍니다.

3) 기관 연계협력 전략

- 위의 사업 집행 전략과 관련하여, 지역사회 내(또는 그 범위를 넘어서) 어떤 기관들과 유기적인 협조관계를 가질 것인지에 대해 아래 내용을 포함하여 기술해 주시기 바랍니다.
  - 협력기관이 세부 사업에서 어떤 역할을 담당하게 되는지, 그때 신청기관의 역할은 무엇인지, 이러한 협력체계는 어떤 절차를 통해 진행되는지 등

3. 예산편성

(단위 : 원)

목	세목	세세목	계	산출근거	예산조달 계획				
					신청금액	비율(%)	자부담	비율(%)	자부담 재원
총 계									
인건비									
	소 계								
사업비									
	소 계								
관리운영비									
	소 계								

- 1차연도 사업에 직접 투입되는 비용을 인건비, 사업비, 관리운영비로 구분하여 작성해 주시기 바랍니다.
  - **(인건비)** 해당 사업을 직접적으로 수행하는 인력에게 투입되는 비용
  - **(사업비)** 프로그램 수행에 필요한 직접비용
  - **(관리운영비)** 프로그램의 수행에 필요한 간접비용(사업관리에 필요한 비용)
- 세목은 세부 사업별로 구분하고 단위가 큰 경우 세세목으로 구분하여 작성하시기 바랍니다.
- 산출근거는 실제 단가, 수량, 인원수, 건수, 횟수 등을 구체적으로 기록해 주시기 바랍니다.

4. 목표 및 평가

1) 산출목표

세부 사업명	산출목표	모니터링 방법

- 성과목표를 달성하기 위해 이끌어 내야 하고 모니터링해야 하는 산출목표는 무엇입니까?

2) 성과목표 및 평가방법

성과목표	평가 도구 및 방법	측정 시기

- **(성과목표)** (3차연도에 달성할 성과목표가 아니라) 1차연도 사업을 추진함으로써 달성하려고 하는 중간목표 성격의 성과목표는 무엇입니까?
  - 앞서 기술하신 1차연도 사업내용과 성과목표를 논리적으로 연결하여 작성해 주십시오.
  - (성과라고 강조하고 싶은데) 양적으로 드러내기(수치화하기) 어려운 성과목표도 포함하여 작성해 주시기 바랍니다.
- **(평가 도구 및 방법/ 측정시기)** 성과목표 달성 여부와 정도를 어떻게 평가하실 건가요?
  - 성과목표 달성 여부와 정도를 판단하기 위해 어떤 성과지표를 설정하실 건가요?
  - 제시된 성과목표에 대한 평가계획(자료수집 방법 등을 포함)은 어떠한가요?
  - 수치화하기 어려운 성과목표가 있다면 어떤 평가방법을 통해 변화의 수준과 의미를 드러내실 건가요?

3) 과정평가(선택)

평가대상 내용	평가방법	측정시기

- 1차연도 사업에서 '어떤 과정을 통해 성과를 거두게 되었는지'에 대한 내용을 어떻게 보여주시겠습니까?

[프로그램_성과확산형 사업계획서 작성 예시]

※ 배분신청서, 기관현황을 포함하여 총 30매 이내로 작성하여 주십시오.

〈성과확산형〉 3개년 사업계획서

1. 사업명 : 폭력 피해여성의 자립지원을 위한 지역 연계형 인턴십 사업[2)]

2. 사업내용 및 추진전략

1) 사업 참여 대상 및 인원

구 분	1차연도	2차연도	3차연도
핵심 참여자	○○시 내 폭력 피해여성 20명	○○시 내 폭력 피해여성 20명	○○시 내 폭력 피해여성 30명
주변 참여자	인턴십 참여 기업(기관)	인턴십센터 자문위원회 인턴십 참여 기업(기관)	인턴십센터 자문위원회 인턴십 참여 기업(기관)

2) 연차별 사업내용

1차연도	
특 징	• 통합자립 지원을 통해 참여자의 기초역량 강화 • 인턴십센터 설립 및 지역 자원 구축을 위한 기반 마련
핵심내용	• **심리 · 정서 지원** : 고용복지 사례관리, 자기성찰 및 상담 • **직업역량 강화** : 진로상담 및 분야별(바리스타/ 뷰티/ 공예) 기초 · 심화기술 교육 • **인턴십센터 설립 기반 마련** : 사업아이템 기획 및 운영전략 수립/ 지역사회 연계 협력기관 발굴 및 자문위원회 구성
2차연도	
특 징	• 1차년도 사업 참여자 중심의 인턴십센터 설립 및 운영 • 인턴십센터 운영 활성화 및 취업처 발굴을 위한 지역 자원 연계 확대

2) 본 예시는 2014년 기획 취약계층 여성의 경제적 자립 역량강화를 위한 인턴십 지원사업(마포구고용복지지원센터) 일부를 발췌하여 작성되었음

핵심내용	• **심리 · 정서역량 강화** : 고용복지 사례관리, 스트레스 관리, 관계 및 소통 능력 향상 교육 • **직업역량 강화** – 분야별(바리스타/ 뷰티/ 공예) 직무능력 평가 및 보수교육 – 인턴십센터 실무 인턴(3개월)/ 인턴십 연계 기업(기관)을 통한 인턴십 참여 (6개월) • **인턴십센터 운영** : 인턴십 매장 세팅 및 오픈/ 지역사회 연계협력기관 지속 발굴
3차연도	
특 징	• 인턴십센터 운영 안정화를 통해 지속가능한 자립지원시스템 구축 • 취 · 창업 성공 사례 도출 및 지역연계형 인턴십 사업 모델화
핵심내용	• **심리 · 정서역량 강화** : 고용복지 사례관리, 재정관리, 협동화 교육 • **직업역량 강화** – 분야별(바리스타/ 뷰티/ 공예) 전문가 과정 – 인턴십센터 매니저, 강사 과정(3개월)/ 인턴십 연계기업(기관)을 통한 인턴십 참여(6개월) – 유관분야 취업 연계 알선 및 창업 지원 • **인턴십센터 운영** – 수익 창출을 위한 마케팅 전략 개발 지속, 매장아이템 업그레이드 – 사회적 협동조합 등록 준비

3) 기관 연계협력 전략

협력기관명	세부 사업명	협력 계획	비 고
OO시 사회적 경제 허브센터	직업역량 강화	• 인턴십 참여 기업 연계	협약체결(20XX)
OO공사	인턴십센터 운영	• 인턴십센터 운영을 위한 유휴 공간 지원	협약체결 예정
△△커피	직업역량 강화	• 바리스타 교육, 현장체험, 인턴십 연계	협약체결(20XX)

3. 예산편성

(단위 : 원)

구분	1차연도			2차연도			3차연도		
목	세 목	신청금액	자부담	세 목	신청금액	자부담	세 목	신청금액	자부담
총 계		90,668	20,000	총 계	171,953	10,000	총 계	141,690	20,000
인건비	담당자급여	23,000		담당자급여	25,000		담당자급여	20,000	5,000
	소 계	23,000		소 계	25,000		소 계	20,000	5,000
사업비	심리정서 지원	8,820		심리정서 지원	6,780		심리정서 지원	7,530	
	직업역량 강화	52,128		직업역량 강화	56,438		직업역량 강화	60,350	
	인턴십 센터 운영	2,100	20,000	인턴십 센터 운영	80,815	10,000	인턴십 센터 운영	50,890	15,000
	소 계	63,048	20,000	소 계	144,033	10,000	소 계	118,770	15,000
관리운영비	사무용품	1,900		사무용품	1,900		사무용품	1,900	
	출장비	720		출장비	1,020		출장비	1,020	
	집기비품	2,000		–	–		–	–	
	소 계	4,620		소 계	2,920		소 계	2,920	

4. 문제의식(사업 필요성)

1) 사업 계획 배경

성매매, 가정폭력, 성폭력 등 폭력 피해여성들은 폭력과 위기사건을 통해 극도의 불안, 스트레스를 경험하고 다양한 영역에서 복합적인 문제와 다차원적인 불리함을 안고 있는 대표적 취약계층에 속한다. 폭력 피해여성은 심리적 위축과 학력 및 경력단절, 기술부족, 사회적응력 및 자기관리 능력 부족 등 관계적·기능적 장애로 인한 부적응과 단절의 상황 속에 놓이게 되기 쉽고 결국 일상생활과 취업영역에 있어서의 정상적인 사회인으로 자립이 어려워질 수 있다. 결국 취약여성들의 어려움과 욕구는 개별서비스나 단발적인 지원이 아닌 보다 장기적으로 포괄적 관점에서의 지원과 함께 해결되어야 하며, 단절된 시설이 아닌 지역사회 안에서 상담과 훈련과 경험을 통해 단계적이고 통합적으로 지원되어야 한다.

2) 기존 유사사업과의 차별성

현재 성매매 피해여성의 지원은 전국의 권역별 자활지원센터에서 진행되고 있으나 수요에 비해 공급이 절대적으로 부족한 상황이며, 또한 가정폭력, 성폭력피해자의 경우에는 취업·기술교육 등을 지원하는 전달체계가 부재한 상황이다.

경제적 자활을 위한 교육과 취업지원인프라의 경우, 정부지원으로 직업훈련, 학원 등의 참여기회가 제공되고 지역 내 유관기관들도 다수 존재하지만, 개별서비스가 파편적으로 제공되고 있어 효과성 달성에 어려움이 있다. 본 사업은 개별적 자립서비스 제공에서 벗어나 폭력피해 여성들의 심리적·사회적·직업적 자립과 자활을 통합적으로 지원할 수 있는 전문지원시스템의 운영이라는 점에서 기존의 접근방식과 차별성이 있다.

3) 신청기관의 강점

본 센터는 성매매피해여성들의 자활역량 강화를 위한 재능나눔사업을 20XX년에서부터 20XX년까지 3차연도에 걸쳐 진행하고 있다. 노인복지관, 장애인시설 등에서 발마사지 등 자신이 익힌 재능을 나누는 경험을 통해 자아존중감과 사회성을 향상할 수 있었다. 또한 재능나눔사업 참여자의 평가를 통해, 다양한 직업체험의 기회 속에서 자기에게 맞는 취업모델을 발견하고 자활의지를 다질 수 있었으며, 직업에 맞는 전문기술을 습득할 수 있었다.

본 센터는 20XX년부터 △△커피와 연계를 통해 취약계층 여성 자립을 위한 사회진출 지원 프로그램을 진행하고 있다. 바리스타 교육, 서비스교육을 통해 참여자들의 사회진출을 위한 교육·실습 프로그램 진행

결과 자기효능감과 자존감이 향상된 것으로 평가되었으며, 나아가 실제 취업까지 연계된 성공 사례를 도출하였다. 이러한 성공경험과 유사사업을 수행하며 형성된 자원 및 노하우를 토대로 본 사업도 성공적으로 수행할 수 있을 것이라 기대된다.

5. 목표 및 평가

1) 성과평가

성과목표	평가 도구 및 방법	측정 시기
참여자 자립 역량 강화	– **성과지표** : 자아존중감 30% 향상 – **평가도구** : 자아존중감 척도 – **평가방법** : 참여자 대상 사전, 중간, 사후 설문 조사	사업 시행 전 중간(1차연도 종료 시) 사후(3차연도 종료 시)
	– **평가주체** : 사업 담당자 – **평가방법** : 참여자 인터뷰와 인턴십 참여 관찰을 통해 근로동기 향상 정도 확인	인터뷰(매년 12월) 참여관찰(인턴십 진행 과정 중 월 1회)
통합자립지원 인턴십센터 모델 구축	– **성과지표** : 인턴십센터 순이익 전년 대비 20% 증가 – **평가도구** : 인턴십센터 매입·매출장부 – **평가방법** : 인턴십센터 연간 매입·매출 현황 분석	2차연도 종료 시 3차연도 종료 시
	– **평가주체** : 외부 평가 위원 – **평가방법** : 사업 참여를 통한 참여자의 취업 현황 및 자립 정도 확인	3차연도 종료 시

2) 과정평가(선택)

평가대상 내용	평가방법	측정시기
취업 연계 과정	– **평가주체** : 외부 평가위원 – **평가방법** : 사업담당자 인터뷰 및 내부문서 검토	– 각 주요 단계별
직업역량 강화 프로그램 추진 과정	– **평가주체** : 담당자 – **평가방법** : 프로그램 진행 시 참여하여 관찰/사업담당자 및 중간관리자 인터뷰	– **참여관찰** : 매 회기 – **인터뷰** : 프로그램 종료 후

6. 사업종료 후 지향점

1) 사업 수행으로 인한 기대효과

참여자의 사회적 지지체계 및 취업환경 마련 등의 다각적이고 통합적인 지원체계 구축을 통해 사회 구성원으로 자립을 위한 필요한 심리사회적 역량 강화는 물론 직업적 역량 강화에 기여할 수 있을 것으로 기대된다.

2) 사업 결과의 활용계획

본 사업의 종료 후 폭력 피해여성을 포함한 취약계층 여성들에 대한 지역사회 내에서 직업적 훈련, 일에 대한 경험 축적 등이 체계적으로 지원될 수 있도록 네트워크를 확대하고 안정화하고자 한다. 나아가 통합적 접근의 중요성을 타 지역에 전파할 수 있도록 성과 연구 및 매뉴얼 작성을 실시하여 본 사업을 모델화할 계획이다.

3) 사업 지속 유지 전략

인턴십센터의 수익 창출을 통해 향후 독립적인 운영을 도모하고자 한다. 이를 위해 경영진단을 실시하고 운영안정화를 위한 전문가컨설팅 및 모니터링과 평가를 추진할 계획이다. 또한 사회적 협동조합으로 전환하여 보다 안정적인 운영구조를 확립하고자 한다.

〈성과확산형〉 연차별(1차연도) 사업계획서

1. 사업명 : 폭력 피해여성의 자립 지원을 위한 지역 연계형 인턴십 사업

2. 사업내용 및 추진전략

1) 사업참여자 모집전략

(1) 참여 대상 및 인원

핵심 참여자	○○시 내 폭력 피해여성 20명
주변 참여자	인턴십 참여기업(기관)

(2) 참여자 선정기준

– 여성 지원 시설 등의 유관기관 추천을 통해 접수된 참여자에 대해 개별 인터뷰 실시
(참여동기 및 자립의지, 미취업 상태 등 확인)

– 인터뷰 내용을 토대로 기관 내부회의를 통해 최종 선발

(3) 참여자 모집방안

– ○○시 소재 여성 지원 시설에 사업홍보 및 참여자 추천 의뢰 공문 발송

– 네트워크 기관 및 폭력 피해여성 지원 시설 추천을 통해 참여자 접수

2) 사업내용 및 사업집행 전략

○ 사업내용

세부 사업명	활동(수행방법)
심리정서 지원	○ **사례관리** : 사업 담당자 개별 상담 및 전문 사례관리 위원회 운영/ 연 5회 ○ **자기회복 프로그램** : 셀프이미지 컨설팅, 에너지 회복 전문강사 초빙을 통한 1박 2일 프로그램 진행/ 연 2회

직업역량 강화	○ **진로상담** : 진로상담 전문가와 상담을 통한 진로 설정/ 참여자별 2회 실시 ○ **분야별(바리스타/ 뷰티/ 공예) 기초 · 심화 기술교육** • 커피제조, 매장운영 등 실무 중심 아카데미 참여를 통한 기초 교육 실시 • 기초교육은 직업전문교육기관에 의뢰하여 실시(3개월) • 심화 기술교육은 지역사회 내 매장에 연계하여 진행, 인턴십(3개월)을 포함 총 5개월
인턴십센터 설립	○ **자문위원회 구성 및 운영** • 경영컨설팅, 상담 분야, 후원(모금)교육 등 분야별 전문가 10명 내외 구성 • 사업 아이템 선정 및 실효성 강화방안 모색/ 연 5회 이상 ○ **센터 운영기반 마련** • OO공사 1층 유휴 공간 확보를 위한 OO공사, OO시 협의 지속 • 센터 운영 참여기관 발굴

○ 사업 진행 일정

주요 내용 \ 기간		1월	2월	3월	4월	5월	6월	7월	8월	9월	10월	11월	12월
참여자 선정		■	■										
심리 정서 지원	사례 위원회		■	■		■		■		■		■	
	자기회복 PG				■						■		
직업 역량 강화	진로상담			■	■								
	기초교육					■	■	■					
	심화교육								■	■	■	■	■
인턴십 센터 설립	자문위원회 운영			■	■	■		■		■		■	
	기반 마련						■	■	■	■	■	■	■

3) 기관 연계협력 전략

협력기관명	세부 사업명	협력계획	비 고
OO공사	인턴십센터 운영	• 인턴십센터 운영을 위한 유휴 공간 지원	
△△커피	직업역량 강화	• 바리스타 교육, 현장체험, 인턴십 연계	협약 체결 예정

3. 예산편성

(단위 : 원)

목	세 목	세세목	계	산출근거	예산조달 계획				
					신청금액	비율(%)	자부담	비율(%)	자부담 재원
총 계			110,668,000		90,668,000	100	20,000,000	100	
인건비	전담인력	급여	21,300,000	2,130,000원×10월×1명	21,300,000				
		사회보험	1,700,000	170,000원×10월×1명	1,700,000				
	소 계		23,000,000		23,000,000	25.4			
사업비	심리정서 지원	사례관리 위원회	8,820,000	사례회의비 및 진행비 300,000원×5회	1,500,000				
		자기회복 프로그램		강사비(2급 강사, 2시간) 280,000원×2명×2회	1,120,000				
				프로그램 진행비 124,000원×25명×2회	6,200,000				
	직업역량 강화	진로상담	52,128,000	전문 진로상담 50,000원×20명×2회	2,000,000				
		기초교육		분야별 아카데미 500,000원×20명×1회	10,000,000				
		심화교육		인턴십 급여 600,000원×20명×3개월	36,000,000				
				교육 재료비 4,128,000원	4,128,000				
	인턴십 센터 설립	자문위원회	2,100,000	자문위원회 회의비 및 진행비 420,000원×5회	2,100,000				
		센터 운영	20,000,000	센터 임대 보증금 20,000,000원×1회			20,000,000		
	소 계		83,048,000		63,048,000	69.5	20,000,000	100	
관리운영비	사무용품	–	1,900,000	190,000원×10월	1,900,000				
	출장비	–	720,000	60,000원×12월	720,000				
	집기비품	–	2,000,000	노트북 2,000,000원×1식	2,000,000				
	소 계		4,620,000		4,620,000	5.1			

4. 목표 및 평가

1) 산출목표

세부 사업명	산출목표	모니터링 방법
심리정서 지원	• 자기회복 프로그램 연 2회 실시	• 프로그램 계획서/ 결과보고 작성
직업역량 강화	• 기초교육 탈락률 5% 미만	• 교육일지/ 출석부 확인
	• 전문 진로상담 2회, 총 40회 실시	• 진로상담 일지 확인
인턴십센터 설립	• 유휴 공간 확보 1곳	• 임대차 계약서 작성

2) 성과목표 및 평가방법

성과목표	평가 도구 및 방법	측정 시기
참여자 자립 역량 강화	– **성과지표** : 자아존중감 10% 향상 – **평가도구** : 자아존중감 척도 – **평가방법** : 참여자 대상 사전·사후 설문조사	사업 시행 전 사후(1차연도 종료 시)
	– **성과지표** : 각 분야/ 단계별 직업교육 성취도 80% 달성 – **평가도구** : 이론, 실습 평가(초급 자격시험 기준) – **평가방법** : 교육 참여 후 성취도 측정	기초교육(8월) 심화교육(12월)
	– **평가주체** : 사업 담당자 – **평가방법** : 참여자 인터뷰와·인턴십 참여관찰을 통해 근로동기 향상 정도 확인	인터뷰(12월) 참여관찰(인턴십 진행 과정 중 월 1회)

3) 과정평가(선택)

평가대상 내용	평가방법	측정시기
직업역량 강화 프로그램 추진 과정	– **평가주체** : 담당자 – **평가방법** : 프로그램 진행 시 참여하여 관찰 사업담당자 및 중간관리자 인터뷰	– **참여관찰** : 매 회기 – **인터뷰** : 프로그램 종료 후

Ⅲ. 프로그램_산출중심형 사업계획서 표준 양식

〈산출중심형〉 사업계획서

1. 사업명 : ___대상___ ___목적___ ___방법___

> • 대상, 목적, 방법과 관련된 정보를 담은 사업명을 적어주십시오[슬로건은 부제(副題)로 병기해 주세요].

2. 사업 필요성

> • 수행하려는 사업내용과 관련하여 지금 직면해 있는 현실적인 어려움은 무엇입니까?
> • 무엇을 해소 또는 완화하려는 것입니까?

3. 사업내용 및 추진방법

1) 사업 참여자 및 인원

> • 참여자는 누구이며, 몇 명입니까?
> • 어떤 기준을 세워서 참여자를 결정하게 됩니까?

2) 사업내용 및 방법

세부 사업명	활동내용(수행방법)	산출목표

> • **(세부 사업명)** 전체 사업을 몇 개의 세부 사업으로 분류한다면 어떻게 구성할 수 있습니까?
> • **(활동내용)** 사업을 어떻게 추진할 것인지에 대하여 세부 사업별 시행방법, 시행 시기 및 횟수, 사업 진행 일정 등의 정보를 담아서 기술해 주시기 바랍니다.
> • **(산출목표)** 사업 시행의 결과로 발생하는 산출물은 무엇입니까?

4. 예산편성

(단위 : 원)

목	세 목	계	산출근거	예산조달 계획				
				신청 금액	비율 (%)	자부담	비율 (%)	자부담 재원
총 계								
인건비								
	소 계							
사업비								
	소 계							
관리운영비								
	소 계							

- 사업에 직접 투입되는 비용을 인건비, 사업비, 관리운영비로 구분하여 작성해 주시기 바랍니다.
  - (인건비) 해당 사업을 직접적으로 수행하는 인력에게 투입되는 비용
  - (사업비) 프로그램 수행에 필요한 직접비용
  - (관리운영비) 프로그램의 수행에 필요한 간접비용(사업관리에 필요한 비용)
- 세목은 세부사업별로 구분하고 단위가 큰 경우 세세목으로 구분하여 작성하시기 바랍니다.
- 산출근거는 실제 단가, 수량, 인원수, 건수, 횟수 등을 구체적으로 기록해 주시기 바랍니다.

[프로그램_산출중심형 사업계획서 작성 예시]

※ 배분신청서, 기관현황을 포함하여 총 5매 이내로 작성하여 주십시오.

〈산출중심형〉 사업계획서

1. 사업명 : 독거어르신 밑반찬 배달을 통한 식생활 개선 사업 "은빛 영양지킴이"

2. 사업 필요성

OO시는 도농복합지역으로 농업에 종사하는 가구가 많으며, 농촌 저소득 독거노인은 경제능력이 매우 취약하여 생활고와 더불어 결식문제가 심각한 수준에 이르고 있다. 또한 식사는 하더라도 다양한 반찬을 섭취하지 못하여 영양불균형이 오는 경우도 많다. 20XX년 OO시 보건소에서 관내 65세 이상 300명을 대상으로 식습관과 음식섭취를 분석한 결과 탄수화물, 단백질 등의 에너지원 섭취량이 필요량에 비해 약 17.5% 부족한 것으로 나타났다. 이러한 노인의 영양 불균형은 각종 질병에 노출되기 쉬운 환경으로 이어지고 있다.

위와 같은 문제를 개선하고자 OO노인복지관에서는 20△△년부터 무료 경로급식을 제공하고 있으나, 거동이 불편하거나 외부 활동이 적은 어르신은 서비스를 제공받지 못하는 한계점을 여전히 지니고 있다. 이에 본 복지관은 영양 밑반찬 배달을 통해 독거어르신의 식생활을 개선하고 건강 유지에 기여하고자 한다.

3. 사업내용 및 추진방법

1) 사업 참여자 및 인원

○ 사업 참여자 : OO시에 거주하는 독거어르신 30명

○ 참여자 선정기준

– OO시 실태 조사를 통해 밑반찬을 제대로 드시지 못하는 어르신 가구 파악

– 파악된 가구 중 신체적·경제적으로 밑반찬 조리가 어렵다고 판단되는 대상을 선정
– 지방자치단체 등 타 기관 지원 여부 확인 후 기관 내 회의를 통해 결정
– 참여자 의사를 반영하여 최종 확정

2) 사업 내용 및 방법

○ 사업 내용

세부 사업명	활동내용(수행방법)	산출목표
밑반찬 제조	• 영양을 고려한 연간 식단계획 수립(3찬 기준, 주 2회) • 위생용기 및 소모품은 사업 초기 일괄 구매하고, 밑반찬 재료는 제조 시 구매 • 기존 경로급식 봉사자 및 복지관 조리시설을 활용하여 밑반찬 제조	주 2회 밑반찬 3종 제조
밑반찬 배달 및 식생활 모니터링	• 제조된 밑반찬 3종을 매주 월, 목요일에 참여자에게 배달 • 기존 밑반찬은 상태를 확인하도록 하며, 부패 가능성이 있는 경우 회수	주 2회 30가구 밑반찬 배달 및 모니터링

○ 추진일정

기간 / 주요 내용	1월	2월	3월	4월	5월	6월	7월	8월	9월	10월	11월	12월
참여자 선정	■	■										
식단계획 수립/ 위생용기 등 구입		■										
밑반찬 제조/ 배달			■	■	■	■	■	■	■	■	■	■

4. 예산편성

(단위 : 원)

<table>
<tr><th rowspan="2">목</th><th rowspan="2">세 목</th><th rowspan="2">세세목</th><th rowspan="2">계</th><th rowspan="2">산출근거</th><th colspan="5">예산조달 계획</th></tr>
<tr><th>신청금액</th><th>비율(%)</th><th>자부담</th><th>비율(%)</th><th>자부담 재원</th></tr>
<tr><td colspan="3">총 계</td><td>14,146,000</td><td></td><td>11,946,000</td><td>84.4</td><td>2,200,000</td><td>15.6</td><td></td></tr>
<tr><td rowspan="5">사업비</td><td rowspan="3">밑반찬 제조</td><td rowspan="2">소모품 구입</td><td rowspan="2">1,386,000</td><td>위생용기 150원×30명×3개×44주×2회</td><td>1,188,000</td><td>8.4</td><td></td><td></td><td></td></tr>
<tr><td>스티커 25원×30명×3개×44주×2회</td><td>198,000</td><td>1.4</td><td></td><td></td><td></td></tr>
<tr><td>식재료 구입</td><td>10,560,000</td><td>4,000원×30명×44주×2회</td><td>10,560,000</td><td>74.6</td><td></td><td></td><td></td></tr>
<tr><td>밑반찬 배달</td><td>주유비</td><td>2,200,000</td><td>50,000원×44주</td><td></td><td></td><td>2,200,000</td><td>15.6</td><td>자체 예산</td></tr>
<tr><td colspan="2">소 계</td><td>14,146,000</td><td></td><td>11,946,000</td><td>84.4</td><td>2,200,000</td><td>15.6</td><td></td></tr>
</table>

Ⅳ. 기능보강 사업계획서 표준양식

〈기능보강〉 사업계획서

1. 사업명 : 대상 목적 방법

- 대상, 목적, 방법과 관련된 정보를 담은 사업명을 적어주십시오[슬로건은 부제(副題)로 병기해 주세요].

2. 지원 필요성

1) 주요 문제점

- 현재 어떤 어려움에 직면해 있습니까? 어떤 문제 때문에 기능보강을 신청하는지 설명해 주시기 바랍니다.
- 지원받지 못하면 어떤 상황이 벌어집니까?

2) 관련 현황(해당 사항만 기재)

〈장비〉

1	장비 교체 지원의 경우 기존 장비 사진	
전면사진	후면사진	측면(좌)사진

〈개보수〉

1	시설개보수의 경우 현 시설 사진	
사진 1	사진 2	사진 3

〈자동차(기 보유차량 관련 정보)〉

차 종	연 식	배기량	좌석 수	현재 사용용도	지원주체
	년	CC	명		*자체구입*
					경북모금회

- 앞서 기술한 어려움과 관련한 현황에 대해 작성해 주시기 바랍니다.
  - 장비, 개보수, 자동차 중 해당 사항만 기재하며, 관련 사진 첨부

3. 사업내용

1) 이용 대상 및 인원

• 본 사업을 통해 생활이 개선되거나 수행할 사업에 참여하게 되는 이용자는 누구이며, 인원은 몇 명입니까?

2) 세부 사업내용(해당 사항만 기재)

〈장비구입〉

구입장비명	용 도	사용횟수 (또는 시간)	사용 연한	구입 수량	사용 장소

1	구입하고자 하는 장비사진 등 첨부	
전면사진 1	전면사진 2	전면사진 3

〈개보수〉

개보수 장소	개보수 내용

〈자동차 구입〉

차 종	연 식	배기량	좌석 수	예상가액	비 고
	년	CC	명	천원	

• 진행하고자 하는 사업내용은 무엇입니까?
  – 장비, 개보수, 자동차 중 해당 사항만 기재
• 구매/ 계약 방법 참고
  – 1천만 원 이하 물품제조·구매 시 1인 견적서
  – 1천만 원 초과 2천만 원 이하 물품제조 시 1인 견적서
  – 1천만 원 초과 2천만 원 이하 물품구매 시 나라장터 전자견적서

3) 사업 진행 일정

• 추진내용별 일정을 기재하여 주시기 바랍니다.

4. 예산편성

(단위 : 원)

목	세 목	계	산출근거	예산조달 계획				
				신청 금액	비율 (%)	자부담	비율 (%)	자부담 재원
총 계								
사업비								
	소 계							
관리운영비								
	소 계							

• 사업에 직접 투입되는 비용을 사업비, 관리운영비로 구분하여 작성해 주시기 바랍니다.
  - **(사업비)** 사업 수행에 필요한 직접비용
  - **(관리운영비)** 사업 수행에 필요한 간접비용(사업관리에 필요한 비용)

• 세목은 세부 사업별로 구분하고 단위가 큰 경우 세세목으로 구분하여 작성하시기 바랍니다.

• 산출근거는 실제 단가, 수량, 인원수, 건수, 횟수 등을 구체적으로 기록해 주시기 바랍니다.

5. 향후 운영 계획

• 장비구입, 개보수 또는 자동차 구입을 통해 향후 어떤 사업을 수행하고자 하는지 작성해 주시기 바랍니다.
  - 동 기능보강사업에 따른 장비나, 개보수 내용이나 구입한 자동차가 어떻게 활용될 것인지에 대해 사후관리 및 유지보수 계획을 포함하여 작성해 주시기 바랍니다.

[기능보강 사업계획서 작성 예시]

※ 배분신청서, 기관현황을 포함하여 총 5매 이내로 작성하여 주십시오.

〈기능보강〉 사업계획서

1. 사업명 : 지적장애인 거주시설의 주거환경 개선을 위한 방수공사 사업

2. 사업 필요성

1) 주요 문제점

본 기관은 20XX년부터 지적장애인 보호를 목적으로 거주시설을 운영하고 있으나, 노후한 시설로 인해 누수가 발생하여 곰팡이가 발생하는 등 거주 장애인들의 건강을 위협하고 있다. 더욱이 여름철 장마와 폭우가 이어지는 경우 누수현상이 수습 불가할 정도로 심해져 건물 계단을 폐쇄하는 등 장애인과 직원의 안전문제로까지 이어지고 있다. 장마철이 시작되기 전 보수공사를 시급히 시행할 필요가 있으나, 본 기관의 운영비로 보수공사를 진행하기에는 예산이 부족하여 외부 지원이 절실한 상황이다.

2) 관련 현황

1	현 시설 사진	
사진 1	사진 2	사진 3

3. 사업내용

1) 이용 대상 및 인원 : OO기관 내 거주하는 지적장애인 25명

2) 세부 사업내용

개보수 장소	개보수 내용
옥상	부식된 우레탄 제거 및 옥상 전체 방수공사 진행
건물 외벽	건물 외벽 균열 보수 작업 및 방수제 처리

3) 사업 진행 일정

내 용	일 정	비고(담당 등)
공사업체 입찰 및 선정	20XX. 3. 15. ~ 4. 20.	구매팀
계약 및 계약금 지급	20XX. 4. 23. 예정	구매팀, 담당자
공사 시행	20XX. 4. 25. ~ 6. 24.(약 2개월)	업체
검수 및 잔금 지급	20XX. 6. 26.	구매팀, 담당자

4. 예산편성

(단위 : 원)

목	세 목	계	산출근거	예산조달 계획				
				신청금액	비율 (%)	자부담	비율 (%)	자부담 재원
총 계		33,950,000		26,450,000	77.9	7,500,000	22.1	
사업비	보수 공사	7,500,000	옥상 방수 7,500,000원			7,500,000	22.1	외부지원 (OO도)
		26,000,000	외벽 보수 및 방수 26,000,000원	26,000,000	76.6			
	폐기물 처리	450,000	산업폐기물 처리비용 450,000원	450,000	1.3			
	소 계	33,950,000		26,450,000	77.9	7,500,000	22.1	

5. 향후 운영 계획

누수 예방을 통해 거주 장애인의 안전하고 쾌적한 생활환경으로 개선될 것으로 기대되며, 특히 장마철 실내 생활의 불편함이 해소될 것으로 기대된다. 향후 정기적인 건물 안전 진단을 통해 누수 등의 문제를 사전에 예방할 수 있도록 조치할 계획이다.

사업계획서 작성 매뉴얼

I 사업명

□ 작성 가이드

○ 1개년 사업이라면 1년 동안의, 3개년 사업이라면 3년의 전체 기간 동안에 추진할 사업의 제목을 적습니다.

○ 사업명을 통해 그 사업이 누구에 대한 어떤한 목적으로 무엇을 하려는 사업인지 명확하게 알 수 있도록 합니다.

○ 사업명을 인상 깊게 슬로건으로 표현하고자 하는 경우에라도 사업명을 먼저 적고 그 아래에 슬로건은 부제(副題)로 병기하는 것이 좋습니다.

좋은 예	대상, 목적, 방법을 파악할 수 있는 사업명
	• 성인 발달장애인의 자립생활을 지원하기 위한 식생활 개선 프로그램 – Rainbow 영양지원, 다양한 자립의 길! • 장애·비장애 청소년의 지역 네트워크 형성을 통한 또래통합 프로그램
피해야 할 예	제목만으로는 누구에게 어떤 프로그램을 진행하는지 알 수 없는 경우
	• 내 일을 잡(Job)아라! – 너의 손안에 펼쳐질 세계가 있다. • 색다른 문화공감, Rainbow • 빼앗긴 보금자리에서 새 희망을 안고 가는 “Happy Van”

□ 지혜로운 지피지기(知彼知己)

○ 심사자는 제목을 보고 이후 서술될 사업내용의 전개방향에 대해 감(感)을 갖게 됩니다. 제목에서 관련 정보를 얻을 수 없다면 사업계획서를 보고서야 비로소 사업내용을 이해하게 됩니다.

○ 여러 편의 배분신청서를 심사하는 심사자로서는 제목과 사업내용을 연결시키지 못하면 이후에 다시 제목을 보더라도 어떤 사업인지 기억하기 어렵습니다. 제목만으로도 심사자의 시선을 사로잡기 위해서는 '화려한 슬로건'보다 '정확한 제목'을 작성하는 것이 중요합니다.

○ (성과확산형 사업) 다른 사업유형에 비해 규모나 지향하는 가치, 성과 면에서 차이가 있습니다. 보다 거시적이고 사회에 대한 울림을 가져올 수 있는 사업이라는 점을 염두에 두시고, 사업 전체를 아우를 수 있는 사업명을 제시하셔야 합니다.

심사자는 사업을 심사함에 있어서 자신의 선입견이나 부정적인 경험이 부적절하게 심사에 영향을 미치지 않고 최대한 객관적으로 심사하기 위해 노력합니다. 하지만 사업내용을 읽다 보면 더 읽고 싶어지는 것이 있는가 하면, 보면 볼수록 '무슨 사업을 어떻게 하겠다는 것인지' 이해하기 어려울 때도 있습니다.

읽으면 읽을수록 그 다음에 어떤 내용이 펼쳐질까 궁금한 사업계획서와 읽으면 읽을수록 앞뒤가 맞지 않거나 내용이 분절적이고 연결이 되지 않는 사업계획서 어떤 것에 더 마음이 갈까요?

심사여정의 처음이 사업명입니다.

이후의 내용을 가장 압축적으로 표현하면서 내용을 이끄는 제목 – 첫인상의 시작입니다.

Ⅱ 사업내용 및 추진전략

1. 사업참여자 모집 전략

□ 작성 가이드

◎ 사업참여자의 개념적 의의 및 종류

○ 예전에는 사업참여자를 '사업대상자'라고 표기했습니다. 공급자가 일방적으로 서비스를 제공할 때는 사업대상자로 불리는 것이 맞지만 프로그램 사업에서의 참여자는 기관 직원의 권유에 의해 참여하기도 하지만 참여 여부를 결정하는 것은 당사자입니다. 이제 그

들을 피동적인 '대상'으로 간주하기보다는 '주체적인 참여자'로 바라보고자 합니다.

○ 사업참여자는 크게 두 종류로 구분됩니다.

– 첫째, '핵심 참여자(main participants, 핵참)'입니다. 핵심 참여자는 성과목표 달성에의 주인공으로 성과목표 달성 여부와 직결되는 사람을 말합니다.

– 둘째, '주변 참여자(sub participants, 변참)'입니다. 성과목표를 달성하는데 또는 핵심참여자가 변화하는데 매우 밀접하게 관여되는 중요한 주변인입니다.

예 시	사업참여자를 명확히 구분하여 제시 • **핵심 참여자** : 손자녀를 양육하고 있는 조부모 10명 • **주변 참여자** : 손자녀의 어머니 10명(손자녀 1명당 어머니 1명)

– '손자녀에 대한 조부모의 양육기술 향상 프로그램'에서 참여자는 앞선 예와 같이 핵심 참여자는 '조부모'입니다. 그런데 이때 손자녀 부모의 매개적 역할이 필요하다면 사업내용 중에 손자녀 부모에 대한 세부 프로그램이 운영될 수 있고, 사업예산을 사용할 수 있습니다. 하지만 이 모든 것의 초점은 조부모에게 있습니다. 즉, 손자녀의 부모에 대한 프로그램 진행과 관련하여 산출목표가 설정될 수 있지만 성과목표는 최종적으로 「조부모의 양육기술이 향상되었는지」의 여부입니다.

○ 핵심 참여자와 주변 참여자를 구분함으로써 누가 주인공이며 성과목표 달성 여부를 점검하는 대상인지, 성과목표 달성 여부 측정대상이 아니라도 이 사업에 참여하여 최종적인 목표달성에 조력할 조연 역할은 누가하게 되는지를 알 수 있도록 하고자 합니다.

◎ 참여자 선정기준

○ 흔히 참여자 선정방법에 대해 저소득층, 국민기초생활수급자 우선 등 소득기준을 매우 중요하게 생각합니다. 하지만 사회서비스는 공

적 부조 및 사회보험과 달리 욕구에 대한 대응이 중요합니다. 즉, 욕구에 대한 고려 없이 소득기준을 획일적으로 적용하는 선정방법은 적절하다고 볼 수 없습니다.

○ 그러므로 사업의 성격을 고려하여 누구를 우선으로 이 사업에 참여시킬 것인지 생각해 봐야 하며, 참여희망자 수가 모집 상한 규모를 넘어서는 경우 누구에게 기회를 줄 것인지 그 기준을 명확히 해야 합니다.

○ 모집기준을 설정할 때 고려해야 할 요소들은 아래 예시와 같습니다. 어느 쪽에 방점을 두든 사업 내용이 분명하고 체계적으로 구성되어 있다면 의미 있는 사업으로 인정받게 됩니다.

• **욕구의 크기 우선인가, 저소득층 우선인가?**
  - 저소득층의 욕구가 큰 경우가 많지만 반드시 일치하지 않는다는 점을 유의

  ㉔ 도벽이 있는 아동에 대한 개입은 소득기준보다는 도벽성향의 심각성에 초점

• **변화의 가능성이 어느 정도 엿보여야 하는가, 변화의 가능성을 발굴하는 쪽이어야 하는가?**
  - 기관의 미션, 비전과 연계되는 요소로, 남들이 돌아보지 않는 심각한 경우에 초점을 둘 것인지, 개입을 통한 성과물로 사회적 환기를 통해 사업 확장을 의도하는 것인지를 판단

• **제도권에 있는가, 아니면 경계선급인가?**
  - 제도권이라 하더라도 정부지원의 사각지대는 있고 급여수준이 낮아서 이를 보충하는 개념인지, 아예 정부 지원 대상은 아니지만 현실에서 어려움을 겪고 있는 자들에 대한 대응인지 판단

  ㉔ 장애인 또는 장애인은 아니지만 경계선급인 아동/ 수용자 또는 수용자의 가족

◎ 참여자 모집방안

○ 참여자는 프로그램 기획자의 마음대로 움직여 주지 않을 때가 많습니다. 제일 경계해야 할 것은 '종전에 내가 해오던 방식대로 하면 되겠지'라는 생각이나 '예전의 성공해 본 경험이 있기 때문에 이번에도 좋은 결과가 있을 것'이라는 막연한 기대감을 갖는 것입니다.

○ 그보다는 이번에 참여하게 될 분들이 겪고 있는 어려움과 아픔, 살아가는 현실에 대한 보다 깊은 이해와 관심이 전제되어야 합니다. 예전의 경험에 비추어 일반화해서는 안 되며, 잠재적인 사업참여자를 발굴하여 사업에 적극적으로 참여하도록 하는 방안이 무엇인지에 대해 고민해야 합니다.

– ① 지역사회 내 어디에 잠재적인 사업참여자가 있는지, ② 어떤 매력을 제시해야 잠재적인 사업참여자가 실제 참여하겠는지, ③ 사업에 참여할 때 배려해야 할 부분은 무엇인지 등에 대한 고민들이 드러나야 합니다.

○ 참여자 모집방법은 사업의 성격과 지역에 따라 달라질 수 있습니다. 공개적으로 널리 홍보해야 할 때도 있고 때로는 눈덩이방식(snowballing)으로 비슷한 처지에 있는 분들을 소개받아 모집할 때도 있습니다. 또 서로 간의 친밀감이 높은 지역사회와 익명성이 높은 지역사회에서의 접근방법이 달라집니다.

• 흔히 작성자가 속한 기관을 이미 이용하고 있는 분들이 자연스럽게 참여하는 경우가 많은데 아래와 같은 장단점이 있으니 이에 대해 대안을 고민해 보면서 선택하시기 바랍니다.

– **(장점)** 기관과 참여자 간에 어느 정도의 라포(rapport)가 형성되어 있고, 일정 정도 경험을 공유하고 있어 사업착수에 용이하다는 점, 기관 실무자가 어느 정도 참여자의 욕구를 알고 있기 때문에 사업을 통한 개입지점 등을 상대적으로 잘 이해하고 있다는 점

– **(단점)** 참여자 간 기존의 영향력 관계가 그대로 적용되어 새로운 질서를 만드는 데 어려움을 겪을 수 있다는 점, 준비시점에서 기관이용자에게 우선순위 부여 시 기관을 이용하지 않는 사람은 일부 참여하지 못하게 되어 형평성 시비가 일어날 수 있다는 점, 기존 멤버가 대다수를 차지하고 배타성을 보일 때 신규 멤버들과 갈등이 생길 수 있다는 점 등

□ 지혜로운 지피지기(知彼知己)

○ 심사자는 사업제목과 핵심 참여자가 일치하는지, 핵심 참여자에 대한 성과목표, 성과지표, 평가방법이 잘 연결되어 있는지를 살펴보게 됩니다. 만약 이들 간의 연결이 매끄럽지 않을 경우 심사자는 사업체계에 일관성이 없다고 생각하여 완결도가 낮은 사업계획서라고 생각하게 됩니다.

○ 심사자는 선정기준과 모집방안이 사업의 내용과 체계에 맞게 개별적으로 고민된 내용인지를 보게 됩니다. 사업홍보의 첫 시작이 참여자 모집과정입니다. 작은 차이로 인해 홍보의 성패는 좌우될 수 있습니다. 심사자는 참여자 모집전략이 사업의 내용과 기관의 역사와 특성, 지역사회의 현실을 감안한 것인지를 살펴보게 됩니다.

- 사업이 선정되어 사업을 수행하는 기관에서 사업 초기에 겪는 어려움 중의 하나가 사업 참여자를 예상과 달리 제때에 모집하지 못하는 경우입니다.
  - 면접심사에서 사업참여자가 잘 모일 것이라고 생각하는 근거를 물어보면 의아해하며 자신감을 피력하는 경우가 있습니다. 하지만 실제 사업이 시작되면 고전을 면치 못하는 경우가 많습니다.
- 낙관적인 입장보다는 비관적인 입장에서 참여자를 모을 방법을 구체적으로 고민하신다면 좋은 결과가 있을 것이라 생각합니다.

---

2. 사업내용 및 사업집행 전략

□ 작성 가이드

◎ 주요 요소

○ 하고자 하는 사업이 무엇인지 자유롭고 창의적으로 표현하시되, 아래의 관점을 충족시킬 수 있도록 구성하여 주시기 바랍니다.

– (충분성) 문제의식을 사업에 충분히 반영해서 소기의 목표를 달성하는 데 충분하도록 내용을 구성하여야 합니다. 물론 예산과 시간의 제약이 있습니다. 주어진 예산과 시간 범위 내에서 사업을 수행해야 하기 때문에 한계를 지닐 수밖에 없습니다. 하지만 허용 가능한 범위 내에서 할 수 있는 핵심사업을 포함시켜야 할 것입니다.

– (세부 프로그램 간의 연계성) 사업내용은 몇 가지의 세부 프로그램으로 구성됩니다. 이러한 세부 프로그램은 상호 연결되어 있음을 설명해 줄 필요가 있습니다. 세부 프로그램들이 분절적이고, 마치 여러 가지를 단순히 나열한 것이라는 느낌을 주지 않도록 해야 합니다. 이 모든 세부 프로그램이 설정하는 목표를 달성하는 데 유의미하게 기여할 수 있다고 설명해야 합니다.

◎ 사업내용 작성 방법

○ 무엇을, 언제, 누구에게, 언제부터 언제까지 몇 회를, 누가 수행하는지와 함께 홍보계획에 대해서는 적절한 방법으로 기술해 주시기 바랍니다.

– 사업을 몇 개의 단위 사업으로 구분하여 주시고, 다음의 제시된 양식을 활용하여 표로 설명하셔도 되고 글로 표현하셔도 됩니다.

세부 사업명	활동내용(수행방법)
	(시행방법, 시행시기, 횟수 등 포함하여 작성)

— 사업 추진일정은 아래 표를 참고하여 음영으로 표기해 주시기 바랍니다.

기간 내용		1월											
(세부 사업명)	(활동내용)												

○ (성과확산형 사업) 3년치 계획 전부에 대한 활동내용을 세부적으로 설계하기 어렵다는 점을 감안하여 3개년 사업 추진일정 작성을 생략하고, 1차년도 사업계획서에서만 추진일정을 제시해 주시기 바랍니다.

□ 지혜로운 지피지기(知彼知己)

○ 사업내용은 몸통에 해당합니다. 사업명, 문제의식, 성과목표, 향후 계획 등이 모두 사업내용에서 파생됩니다. 사업내용이 바뀌면 이 모든 것들이 함께 연동해서 수정되어야 합니다.

○ 추진하고자 하는 목표를 달성하기 위한 세부 사업내용은 작성자마다 다를 수 있습니다. 보는 관점과 가지고 있는 전문성이 각각 다르기 때문입니다. 발달장애인에 대한 미술치료와 모래치료 중에 어느 것이 더 적합한지는 사업내용과 작성자의 경험에 따라 달라질 수 있습니다.

○ 그러므로 지금 선택한 세부 프로그램들이 가장 적합하다는 것을 얼마나 논리적으로 설명되는지가 중요합니다. 뿐만 아니라 해당 세부 사업내용을 제시되는 것이 적절한지, 세부 사업내용들 간의 관계가 명확한지 등도 살펴보게 됩니다. 핵심은 심사자가 읽고 나서 '작성자가 어떤 내용의 사업을 어떤 방식으로 어떻게 전달하는지'를 명확하게 알 수 있어야 한다는 것입니다.

○ (성과확산형 사업) 3개년 전체 사업의 구성과 흐름이 각 연도 간에 잘 연결되어 전체 사업의 구도를 잘 이해할 수 있도록 해야 합니다. 또한

각 연도 내에서도 세부 사업내용들도 각각을 추진해서 종국적으로 달성하고자 하는 목표를 잘 성취할 수 있는 것인지도 살펴야 합니다.

3. 기관 연계협력 전략

□ 작성 가이드

◎ 연계협력의 필요성

○ 사업을 수행함에 있어 많은 경우에 적극적인 형태로 또는 소극적인 형태로 지역사회 내 유관기관들과 연계・협력하는 것이 필요합니다. 특히 사업의 아이디어는 좋은데 수행기관이 보유하고 있는 전문성이 부족한 경우에는 더불어 사업을 수행하는 방식을 강구하는 것이 좋습니다.

○ 예컨대 종합사회복지관에서 재가장애인에게 영양교육사업을 하면서도 관내 장애인 관련 시설 내 영양사 또는 보건소 직원 영영사와 아무런 연계협력 없이 대학의 영양교육과 관련한 전문성만 빌어서 사업을 수행한다는 것은 한계를 지닐 수밖에 없습니다. 대학교의 관련 학과가 기여할 수 있는 방법도 유용하겠지만 기관들 간의 호혜협력 파트너십 정신은 결코 간과되어서는 안 될 것입니다.

◎ 연계협력 방안 제시 방법

○ 연계・협력의 방식은 사업의 내용과 성격에 따라 매우 다양하게 나타날 것입니다. 사업수행기관이 중심을 잡되 여러 기관들이 컨소시엄으로 사업을 수행하는 경우에는 대등한 관계에서의 파트너십이 필요한 경우도 있을 것이며, 사업수행기관이 사업을 수행하는 과정에서 필요한 부분들에 대한 협조를 받는 형태도 가능할 것입니다.

○ 네트워크가 구축된다는 것은 사업을 수행함에 있어서 우리 기관이 할 일이 무엇이고, 협력기관이 해야 할 일이 무엇인지, 그러한 순환적 관계를 어떻게 이루어 나갈 것인지를 명확하게 한다는 것을 의미합니다.

○ 네트워크를 구축할 기관·단체가 많은 경우에는 어떤 기관들이 네트워크 구축 대상인지 간단하게 적어주시고 네트워크 구축에서 핵심 파트너 기관 2~4개 기관에 대한 내용만 작성하도록 하며 아래의 예시를 참고하여 작성해 주시기 바랍니다.

	협력 기관명	세부 사업명	협력계획	비고
예 시	☆☆장애인 종합사회 복지관	재가장애인 영양교육	- 본 기관 : 참여자 발굴 협조 요청, 사업수행 관련 자문 요청 - 협력기관 : 참여자 의뢰 및 정보제공 사업수행 관련 자문 제공 본 기관과 공동모니터링	
	☆☆구 복지행정팀	긴급지원 기금 모금	- 본 기관 : 사업홍보 컨텐츠 제공 기금 및 후원자 관리 - 협력기관 : 본 기관과 공동모금행사 주관 ○○단지 입주기업 대상 사업 홍보	MOU 체결 예정

☐ 지혜로운 지피지기(知彼知己)

○ 심사자는 작성자가 수행하고자 하는 사업에 있어 자신이 갖는 장점이 무엇이고 한계가 무엇인지, 협력을 통해 사업수행의 효율성이나 효과성을 높일 수 있는 방안이 무엇인지에 대해 깊이 있게 고민을 했는지를 살펴보게 됩니다. 만약 전문성과 관련하여 기관이 갖는 아킬레스건이 있음에도 관련 유관기관 간의 연계를 도모하지 않는다면 현실에 기반한 사업수행 방식을 찾지 못하고 아이디어 차원에서 머물고 있는 것은 아닌지에 대해 의구심을 가질 수밖에 없습니다.

○ 결국은 필요한 네트워크는 구축되어야 하며 연계협력기관과 사업수행기관 간에 어떻게 협력할 것인지의 역할이 구체적으로 드러날 때 높은 점수를 받을 수 있게 됩니다. 중요하지 않은 것까지 모두 나열하여 양

적으로 과시하려는 욕구는 자제되어야 하며, 스스로도 중요도에 대한 우선순위를 어떻게 가져갈 것인지를 생각해 보아야 할 것입니다.

Ⅲ 예산편성

□ 작성 가이드

◎ 예산편성 시 고려사항

○ (사업내용과의 연계성) 제시하신 사업내용을 실제 구현하는 데 투입되는 자원을 돈으로 표현한 것이 예산이기 때문에 사업내용과 예산편성은 불가분의 관계에 있습니다. 작성한 사업을 충실히 이행하는 데 소요되는 예산을 빠짐없이 적어주시기 바랍니다.

○ (과대포장 금지) 제시해 드린 편성기준에 따라 작성해 주시고 예산 삭감 등을 감안하여 처음부터 예산을 부풀려서 편성한다면 신청기관을 신뢰하지 못하게 되고 나아가 신청한 사업 전체에 대한 신뢰를 흔드는 결과를 초래하게 됩니다.

○ (세부 사업 이해 도모) 편성된 예산을 보면 구성하신 세부 사업의 얼개와 흐름을 쉽게 알 수 있습니다. 물론 세부 사업을 어려움 없이 이해할 수 있도록 산출근거나 총량을 쉽게 알 수 있도록 작성해야 합니다.

◎ 예산편성 방법

○ (목) 아래의 항목을 참고하여 인건비, 사업비, 관리운영비를 분류하여 편성합니다.

목	설 명	해당 항목
인건비	해당 사업을 직접적으로 수행하는 인력에 투입되는 비용	프로그램담당자/ 보조담당자 인건비
사업비	프로그램의 수행에 필요한 직접비용 (실인원 수에게 제공되는 서비스에 필요한 비용)	강사비, 자원봉사자 관리비, 자문비, 회의비, 행사진행비, 홍보물품 구입, 프로그램 준비물 구입 사업결과보고서/ 결과물 제작 등
관리 운영비	프로그램의 수행에 필요한 간접비용 (사업관리에 필요한 비용)	사무용품, 냉난방비, 우편료, 사업담당자 교통비 등

○ **(세목/ 세세목)** 세목은 사업내용 작성 시 분류한 '세부 사업명' 단위로 기재하고 항목이 다양하거나 단위가 큰 경우에는 세세목으로 구분하여 작성합니다.

○ **(산출근거)** 구체적으로 어떠한 내역으로 예산을 지출할 것인지 실제 단가, 수량, 인원수, 건수, 횟수 등을 구체적으로 기록해야 합니다.

○ **(예산조달 계획)** 모금회에 신청하는 금액 및 자부담 금액을 기입합니다. 자부담이 없는 경우에는 공란으로 비워둡니다. 신청금액에 대한 비율은 신청금액 대비 각 항목이 차지하는 비율을, 자부담의 경우, 전체 자부담 대비 해당 자부담의 비율을 산출하여 기입합니다. 자부담 재원은 자체예산/ 외부지원(지원처)/ 수익금(참가비 등) 등으로 구분하도록 합니다.

○ **(비품/ 장비 구입 시)** 프로그램 수행을 위해 직접적으로 필요한 비품/ 장비인 경우(장애인작업장 생산장비 구입, 컴퓨터 교실 운영을 위한 컴퓨터 구입 등) 사업비에 편성합니다. 프로그램 사업에서는 간접적으로 필요한 비품/ 장비 지원은 지양하도록 하며, 그럼에도 불구하고 간접적으로 사업 운영에 도움이 되는 비품/ 장비는 관리운영비에 편성 가능합니다.

○ (성과확산형 사업) 3개년 예산서는 큰 흐름만 알 수 있도록 세목(세부사업) 단위로 금액을 기재하시고, 1차년도 사업계획서에서는 위의 내용을 참고하여 상세히 작성하시면 됩니다.

- 3개년 예산편성표를 통해서 어떤 단위사업에 얼마의 예산을 사용할 예정이며, 각 목 간에 상대적인 비중이 어느 정도인지를 가늠할 수 있습니다. 또 크게는 사업비 내에서도 어떤 사업에서 어떤 사업으로 중심축이 이동하는지 등에 대해 파악하게 됩니다. 정확하게 기재하시되, 전체적인 예산흐름을 한눈에 알아보기 쉽도록 작성해 주시면 됩니다.
- 아래의 3개년 사업 예산편성표 예시를 참고하여 작성해 주시기 바랍니다.

(단위 : 원)

구분	1차연도			2차연도			3차연도		
목	세 목	신청금액	자부담	세 목	신청금액	자부담	세 목	신청금액	자부담
	총 계	90,668	20,000	총 계	171,953	10,000	총 계	141,690	20,000
인건비	담당자급여	23,000		담당자급여	25,000		담당자급여	20,000	5,000
	소 계	23,000		소 계	25,000		소 계	20,000	5,000
사업비	심리정서 지원	8,820		심리정서 지원	6,780		심리정서 지원	7,530	
	직업역량 강화	52,128		직업역량 강화	56,438		직업역량 강화	60,350	
	인턴십 센터 운영	2,100	20,000	인턴십 센터 운영	80,815	10,000	인턴십 센터 운영	50,890	15,000
	소 계	63,048	20,000	소 계	144,033	10,000	소 계	118,770	15,000
관리운영비	사무용품	1,900		사무용품	1,900		사무용품	1,900	
	출장비	720		출장비	1,020		출장비	1,020	
	집기비품	2,000		–	–		–	–	
	소 계	4,620		소 계	2,920		소 계	2,920	

□ 지혜로운 지피지기(知彼知己)

○ 심사자는 작성가이드에서 제시되어 있는 기준들이 잘 준수한 예산편성표인지를 보게 됩니다. 특히 심사자는 사업내용을 읽을 때 실제 소요될 예산이 잘 편성되어 있는지를 한꺼번에 보는 경우가 많습니다. 이때 사업내용을 실제 추진할 때 소요될 것으로 예상되는 예산이 편성되어 있지 않거나, 사업내용에 기재되어 있지 않은 항목이 예산으로 편성되어 있다면 심사자는 배분신청 전체 내용의 일관성 및 상호 연계성이 부족하다고 판단하게 됩니다. 그러므로 사업내용과 예산편성 간의 연계가 잘 되어 있는지 점검하는 것이 필요합니다.

○ 자부담을 하는 것은 기관이 신청하는 사업을 하고자 하는 의지와 연결된다고 볼 수 있습니다. 그렇지만 집행할 의도가 없음에도 선정이 되기 위해 사업계획서에 자부담 예산을 기재한다거나 다른 사업에 집행할 예산을 억지로 짜집기하여 편성하는 것은 사업 선정에 도움이 되지 않습니다. 실제 집행할 의도가 있고, 직접 투입되는 비용에 대해서만 작성하여 주시기 바랍니다.

Ⅳ 문제의식(사업 필요성)

□ 작성 가이드

○ '이 사업이 왜 필요한가?'라는 질문에 대한 대답은 결국 그 사업이 해결되면 당면하고 있는 현실이 '어떤 상태가 되기를 바라는가?'와 결과적으로는 동일한 지점에 이르게 됩니다. '사업의 필요성'은 결국 '사업목적'과 크게 다르지 않습니다. 전자는 사업을 시작하기 전의 이야기라면, 후자는 사업을 수행해서 정해진 목표가 달성되면 어떤 상태에 이르고 싶은지에 대한 이야기입니다.

○ 그렇다면 '문제의식'은 사업내용과도 연결되어 있고, 또 이 사업이 지향하는 종국적인 목적과도 닿아있음을 알 수 있습니다. '문제의식'과 '목적'이 실제 연결되도록 작성하는 것은 사업계획서의 일관성과 논리성을 담보하는 지름길입니다.

○ **(성과확산형 사업)** 성과확산형 사업은 타 사업 유형에 비해 좀 더 근본적인 변화를 꿈꾸면서 3년 뒤에 나타날 성과를 성취할 것임을 명확하게 인식하고 도전하는 취지가 드러나는 것이 좋습니다. 1차연도에는 무엇을 할 것이며, 2차연도에는 어떻게 연결시켜서 종국적인 성과와 사회적 영향력을 거둘 것인지를 깊이 있게 고민하여 '사업 필요성'에 대한 내용을 적시해 주시기 바랍니다. 아울러 왜 다년도 사업이어야 하는지에 대한 작성자의 명확한 인식이 논리에 묻어나야 합니다.

1. 사업 계획 배경

○ '무엇을 어떻게 하겠다'라고 하는 사업 아이디어와 내용은 작성자나 신청기관의 문제의식에서 출발합니다. 왜 이 사업을 기획하여 배분을 신청하는지에 대한 스토리(story)를 들려주시기 바랍니다.

○ 비슷한 스토리라 하더라도 문제상황을 어떤 시각에서 어떻게 바라보는가에 따라 접근방식이 달라집니다. 그러므로 변화시키고자 하는 개입지점에 대해 작성자(기관)가 어떤 관점에서 바라보는지를 적어주시기 바랍니다.

'장애인에게 이런 교육을 받게 하면 훨씬 더 역량이 강화되고 취업이 쉬울 텐데…'라고 생각하게 되면 그 교육과정을 잘 구성하는 데 초점을 맞추어야 하고, '장애인이 아무리 노력해도 사회의 부정적인 인식과 태도 때문에 실업상태에 머물 수밖에 없다'고 생각하면 대안은 자연스럽게 '사회와 기업이 장애인에 대한 이해와 수용 정도가 높아지도록 하는' 사업을 몰입하게 되듯이, 보는 시각에 따라 사업내용이 달라집니다.

---

2. 기존 유사사업과의 차별성

○ 작성자가 기획하는 사업이 해당 지역사회에서 발생하는 특수한 여건 때문인지, 아니면 보편적인 상황에서 신청기관이 좀 더 발 빠르게 대응하려고 하는 것인지에 대해 적어주시기 바랍니다.

○ 뿐만 아니라 다른 지역이나 기관에서 이미 충분히 해당 주제에 대하여 동일한 또는 유사한 사업을 많이 해오고 있다면 그러한 경험치가 축적되어 있는데도 불구하고 배분신청을 하는 이유에 대해서 적어주시기 바랍니다.

○ 이 항목을 작성하는 이유는 다른 기관이 수행해 본 사업을 선정하지 않겠다는 취지가 아니라 동일한 또는 유사한 사업이 진행되었지만 신청기관이 처한 지역여건이 동일하지 않다는 점과 유사한 주제라도 작성자에 따라서 얼마든지 달라질 수 있기 때문에 작성자가 구성한 사업내용의 구체적인 배경이 타당한지에 대해 보다 깊이 살펴보기 위함입니다.

○ 그러므로 다른 기관의 사업을 그냥 벤치마킹하기보다는 그 사업의 장점과 성공적인 면, 그리고 감춰진 시행착오, 상황의 상이성 등을 고려하시고 아울러 새로운 관점 등을 생각하셔서 기관여건과 기획의도에 맞게 반영할 필요가 있습니다.

신청기관이 사업을 수행함으로써 새로운 사각지대를 메울 수 있는 좋은 기회인지, 기존의 접근방식과는 달리 새로운 시각에서 문제해결 방안을 모색해 볼 수 있다든지, 최근 강조되고 있는 시각 또는 접근방법을 동원한 것이라든지 등 이 사업에 대한 결과보고서가 나왔을 때 타 기관에게 귀감이 될 수 있는 부분이 나타나도록 적시해 주시면 좋겠습니다.

---

3. 신청기관의 강점

○ 신청하는 사업이 아이디어 차원에서 구상・제시된 것이 아니라 치밀한 조사와 관련분야 수행경험에 근거해서 구성되었으며, 신청기관이 이 사업을 수행함에 있어 갖는 또 다른 장점이 있다면 보다 설득력 있게 그 논거를 제시하여 주시기 바랍니다.

☐ 지혜로운 지피지기(知彼知己)

○ 심사자는 신청기관 내 전문기획자에 의해 작성된 사업계획서에 대해서 그리 호의적이지 않습니다. 기관으로서는 재원을 유치해야 하므로 기획능력이 뛰어난 분들을 전략적으로 배치할 수 있을 것입니다. 하지만 그런 경우 '기획자 따로, 선정 이후 담당자 따로'라는 결과를 초래하게 될 가능성이 큽니다. 이후 사업을 담당하게 되는 직원은 대부분의 경우 사업에 대한 이해와 사업추진의 속도가 느릴 수밖에 없습니다. 결국 사업이 지연되고, 사업의도를 살리기 어려운 위기에 처하기도 합니다. 그러므로 심사자는 기획을 위한 사업인지, 사업을 추진하기 위해 배분 신청한 것인지를 구분하기 위해 이 사업을 기획하게 된 연유를 확인하게 됩니다.

○ 또 이 사업이 이미 충분히 여러 지역에서 검증된 프로그램이라면 굳이 왜 그 기관에서 다시 사업을 추진할 기회를 주어야 하는지에 대해서도 심사자 스스로 납득이 되어야 합니다. 물론 현실을 변화시키는 데 필요한 재원이 없어 안타까운 현실을 목도하고 있는 기관의 입장도 이해합니다. 하지만 제한된 자원으로 배분사업을 선정해야 하는 심사자로서는 '단순히 열악하다'는 이유만으로 지원근거의 충분성을 확보했다고 보기는 어렵습니다.

○ 아울러 심사자가 안심하고 지원할 수 있도록 관련 내용을 마련하는 것이 필요합니다. 최선을 다한 후의 실패나 아쉬운 부분은 아름답지만, 시작부터 성공가능성이 낮은 사업을 지원할 수는 없습니다. 그렇기 때문에 접수된 많은 사업계획을 심사하면서 사업 아이템의 매력이 비슷하다면 보다 성공가능성이 높은 기관이 선정할 확률이 높아집니다. 그러므로 귀 기관이 이 사업을 수행해야 하는 이유와 그렇게 지원하면 사업을 성공적으로 수행할 수 있다고 판단하는 근거를 제시해 주시기 바랍니다.

V 목표 및 평가

☐ 작성 가이드

1. 산출목표

○ 산출목표는 성과목표 달성에 기여하는 데 필요한 수단적 성격의 목표를 말합니다. 산출목표로 설정될 수 있는 것은 ① 활동(Activities)에서 기재한 사업내용을 실제로 수행한 것이거나, ② 활동(Activities) 결과 프로그램 공급자(기획자)가 마음대로 하기는 어렵지만 실제 성과목표를 달성하는데 반드시 필요한 목표치인 경우를 말합니다. 이 두 가지 중에 보다 집중해야 할 것은 실제 수행한 활동보다는 성과목표 달성에 반드시 필요한 목표치입니다.

○ 산출목표는 아래의 요소를 고려하여 작성하며, 산출목표에 따른 모니터링 방법은 산출 목표 달성 여부에 대한 확인 또는 달성을 위한 관리방법을 기재하여 주시기 바랍니다.

- (과대 설정 금지) 선정되기 위해서 과도하게 산출목표를 잡기보다는 사업의 규모와 성격에 맞게 필요한 것을 적정 수준으로 적어야 합니다.
- (측정가능성) 산출목표는 달성 여부를 알 수 있도록 측정 가능해야 합니다.

	세부 사업명	산출목표	모니터링 방법
예 시	맹학교 학생에 대한 미술교육	3개 학교 6개 학급 총 30명에게 각 학급당 24회 미술교육 실시	• 교육계획안, 결과보고 작성 • 출석부 확인

2. 성과목표 및 평가방법

◎ 성과목표

○ 성과목표란 인적·물적 노력과 시간을 조직·투여하여 최종적으로 달성하고자 하는 목표를 말합니다. 성과목표의 차원과 초점은 매우 다양하게 설정될 수 있습니다. 예를 들어, 소년원에 있는 청소년들에게 코딩(coding)교육을 시킨다고 한다면 코딩 실력의 향상이 성과가 될 수도 있고, 자살시도 경험이 있는 사업참여자와 상담 프로그램을 진행한다면 우울감 감소가 성과가 될 수도 있습니다.

○ 성과목표는 사업참여자, 사업내용, 성과지표 등과 연결되어 있습니다. 사업을 수행한다는 것은 "누구를 어떤 개입을 통해서 어디까지 변화를 이끌어 낼 것인가"를 구체적으로 실행하는 것입니다. 변화의 목표치는 변화의 대상, 변화의 수단을 함축하고 있습니다. 특히 성과목표는 사업참여자 중에서 핵심 참여자에 대한 내용입니다.

○ 성과목표는 일반적으로 측정 가능해야 합니다. 그렇기 때문에 성과지표와 연결되어 있다고 이야기하는 것입니다. 하지만 성과목표가 반드시 측정 가능해야 하는 것은 아닙니다. 양적으로 측정하기 어려운 질적인 변화도 성과가 될 수 있기 때문입니다. 너무 가시적인 성과에 편중되어 있으면, 감추어진 성과를 드러내는 데 관심을 덜 두게 되거나 의미 있는 변화를 드러내지 못하는 잘못을 범하게 됩니다.

○ 그러나 양적으로 측정하지 못하면서 아울러 질적인 성과평가로도 연결되지 못하는 내용으로 성과목표를 기술해서는 안 됩니다. 또 양적으로 분명히 측정 가능하고 또 의미도 있는 성과목표가 설정될 수 있음에도 이를 간과하고 질적 성과평가를 염두에 둔 성과목표 진술이어서도 곤란합니다.

○ (성과확산형 사업) 3개년 사업계획서에서는 3년 동안의 사업을 추진한 이후에 달성할 목표를, 1차연도 사업계획서에서는 1차연도 사업범위 내에서 고려할 수 있는 중간 과정의 성과목표를 제시하시면 됩니다.

좋은 예	사업내용에 따른 궁극적인 성과가 제시되는 경우
	• 장애자녀에 대한 이해 증진 및 부모관계 개선 프로그램 – 장애자녀에 대한 부모의 이해도 증진 – 장애자녀의 부모 상호 간 관계개선도 향상
피해야 할 예	산출목표를 성과목표로 기재하는 경우
	• 장애자녀에 대한 이해 증진 및 부모관계 개선 프로그램 – 이해증진 프로그램 탈락률 5% 미만 – 상호관계 개선 프로그램 출석률 90% 이상

◎ 평가방법

○ 평가계획은 어떻게 성과를 평가할 것인지에 대한 틀(framework)을 말합니다. 평가 도구 및 방법에는 성과목표의 달성 여부를 측정할 수 있는 성과지표와 누구에게서 어떤 도구를 활용하여 자료를 수집할 것인지에 대해 기재하여 주시고, 측정시기는 언제 평가를 실시한 것인지에 대한 내용을 적어주시면 됩니다.

○ 평가방법은 양적 평가방법과 질적 평가방법으로 나뉩니다.

– 양적 평가방법은 양적인 측정이 가능한 지표나 척도를 사용하여 설문조사를 하거나, 양적인 참여관찰을 하게 됩니다.

– 질적 평가방법은 양적 측정이 어려운 경우에 질적인 변화수준과 그 변화의 의미를 드러내는 것을 말합니다. 주로 질적인 참여관찰이나 인터뷰를 통해 자료를 수집합니다.

○ (성과확산형 사업) 3개년 사업계획서에서는 3년차에 완성될 성과목표에 대하여 이를 어떻게 평가할 것인지를 작성하고, 1차연도 사업계획서에서는 1차연도 사업성과 목표의 평가방법을 작성해 주시기 바랍니다. 질적인 성과평가 또한 3차연도 사업계획서에서는 최종적인 사업참여자에 대한 질적인 인터뷰, 참여관찰, 문헌조사를 통해 이루어지도록 해야 합니다.

<table>
<tr><td rowspan="2">양적 평가 예시</td><td>성과목표</td><td>평가 도구 및 방법</td><td>측정시기</td></tr>
<tr><td>장애자녀에 대한 부모의 이해도 증진</td><td>- 성과지표 : 자녀 이해도 10% 증진
- 평가도구 : 자녀 인식 척도
- 평가방법 : 자녀 부모 중 주 양육자에게 자녀이해 설문지를 작성하도록 하여 사전·사후 증진 정도 확인</td><td>• 사업 시행 전(3월)
• 사업 종료 후(9월)</td></tr>
<tr><td rowspan="2">질적 평가 예시</td><td>성과목표</td><td>평가 도구 및 방법</td><td>측정시기</td></tr>
<tr><td>장애자녀에 대한 이해 증진 및 상호관계 개선</td><td>- 평가주체 : 사업담당자
- 평가방법 : 자녀·부모대상 인터뷰를 통해 성과목표 달성 여부와 삶의 질 개선 정도 확인</td><td>• 사업 종료 후(9월)</td></tr>
</table>

3. 성과목표 및 평가방법

○ 과정평가는 성과확산형 사업의 경우에만 해당하는 항목으로 성과확산형 사업일지라도 필수항목은 아니며, 작성자의 필요에 따라 선택하시면 됩니다.

○ 성과확산형 사업은 단년도에 그치는 것이 아니고 시계열적으로 장기간에 걸쳐서 수행되며, 최종적인 성과는 3년차가 종결될 시점에 나타나게 됩니다. 이런 점에서 어떤 과정을 통해 그러한 성과에 이르게 되었는지를 상세하게 기술하는 것이 필요할 수 있습니다. 그 이유는 타 기관에 사례를 전파하기 위해서는 단순한 사업 틀과 결과만으로는 부족할 수 있기 때문입니다.

○ 과정평가에 대한 자세한 내용은 평가방법 작성 안내를 참고하여 주시고 아래 사항을 충분히 고려하시기 바랍니다.

- 과정평가에서 중요한 것은 ① 어떠한 과정을 통해 사업이 진행되었는지, ② 당초 계획과 시행이 달라졌다면 그 이유가 무엇인지, ③ 주요 과정별로 얻은 교훈이 무엇인지, 다시 사업을 추진한다면 어떻게 할 것인지 등에 대해 가능한 한 자세하게 기록해야 합니다. 이러한

내용을 어떻게 담아낼 것인지에 대한 계획을 적으시면 됩니다. 이는 '전체 사업흐름 중에 어느 부분에 대해 보다 집중하여 과정평가를 할 것인지, 그 이유가 무엇인지, 어떻게 자료를 수집·관리·분석할 것인지' 등에 관한 내용이라고 할 수 있습니다.

	평가대상 내용	평가방법	측정시기
예 시	자녀이해교육 추진 과정	– **평가주체** : 외부 평가위원 – **평가방법** : 교육참여 관찰 및 사업담당자 인터뷰	• 참여관찰–매 회기 • 인터뷰–종료 후

□ 지혜로운 지피지기(知彼知己)

○ 성과목표는 앞서 설명한 바대로 사업명, 사업내용, 성과지표 등과 모두 연결되어 있기 때문에 성과목표의 정확성을 검토할 때 반드시 관련 내용들을 찾아보게 됩니다. 이때 성과목표로 제시된 내용이 이후 평가방법에서 설정한 성과지표로 평가하기 어렵다면 감점될 수밖에 없습니다.

○ 아울러 산출목표를 성과목표로 제시하여 산출목표와 성과목표에 대한 기본적인 이해를 결여하고 있는 것은 아닌지 의심을 들게 하는 경우, 제시한 성과목표를 달성하는 데 적절한 사업내용인지에 대해 의문이 제기되는 경우 등은 아무래도 관련 내용이 분명한 배분신청기관보다 낮은 평가를 받을 수밖에 없습니다.

○ 평가방법은 기관실무자들이 어려워하는 부분이면서 또 실제 심사해보면 가장 오류가 많은 부분이기도 합니다. 산출목표를 성과목표로 적는 경우 목표를 추상적으로 적어서 목표로서 가치가 없는 경우, 성과목표와 핵심 참여자 등 목표와 관련 정보 간의 관계에 일관성이 없는 경우가 많습니다.

– 그러므로 설정한 성과목표가 과연 이 사업을 통해서 종국적으로 변화를 지향하는 지점이 맞는지, 주변 정보와 잘 조응하는지를 최종적으로 배분신청서의 앞뒤를 오가며 검토하는 것이 필요합니다.

○ (성과확산형 사업) 과정평가는 3년 동안 최종적인 성과목표 달성을 위해 노력하는 과정에 대한 평가입니다. 사업은 아무런 수정 없이 계획대로 집행되는 것은 거의 불가능합니다. 오히려 상황에 맞게 사업진행 과정에서 생기는 여러 가지 변수를 고려하여 수정될 필요가 있습니다. 하지만 이러한 수정 외에도 예상하지 못한 위험요인(risk factors)을 만나 수정이 불가피해지기도 하고, 당초 사업계획 수립 시에 예측하지 못했던 요인 때문에 변경되기도 합니다. 여기서 우리가 주목해야 할 것은 이러한 변화과정에서 어떤 교훈을 얻을 수 있고, 이 사업을 해 보겠다고 하는 타 기관 실무자에게 어떤 조언을 줄 수 있을지에 대한 내용을 잘 담아내야 하는데 어떻게 이를 담아낼 것인지에 대해 자세하게 기술해 주시면 됩니다.

Ⅵ 사업 종료 후 지향점

□ 작성 가이드

1. 기대효과 및 사업 결과의 활용계획

○ 여기에서는 신청하신 사업이 선정되어 지원금을 받은 후 신청사업을 성공적으로 수행한다면 기대되는 효과는 무엇인지 작성하시면 됩니다. 기대효과는 '사업의 목적'과 연계된다고 이해하시면 됩니다.

○ 또한 사업 수행을 통해 얻게 되는 지식과 지혜, 경험을 토대로 무엇을 앞으로 계획하고 있는지, 수행한 사업결과를 어떻게 활용할 것인지에 대한 내용을 적어주시기 바랍니다. 사업결과 활용계획은 종국적으로 이 사업이 지향하는 방향 및 가치와 연결되어 있습니다.

2. 사업 지속 유지 전략

○ 사업 지속 유지 전략은 성과확산형 사업의 경우에만 해당하는 항목으로, 신청 사업에 대한 지원이 종료된 이후에 재정적인 부분을 포함하여 계속 사업을 수행할 수 있는 능력을 어떻게 갖출 것인지에 대한 전략을 말합니다.

○ 재정 확보를 위한 전략은 내부 전략과 외부 전략이 있습니다.

- 내부적인 전략은 사업수행기관이 운영주체(법인, 단체, 조합 등)로부터 안정적인 예산을 지원받거나 수익사업을 통해 안정적인 수입원을 확보하는 것입니다.
- 외부 전략은 크게 세 가지로 나누어집니다. ① 국가 또는 지방자치단체 사업으로 설정되고 정부보조금을 받는 경우, ② 사업 지속추진의 필요성 및 우수성을 인정받아 다른 민간재단으로부터 지원을 받아 사업을 계속 수행하는 경우, ③ 불특정 다수로부터 후원을 받아 사업 소요재원을 확보하는 경우 등이 있습니다.

○ 여러 방법 중에 사업신청기관이 가장 적합하다고 생각하는 전략을 정하고 이에 대한 추진방법을 적어주시기 바랍니다.

- 사업 지속 유지 전략은 기재 의무사항은 아닙니다. 또한 사업을 지속해야 할 필요가 있는 사업임에도 지속 유지 전략을 수립하고 실현시키기 어려운 경우도 있습니다. 다만, 동일한 규모로 유지할 수 없더라도 지속 유지하기 위한 기관의 노력은 긍정적인 평가로 이어질 수 있습니다.
- 지속 유지 전략 마련이 어려운 경우에는 왜 어려운지 또는 적용되기 어려운 경우에는 왜 그러한지를 적어주시기 바랍니다.
  - 예를 들어, 3개년에 걸쳐 지표를 개발하는 사업의 경우 굳이 지속 유지 전략이 필요한 것은 아닐 수 있습니다.

☐ 지혜로운 지피지기(知彼知己)

1. 기대효과 및 사업 결과의 활용계획

○ 사업 결과 활용계획을 통해 알아보고자 하는 것은 신청기관이 사업내용을 시계열적으로 어떻게 확대·확산시켜 나갈 것인지에 대한 전망을 알고 싶어서입니다. 또한 사업내용과 사업종료 후 지향점은 한 맥락 속에 위치한다고 볼 수 있으며 이들 간의 연결도 중요한 관전 포인트가 될 것입니다.

○ 어떤 사업이든지 그 자체로서 최종적인 종착지점이라고 하기에는 아쉬운 점이 많습니다. 예산상의 제약, 수행인력의 제약 등으로 인해 어떤 부분에 집중해서 사업을 수행하게 됩니다. 하지만 삶이라는 것은 동시다발적인 여러 사회관계망 속에서 이루어집니다. 그렇기 때문에 이번 사업에서 어떤 부분에 특정하여 사업을 수행했지만 당사자의 실질적인 변화를 위해 다른 각도에서 보다 더 넓은 관계자를 포함시켜서 사업을 수행해야 할 필요가 있게 됩니다.

○ 뿐만 아니라 수행사업을 통해 얻어진 다양한 결과물을 기반으로 전혀 다른 사업에 활용할 계획을 가질 수도 있습니다. 예를 들어, 아동에 대한 학대예방 프로그램을 실시했다면, 이를 기반으로 장애아동에 대한 학대예방사업에 기초로서 활용될 수도 있습니다.

○ 이러한 활용계획은 신청기관이 이 사업을 왜 구상했고, 또 이를 어떤 관점에서 바라보고 있으며, 전체 사업조감도에서 어느 지점에 두고 이해하고 있는지를 보여주게 되며, 심사자는 신청사업이 신청기관의 전체 사업수행에 어떤 의미를 가지는지를 보게 됩니다. 이러한 이해는 이 사업의 필요성에 대해 공감하는 데 도움이 될 것입니다.

○ (성과확산형 사업) 성과확산형 사업은 더 나아가 사업 종료 후 우리 사회의 변화방향에 초점을 두게 됩니다. 사업내용을 구성하고 연차별로 사업추진을 가속화하면 어떤 변화가 나타나며 그러한 변화들을 모아서 만들어 가고자 하는 우리 사회의 모습이 무엇인지를 전망하게 함으로

써 작성자가 구성한 3년간의 사업을 다시 돌아보게 하는 역할도 하게 됩니다.

2. 사업 지속 유지 전략

○ 심사자는 제시되어 있는 전략을 목표설정의 적절성, 구현방법의 타당성 등을 세부적으로 살펴보게 됩니다.

- 목표치도 중요하지만 실제 그러한 목표치를 달성하기 위해서 적어도 2년차부터는 어떤 노력을 할 것인지 그 로드맵이 구체적으로 제시되어야 합니다.
- 전략 수립이 어려운 경우에도 어려운 사유가 타당한지를 살펴보게 됩니다.

[부록 2] 사회복지 프로그램 사례

사회복지 프로그램 사례 1

치어리딩을 통한 장애청소년의 자신감 향상과 성장발달 프로그램[1)]

Ⅰ. 프로그램 개요

1. 요약

• 담양 지역에 있는 고등학교 특수 학급 장애청소년을 대상으로 "치어리딩"(건강스트레칭, 체조)+자신감(구호)+즐거운(댄스)이라는 매개체를 통해 신체운동학적 기능(유연성, 평형성, 협응력 등)과 단체 활동을 통한 정서적 안정, 대인관계, 협동심 향상 독립심과 자신감을 높일 수 있는 프로그램이다.

2. 필요성

• 본 사업은 주대상자인 담양지역에 있는 중 · 고등학교 특수학급 장애청소년을 대상으로 비장애 청소년에 비해 신체적 활동량이 적어 운동부족 및 영양 과잉 등으로 비만 현상이 많이 나타나고 있으며 자기조절능력이 떨어지는 특성이 있다. 또한 농촌지역인 담양에 있는 장애 청소년들은 신체적인 여가 활동은 대부분 교내에만 이루어 지고 그 외 별도로 즐길 수 있는 활동의 공간이 부족하다. 이에 본 사업 치어리딩이라는 생활체육을 접할 기회를 통해 다양한 감정표출의 통로를 제공하고 스트레스 해소와 공연 참여를 통한 사회적 인식을 개선하고 나아가 대상자의 신체활동증진, 독립심과 자신감 배양이 필요하다.

3. 목적 및 목표

목 적	산출목표	성과목표
치어리딩 프로그램을 통해 협동심과 자신감을 배양한다.	담양 관내 장애청소년(특수학급) 중 · 고등학교 10명 치어리딩 지도 실시	장애청소년의 치어리딩 기술 습득
	매주 1회 2시간(목) 강습	
	치어리딩 율동 습득 및 공연 가능연출 2작품 이상 완성	신체활동을 통한 기초체력 증진
치어리딩 과정을 통해 신체적 · 정신적인 성장발달을 도모한다.	경기(야구,배구)관람을 통한 전문공연단 관람	치어리딩 공연을 통해 수혜자에서 공연을 주도하는 시혜자로서의 자존감 향상
	연 3 회 이상 공연 시행 (담양관내 학교 체육대회 응원 공연 및 경기장 관계자 협의를 통해 무대 공연/ 부모님 초청공연 실시)	

4. 대상

대상구분	서비스대상자 산출근거	단위수(명)
① 일반대상	담양지역 전체 인구 수	48,191
② 위기대상	담양지역 15세~19세 청소년	2,459
③ 표적대상	담양지역에 중 · 고등학교 11개 중 특수학급 장애청소년	55
④ 클라이언트 수	담양지역 중 · 고등학교 특수학급 장애 청소년 중 프로그램 참여 욕구가 있으며 보호자동의를 구한 장애청소년	10

1) 이 프로그램 사례는 2015 사회복지공동모금회 배분사례집에서 발췌한 것임

II 프로그램 수행현황

1. 프로그램 수행기간

2015. 1 ~ 12 (12 개월)

2. 프로그램 수행내용

성과목표	프로그램명	활동 (수행방법)	사업실적 (인원/횟수)	시행시기	투입인력
장애청소년의 치어리딩 기술 습득 신체활동을 통한 기초체력 증진	치어리딩 교육	• 대상자들의 능력에 맞는 기초연습 외부 강사 연계 이론, 실기교육 • 매주 목요일 2시 30~4시30까지 강습 (강당 및 프로그램 실시) • 기본자세 및 스트레칭, 기본 스텝 지도 • 첸트(구호),모션,폼(수술)을 이용한 댄스 치어리딩 배우기 • 공연 관련 음악레퍼토리의 동작 연출 완성에 대한 지도 • 프로그램 사전, 사후 기초체력 향상 정도	48회기 실인원 10명 연인원 457명	4~12월	복지사 2명 전문강사 1명 자원봉사 2명
치어리딩 공연을 통해 수혜자에서 공연을 주도하는 시혜자로서의 자존감 향상	경기관람	• 연 4회 경기 공연 관람 (야구, 치어리딩 대회 관람)	4회기 실인원 10명 연인원 39명	5,6,8,10월	복지사 2명 자원봉사 3명
	공연 활동	• 연 3회 이상 공연 시행 (담양관내 학교 체육대회 응원 공연 및 경기장 관계자 협의를 통해 무대공연/부모님 초청공연 실시)	5회기 실인원 10명 연인원 50명	11월~12월	복지사 2명 전문강사 1명 자원봉사 2명

Ⅲ. 프로그램 성과 및 향후 과제

1. 프로그램 성과

1) 프로그램 전체 평가

성과목표	성과지표	평가결과
신체활동을 통한 기초 체력 증진	프로그램 사전, 사후 기초체력 향상 정도 (사전사후, 기초체력 측정)	• 5월 · 12월 (연 2회) 기초체력검사 측정 실시(참여대상자 10명) 순발력, 민첩성, 근지구력, 평형성 심폐지구력, 협응력을 사전, 사후 검사진행함. 근지구력에서는 참여대상자별로 모두 사전검사보다 3~4점 정도가 상승. • 기초체력검사 전 인바디를 보건소에서 각 대상자 별로 진행하였으며,(영양, 체중, 비만, 신체균형, 신체강도) 개별 검사에서 골격근량, 신체적균형, 신체적 발달 부분에서 표준 0.23정도~1정도의 증가
장애청소년의 치어리딩 기술습득	참여율 80% 이상 유지하고 프로그램 활동 (프로그램 종료 후 참여률, 기술습득정도 자체조사)	• 프로그램 48회기 진행 –실제 참여 연인원457명/ 실인원 10명으로 평균 9.5명으로 참여율이 높게 유지하였음. –자체 만족도 조사에서 프로그램 100점 기준 86점(만족, 매우만족)으로 나타남

성과목표	성과지표	평가결과
치어리딩 공연을 통해 기관의 수혜자에서 공연을 통한 사회의 시혜자로 인식개선 및 자존감향상	자아존중감 척도 (사전 · 후 자존중감척도 검사지)	• 자아존중감 검사(자존감테스트) 사전 · 후 검사 실시 -20문항 실시 -70점 이상 : A타입(자존감이 높은 사람4) -50~69점 : B타입(자존감지수3) -30~49점 : C타입(자존감지수2) -30점 미만 : D타입(자존감지수1) • 사전 검사 : C타입 7명 B타입 3명 • 사후 검사 : B타입 5명 C타입 5명 향상됨.

2) 대상자에게 미친 영향 또는 변화

안ㅇㅇ 청각장애 3급, 정ㅇㅇ 청각장애 1급으로 다른 또래 보다 1~2년 정도 나이가 많은 상태에서 같은 학년 친구들과는 어울리지도, 함께하는 모습이 부족했던 친구들이었다.

학교 담당 교사와 부모님의 추천으로 치어리딩 수업을 함께 하면서 처음에는 반항과 도망다닌 행동이 있어 융합되지 못했지만 본격적으로 수업이 진행되면서 한 번, 두 번 함께 동작을 맞추며, 본인들이 흥미를 느끼고 즐거움을 그 안에서 스스로 찾아 내면서 기대이상의 동작과 자신감, 동료 친구들과 단합하는 행동이 보이며, 현재는 고난이도의 스턴트 치어리딩의 동작을 나타낼 수 있도록 발전하였다.

이러한 변화되는 모습을 지켜보던 담당특수학급 선생님과 부모님께서는 감사의 맘을 전하셨으며, 지속적으로 프로그램이 유지되었으면 하는 마음을 바라셨다.

3) 대상자 만족도 수준

사업 참여 평균 9.5명으로 참여율이 높게 유지되었으며, 자체 만족도 조사에서 프로그램 100점 기준 86점(만족, 매우만족)으로 높은 편으로 나타났다.

2. 프로그램 제한점(목표달성 저해요인 및 개선방안)

사업 진행 관련하여 대상자 선정을 학교와 연계하여 2~3월에 진행 계획이었으나, 학사 일정과 조율하는 과정 속에서 초기 계획에 비해 진행 일정이 늦어져 계획대비 사업진행이 늦어졌다. 또한 그해 메르스라는 중동호흡증후군 유행여파로 5월 이후 단체 활동 자체가 되면서 경기관람 등에 어려운 점이 발생함에 따라 진행에 대해 여러 방안이 필요하다.

3. 프로그램 향후 전망 및 제언

1년 동안 지원을 받아 시행 결과, 진행과정에서 장애청소년의 프로그램 만족도 및 출석률이 90%로 높은 흥미를 갖고 있으며 신체적 활동기능의 향상과 자기표현력 및 사회성 등의 향상 정도가 관찰되고 있는 등 프로그램의 효과성이 기대되어 종료 이후에도 2016년도 자체예산을 편성하여 프로그램을 지속할 계획이다.

사회복지 프로그램 사례 2

청소년기 가정위탁아동의 자립역량강화를 위한 자립지원 프로그램[2)]

[I. 프로그램 개요]

1. 요약

친부모의 사정(학대, 질병 등 기타사정)으로 인해 친가정에서 양육 받지 못하고 위탁가정에서 양육되는 가정위탁보호아동 중 자립연령대 위탁아동들이 2016년 한 해 동안 자신의 내적 역량을 강화하는 자립지원프로그램에 참여하여 대상 아동이 자존감과 자기효능감을 지닌 존재로 성장하고 건강한 사회구성원으로 거듭날 수 있도록 기획한 프로그램이다.

2. 필요성
(문제 및 원인 포함)

가. 청소년기 위탁아동의 문제점

친가정 분리를 경험한 위탁아동은 일반가정의 아동에 비해 친부모와의 분리 경험 및 양육부재로 인해 성장하면서 불안증세, 낮은 자존감, 사회적 관계의 어려움, 대인관계 및 일상생활에서의 자율성과 통제감의 급격한 저하 등의 심리사회적 문제에 직면하게 된다. 이러한 문제들은 학업부진, 공격성, 도벽, 사회적 위축등과 같은 여러 가지 부적절한 행동문제로 표출되고 추후 어른이 되어서까지 사회에 적응하고 자립하는 것의 어려움으로 진전될 수 있다.

나. 대리위탁가정(조손가정)의 특성과 문제점

2016년 1월 기준 울산가정위탁지원센터의 가정위탁아동은 226세대 299명이며 이 중 대리위탁가정(조손가정)은 137세대 182명으로서 전체 위탁아동 대비 60%에 달하는 비율로 위탁가정 구성의 대다수를 차지하고 있다. 이들 위탁부모(조부모)는 노년기에 겪을 수 있는 외로움, 소외감, 경제적 어려움뿐만이 아니라 손자녀를 돌봐야하는 부담감과 갈등, 신체적인 한계 등의 어려움을 겪게 되어 신체적, 정신적 스트레스를 호소하게 되고 이는 양육 및 훈육행동의 질을 저하하는 결과를 초래하게 된다. 결론적으로 손자녀(위탁아동)들에게 심리, 정서적으로 부정적인 영향을 주어 위탁아동의 성격적, 정서적 결함이나 사회부적응과 같은 문제를 야기할 수 있다.

다. 본 사업과 관련된 지역 복지자원 현황

현재 울산광역시 내에는 아동의 자립을 지원하기 위해 청소년 문화의집 4개소, 청소년상담복지센터 4개소가 운영 중에 있다. 본 센터에서도 아동의 심리정서 안정을 위한 상담 및 진로지원을 위한 직업체험활동을 연계하고 있다. 하지만 서비스 필요 아동 수에 비해 센터 수가 부족하여 1회성 직업체험 프로그램으로 실시되고 있는 실정이다. 그러나 이러한 일회성 체험프로그램으로 아동의 심리정서안정 및 자립역량을 강화할 수 있는 성과를 내기에는 한계가 있다. 이에 아동 자립 8대 영역을 중심으로 실질적인 자립역량을 강화할 수 있도록 전문적인 상담과 서비스 제공이 무엇보다 필요하다고 할 수 있다.

2) 이 프로그램 사례는 2016 사회복지공동모금회 배분사례집에서 발췌한 것임

3. 목적 및 목표

목 적	산출목표	성과목표
1. 위탁아동의 자립의지 형성	1-1. 프로그램 대상 위탁아동 30명의 학습 · 진로 및 적성에 대한 인지를 돕기 위한 U&I 진로학습탐색검사실시 / 집단 활동 1회 진행 1-2. 프로그램 대상 위탁아동 30명에게 자립 8대 영역을 기반으로 한 자립준비학교 집단프로그램 8회기 진행 1-3. 아동 심화자립역량강화서비스에 참여하기 희망하는 위탁아동 10명에게 심리 정서적 지지를 제공하기 위한 멘토링 활동 14회기 진행	자기효능감 및 자기이해도 증진
2. 위탁아동의 자립역량강화	2-1. 진로관련 전문가의 자립 동기부여 토크콘서트 및 전문가 진로 멘토와의 상담 각 1회기 진행 2-2. 프로그램 대상 위탁아동 10명과 멘토 10명이 스스로 계획하고 활동하는 자립여행 1회 진행 2-3. 프로그램 대상 위탁아동 10명이 스스로 제작한 물품들을 지역사회에 직접 판매하고 수익금을 기부하는 프리마켓 1회 진행	성공경험획득을 통한 자립심 향상
3. 참여 세대의 가족역량강화	3-1. 프로그램 대상 위탁아동 위탁부모 10명 대상으로 위탁부모 양육스트레스 완화 및 가족 이해도 증진을 위한 찾아가는 가족상담 4회 진행 3-2. 프로그램 대상 위탁아동 및 위탁부모, 위탁가정의 성과공유 및 성공경험 지지를 위한 "You're V.I.P 페스티벌" 1회 진행	위탁부모의 양육스트레스 완화 및 가족 이해도 증진

4. 대상

대상구분	서비스대상자산출근거	단위수(명)
① 일반대상	울산광역시 내 가정위탁 사례관리가정	275명
② 위기대상	울산광역시 내 가정위탁 사례관리가정 중 만 15세~18세 아동을 양육하는 가정	127명
③ 표적대상	본 센터 내 자립프로그램 연령기준에 적합한 위탁아동 및 위탁부모 수	100명
④ 클라이언트수	표적대상 중 자립프로그램에 참여하기 원하는 위탁아동 및 위탁부모 수	50명

[III. 프로그램 성과 및 향후 과제]

1. 프로그램 성과

1) 프로그램 전체 평가

성과목표	성과지표	평가결과
자아효능감 및 자기이해도 증진	자기효능감 척도점수 향상	●프로그램 사전사후검사결과를 분석한 결과 사전대비 사후 내적역량(자아효능감,자기이해도) 강화 2.69점, 외적역량(진로,재정,신체관리) 강화 5.0점, 품행의 변화 6.45점이 향상되어 유의미한 성과가 검증됨.
	자기이해도 척도점수 향상	
성공경험 획득을 통한 자립심 향상	아동의 성공경험 획득	●프로그램 종료 후 프로그램 자문을 담당한 교수진들과 아동의 변화에 대한 질적성과측정 면담을 진행한 결과 아동의 전반적인 프로그램 참여 경험이 큰 성공경험이 되어 자립심이 향상된 것을 확인할 수 있었음.
위탁부모의 양육 스트레스 완화 및 가족 이해도 증진	프로그램 성과에 대한 구술 평가	●프로그램 종료 후 프로그램 자문을 담당한 교수진 및 자원봉사자와 함께 프로그램 사업 평가회를 진행 ●평가회를 통해 찾아가는 전문가상담을 통해 위탁가정 가족들이 서로의 성향 파악. 특히 위탁부모가 위탁아동의 자립을 지원하는 지지자로서의 건강성을 가질 수 있었다는 평가도출

2) 대상자에게 미친 영향 또는 변화

가정위탁아동들은 그들이 의사와는 상관없이 친가정으로부터 분리되어 위탁가정에서 생활하고 있는 아동들로서 신청사업의 필요성 부분에서 언급하였던 낮은 자존감, 사회적 관계형성의 어려움, 대인관계 및 일상생활에서의 자율성과 통제감의 저하, 사회적 위축감을 공통적인 어려움으로 가지고 있음.
사업종료 후 대상아동의 기대변화를 활용하여 프로그램 성과측정을 위한 척도를 통한 프로그램 사전-사후의 변화를 확인하였음. 아동들이 프로그램에 참여하기 직전의 내/외적역량에 비해 프로그램에 참여한 후의 내/외적역량이 유의미한 수치로 증진되었음을 나타내는 것이며 아동이 건강한 사회구성원으로 거듭나기 위한 전반적인 역량이 강화되었음을 나타내는 것임. 가정위탁아동의 자립을 위한 내적역량강화 사업으로 대부분의 프로그램을 참여하는 아동이 직접 준비하고 실천하여 성과를 도출하는 방향으로 운영하였고 1년 간의 다양한 도전과 그에 대한 성공경험들을 얻게 되어 내적역량이 강화되었음. 프로그램 종료 후 부산 가톨릭대학교 및 창신대학교 사회복지학과 교수의 참여아동에 대한 사업질적평가면담를 통해 대상자의 만족도가 매우 높음을 확인할 수 있었음.

3) 대상자 만족도 수준

안녕하세요. 저는 이번 청소년자립프로그램에 참여한 김OO이라고 합니다. 제가 이 청소년 자립프로그램을 1월부터 시작해서 지금까지 해왔는데 벌써 마지막이라니 믿기지 않네요. 처음에 이 프로그램을 시작하기 전에는 '안하고 싶다'라고 생각했는데 지금은 내년에도 이 프로그램을 할 수 있다면 하고 싶어요. 청소년 자립프로그램을 하면서 처음 보는 몇몇 친구들과 언니 오빠들을 만나게 되고 저의 멘토 선생님을 만나게 되었습니다. 그리고 이 자립프로그램을 하면서 가장 인상이 깊었던 것은 8월에 2박3일로 간 제주도 여행과 매달 센터에 모여서 물품을 만들었던 것이 인상이 남습니다. 매달 모여 물품을 만들 때 가장 재미있었던 게 목공예 만들기와 에코백 만드는 게 가장 재미있었다고 생각합니다. 그래서 제 진로도 이쪽으로 생각하고 있습니다. 11월에 저희가 만든 물품으로 청소년바자회를 했는데 물건을 판 수익금으로 저희이름으로 기부가 된다하니 엄청 뿌듯했습니다. 도움을 받다가 다른 사람에게 도움을 준다는 게 엄청 뜻 깊은 일이라고 생각합니다. 마지막으로 청소년자립프로그램을 하면서 제 진로도 찾고 자신감도 키우고 배운 게 많은 프로그램이라고 생각합니다. (참여자 수기 中)

2. 프로그램 제한점
(목표달성 저해요인 및 개선방안)

가. 위탁아동 진로멘토상담 이후의 사후관리

위탁아동이 희망하는 진로와 관련된 직업인을 직접 만나 진로에 대한 코칭을 받는 프로그램이 비용 및 강사일정문제로 인해 단회기로 진행되었음. 진로지원에 대한 부분은 중장기적으로 코칭이 진행될 수 있도록 사업계획과 예산을 배정할 필요가 있음.

나. 대상아동 개별 자립목표 수립 및 평가필요

전체 프로그램의 성과측정 이외 개별 대상아동들의 프로그램 참여 사전대비 사후의 자립역량강화 여부를 따로 추가 측정하여 프로그램의 효과성을 더욱 구체적으로 검증할 필요가 있음.

3. 프로그램 향후전망 및 제언

본 사업은 사업대상인 자립연령대 가정위탁아동들의 자립욕구를 공신력 있는 외부전문가와 협력하여 정확하게 파악한 결과에 따라 대상자 욕구에 맞는 사업을 준비하여 시행하였고 사업종료 후 사전사후검사, 대상자 면담을 통한 질정평가로 사전/사후의 유의미한 성과를 도출하였음. 이는 명확한 대상자의 욕구파악, 욕구에 적합한 사업계획, 객관적인 성과측정이라는 세 가지 항목에서 우수한 것으로 사료됨. 또한 요보호아동이 자립역량을 갖춘 성인이자 건강한 사회구성원으로 거듭날 수 있도록 아동의 내적역량을 강화하는 것이 필요하다는 사실을 본 사업의 결과를 통해 확인할 수 있었음. 더 나아가 아동 내적역량강화를 위한 요보호아동 자립지원사업을 전국적으로 시행하여 더 많은 범위의 요보호아동들이 건강하게 성장할 수 있도록 지원할 것을 제안함.

사회복지 프로그램 사례 3

농촌 지역 학령기 자녀를 둔 다문화 가족을 대상으로 강점 인식과 멘토링 기법을 활용한 내적 역량 강화 및 사회적 관계망 확대를 통한 올바른 양 문화 정체성 확립 프로그램[3)]

"다(多) 문화 브릿지(bridge)"

I. 프로그램 실시 배경

다문화 가족 아동은 학교 생활에서 정체성 혼란, 낮은 학업 성취도, 집단 따돌림으로 문제를 겪는 경우가 많다(류윤석, 2010). 2009년 광주광역시 다문화 가족 실태 조사에서는 다문화가족 자녀들이 학교에서 겪는 어려움 중 학습 부진(41%), 친구 관계(22%)가 큰 비중을 차지했고, 이 중 차별 경험이 있는 아동(28%)은 가장 큰 차별 이유가 '엄마가 외국인이라서'(18%)라고 밝혔다. 국내 초등학교에 재학 중인 다문화 가족 아동을 대상으로 한 연구에서도 성별, 가족 형태, 다문화 적응, 친구 지지, 교사 지지 등이 학교 적응에 영향을 미치는 것으로 나타났다(박계란, 2011).

최근 시행 중인 다문화 가족 및 아동 지원 정책은 대부분 초기 입국자 위주여서, 정착한지 오래된 다문화 가족의 불만이 늘고 있다. 따라서 입국 시기별로 차등화된 문제 발견 및 지원 대책이 요구되며, 특히 복지 사각지대가 발생하기 쉬운 농촌 지역 다문화 가족 아동의 복지 서비스 지원이 필요하다. 그러나 지역 내 다문화 가족 지원 센터의 서비스 다양성 및 접근성에는 한계가 있기에 지역별 맞춤형 서비스 개발 및 제공, 접근성 향상 노력, 체계적인 방문 교육 서비스, 다양한 프로그램 개발이 시급하다.

이를 위해 본 복지관에서 2010년 달성군 내 다문화 가정 결혼 이주 여성 100명의 개별 면접 조사를 살펴본 결과, 필요 복지 서비스는 한국어 학습(52%), 자녀 학습 지도(20%), 문화 · 취미 활동(10%), 일자리 연계(10%), 개인 고민 상담(6%), 기타(2%) 순으로 나타났다. 이 같은 달성군 다문화 현황 및 복지 욕구를 고려했을 때, 언어 소통 및 가족 관계의 어려움을 해소하고 사회적 편견과 자녀 문제를 해결할 맞춤형 서비스가 필요함을 파악하였다.

3) 이 프로그램 사례는 삼성복지재단 2016 작은나눔큰사랑 우수사례집에서 발췌한 것임

Ⅱ. 프로그램 개요

1. 목적

농촌 지역 학령기 자녀를 둔 다문화 가족을 대상으로 강점 인식과 멘토링 기법을 활용한 내적 역량 강화를 도모한다. 또한 사회적 관계망을 확대하여 올바른 양(兩) 문화 정체성을 확립함으로써, 다문화 가족이 지역 사회 공동체의 한 구성원으로서 건강하게 살아가도록 지원하는 것을 목적으로 한다.

2. 목표

과정 목표		성과 목표
목표 1.	다문화 가족 멘토링의 이해를 돕고자 연 1회 가족 멘토링단 집합 교육을 실시한다.	농촌 지역 학령기 자녀를 둔 다문화 가족의 가족 멘토링단 결연을 통해 사회적 지지 체계 구축 및 관계망을 확대한다.
목표 2.	연 1회 다문화 가족 및 한국 가족(총 12가정)이 다문화 가족 멘토링 동기 강화를 위한 결연식 및 관계 맺기 프로그램을 실시한다.	
목표 3.	월 1회 다문화 가족 멘토링단의 테마별 집단 활동을 통해 공동 미션을 수행한다.	
목표 4.	월 1회 영역 확장 및 관계 강화를 위해 개별적 만남을 통한 가족 멘토링 활동을 실시한다.	
목표 5.	월 1회 나라별 놀이 및 요리 문화에 대한 다문화 가족 엄마의 직접 강의를 통해, 학령기 자녀들에게 모국 문화를 알린다.	농촌 지역 학령기 자녀를 둔 다문화 가족의 테마별 문화 이해 프로그램을 통해 양 문화 정체성을 형성한다.
목표 6.	연 1회 다문화 가족 엄마의 직접 강의 내용을 바탕으로 양 문화에 대한 학령기 자녀의 관점을 반영하여 직접 나라별 신문 형식의 피드백 결과물을 도출한다.	
목표 7.	연 4회 다문화 가족 나라별 구성을 통해 콘텐츠를 준비한다.	농촌 지역 학령기 자녀를 둔 다문화 가족의 임파워먼트적 접근의 다양한 콘텐츠를 활용한 나눔 활동을 통해 지역 사회에 기여한다.
목표 8.	연 4회 다문화 가족 나라별 준비된 콘텐츠를 통해 나눔 활동을 실시한다.	

3. 프로그램 대상

대상자 범위	개념적 범위	농촌 지역 학령기(초등학교1~3학년) 자녀를 둔 다문화 가족
대상자 구분	주된 참여자	농촌 지역 학령기(초등학교 1~3학년) 자녀를 둔 다문화 가족 6팀
	주변 참여자	다문화 가족 멘토링단으로 활동할 초등학교 자녀를 둔 한국 가족 6팀
대상자 선정 방법	홍보 전략	· 대구광역시달성교육지원청 협약을 통한 사업 홍보 및 참가자 모집 요청 · 달성군 관할 지역 내 초등학교(현풍, 논공, 북동초등학교 등) 직접 방문을 통한 사업 설명, 참가자 모집 요청 · 복지관에 등록된 기존 다문화 가정 중 자격 요건에 맞는 경우 참가 안내 · 다문화 가족 멘토링단으로 활동할 한국 가족 봉사단 모집을 위한 홍보 전단지 제작, 지역 내 배포를 통한 모집 홍보

대상자 선정 방법	접수 · 상담	· 사업 홍보를 통한 접수 상담 진행, 관심 대상 상담 후 접수 · 면접을 통해 참여 동기 및 의지 확인 후 결과 통보
	선정 기준	· 주된 참여자 – 농촌 지역 학령기(초등학교 1~3학년) 자녀를 둔 다문화 가족 6팀 · 주변 참여자 – 다문화 가족 멘토링단 6팀 – 주 1회 활동 및 1년간 장기 참여가 가능한 자 – 20~40대 가정 주부 중 희망자 – 초등학생 자녀가 있는 경우
	애로 시 대처 방안	· 네트워크 및 개별 다문화 가정 관계망 활용 · 참가자 모집 기한 연장

4. 논리 모델에 근거한 사업 분석

투입(Input)	활동(Activity)	산출 (Output)	성과(Outcome)
· 인력 – 대상자(멘티) : 학령기 자녀를 둔 다문화 가족 6세대 – 자원봉사자(멘토) : 학령기 자녀를 둔 한국 가족 6세대 – 담당 사회복지사 – 전문 상담사 – 힐링 퍼포먼스 강사 – 사회복지학과 교수 – 교육 복지사 – 핸드 페인팅 강사 – 생활 소품 공예 강사 – 복지관 관장, 부장 · 지역 사회 연계 기관 – 대구광역시달성교육지원청 – 달성군자원봉사센터 – 희망나눔지역아동센터 – 북동초등학교 – 화원초등학교 – 논공초등학교 – 논공성당 – 화원성당 – 성산성당 – 대곡성당 – 현풍성당	· 사업 홍보 – 대구광역시달성교육지원청 – 복지관 인근 지역 3개 초등학교 – 지역 언론사	12회	· 온라인 및 오프라인 홍보를 통한 대상자 모집 완료 – 멘토 · 멘티 총 12세대 선정
	· 다문화 가족 멘토링단 집합 교육 – 한국 가족 봉사단을 대상으로 한 기본 멘토링 교육 – 다문화 관련 이론 교육	2회	· 멘토링 봉사단 기본 소양 교육을 통해 봉사단으로서의 마음가짐과 사명감 고취 · 다문화 가족과의 원만한 관계 유지 · 독려를 위한 사전 교육
	· 다문화 가족 멘토링 결연식 및 관계 맺기 – 다문화 가족 및 한국 가족 총 12팀으로 구성 – 멘토링 결연식 및 관계 맺기를 위한 놀이 식으로 진행	1회	· 결연식 및 관계 맺기와 관련한 공식 활동을 통해 상호 책임감 부여 · 사업 시작과 더불어 참여자 · 봉사자 역할을 각자 정립하는 시간으로 적극 활용
	· 다문화 가족 멘토링 테마별 집단 활동 – 공동체성을 강조한 테마별 집단 활동으로 친밀감 강화 – 스토리 사진첩 제작	9회	· 다문화 가족 멘토링 집단 활동 중 팀끼리 상호 교류가 이뤄짐. · 담당 사회복지사는 팀별 모니터링 시간으로 적극 활용
	· 다문화 가족 멘토링 개별 활동 – 다문화 가족과 한국 가족 봉사단의 직접 만남을 통한 멘토링 개별 활동 실시 – 활동 사례집 발간	9회	· 팀별로 개별성 및 다양성을 존중하며, 공감대를 형성하는 과정 · 활동 일지를 기록하면서 서로 깊이 있게 관찰하여 의미 있는 상호 작용을 끌어냄.
	· 다문화 가족 엄마의 직접 강의를 통한 문화 알림 – 나라별 놀이 및 요리 문화에 대해 다문화 가정 엄마가 강의를 맡아, 학령기 자녀들에게 모국 문화 소개	4회	다문화 가족 엄마가 경험에서 우러난 모국 문화를 소개함으로써, 전문 강사의 강의보다 쉽고 친숙하게 나라별 문화를 이해하게 됨.

투입(Input)	활동(Activity)	산출 (Output)	성과(Outcome)
· 활동 공간 - 복지관 소강당 - 복지관 지하 식당 - 복지관 강당 - 기타 지역 사회	· 학령기 자녀가 직접 만드는 양 문화 신문 - 다문화 가족 엄마의 강의 내용을 바탕으로, 양 문화에 대한 학령기 자녀의 관점을 반영하여 직접 나라별 신문을 만들어 봄.	2회	· 강의를 보고 듣는 걸로 끝나는 수동적인 문화 이해 대신, 다문화 자녀 입장에서 엄마가 경험한 정보 공유 및 체험담을 신문으로 만듦. · 신문 형식을 빌려, 자녀가 느끼는 감정과 관점을 바탕으로 양 문화를 이해하는 긍정적 결과물을 도출함.
	· 다문화 가정 나라별 콘텐츠 구성 - 다문화 가족 나라별 구성을 통한 콘텐츠 준비	4회	다문화 가족이 강점을 지닌 영역을 자기 안에서 발견함으로써 자신감과 사회 적응력을 얻음.
	· 콘텐츠를 활용한 나눔 활동 - 다문화 가족 나라별로 준비한 콘텐츠로 나눔 활동 실시	4회	다문화 가족이 자긍심을 가지고 지역 사회의 유용한 인적 자원으로 기능하게 됨.

Ⅲ. 프로그램 진행 및 평가

1. 세부 프로그램 진행 내용

프로그램	일정	횟수	세부 내용	수행 방법
사업 홍보 및 대상자 모집	1~2월	6건	· 대상 - 주된 참여자 : 농촌 지역 학령기 자녀를 둔 다문화 가족 6팀 - 주변 참여자 : 다문화 가족 멘토링단으로 활동할 초등학생 자녀를 둔 한국 가족 6팀 (단, 1세대 중학교 자녀 포함) · 내용 - 주 1회 활동 및 1년 동안 장기적 참여가 가능한 자 - 초등학생 이상 자녀가 있는 가정 주부 중 희망자	· 홍보 - 지역 내 5개 초등학교에 공문 발송, 직접 방문, 홈페이지 게재 - 지역 내 8개 성당 가족 봉사단 협조 공문 발송, 사회복지위원장 중심 전화와 방문을 통한 홍보 - 달성군자원봉사센터 및 대구광역시 달성교육지원청 협조 공문 발송을 통한 멘토 · 멘티 추천, 사업 홍보 - 대구광역시달성교육지원청을 통해 지역 내 학교 학생들에게 가정 통신문 발송 시스템 마련 - 달성군종합사회복지관 소식지 및 홈페이지, 달성군청 소식지 3월호에 멘토 · 멘티 모집 홍보 - 지역 내 3곳에 현수막 게시 · 접수 및 상담 - 관심 대상 우선 면담 - 면담을 통해 참여 동기와 의지 확인 후 최종 결정

프로그램	일정	횟수	세부 내용	수행 방법
다문화 가족 멘토링단 집합 교육	3월	2건	· 대상 : 한국 가족 6세대(멘토) · 방법 : 1일 2회기 연속 수업 · 내용 – 1회기 : 멘토링의 이해, 다문화 가정에게 멘토란?, 협동화 그리기, 질의 응답 나누기 – 2회기 : 멘토링 단계(역할 모델, 동기 부여 등), 경청화 그리기, 프로그램 단계(신뢰 형성, 몰입하기, 이별 준비), 질의 응답 나누기 · 위촉장 수여	· 멘토링 집합 교육 – 봉사자의 마음가짐과 사명감 고취 · 협동화 및 경청화 – 멘토링 가족단별 가족 성향, 가족 구성원간의 역동 등을 자연스럽게 파악하고 스스로 돌아볼 계기 마련 · 위촉장 전달 – 봉사자로서의 책임감 및 동기 부여 계기 강화 · 사전 인터뷰 조사 – 프로그램 참가 동기, 참여 태도, 변화 기대 정도 등을 파악
다문화 가족 멘토링 결연식 및 관계 맺기	4월	1건	· 대상 : 다문화 가족 6세대(멘티) 및 한국 가족 6세대(멘토) · 내용 – 결연식 증서 제작 및 결연을 위한 팀별 '조명'과 참여 의지를 담은 조별 미션 제안 – 멘토 및 멘티 소개, 결연, 서약서 작성 – 아트 힐링 퍼포먼스 기법 활용 – 마음 열기, 친해지기, 하나 되기, 가족 되기, 결말 메시지(가족의 정의 부여, 동기 유발) 등의 단계를 거쳐 서로 이해하기	· 결연식 – 멘토 · 멘티가 참여에 대한 책임감을 느끼고 사업 참여 활성화 동참 · 아트 힐링 퍼포먼스 – 서로에 대해 이해하는 시간 마련 · 결연 증서 전달 – 결연 당사자가 책임감을 느끼고 참여 동기를 강화할 계기 마련
다문화 가족 멘토링 테마별 집단 활동	4~11월	9건	· 대상 : 다문화 가족 6세대(멘티) 및 한국 가족 6세대(멘토) · 내용 – 1회기 : 멘토별 사전 팀 티셔츠 문구 확인, 팀별 티셔츠 작업으로 협동력 증진 – 2회기 : '가정의 달' 맞이 어버이에게 전하는 손 편지를 작성해 텀블러 만들기 – 3회기 : 핸드 페인팅으로 친환경 가족 화분을 만들어 선인장 심기. '선인장'에 대한 의미 부여를 가족 화분과 연결하기 – 4회기 : 생명 사랑 환경 축제 "맹꽁이야 놀자"에 참가, 환경 보전 동참, 생명 사랑 키움. – 5회기 : '우리 가족 소통 꾸러미 만들기'를 통해 멘토링 프로그램 취지와 소통에 대한 의미 부여 – 6회기 : 추석맞이 송편 나누기 – 7회기 : 우리 가족만의 향기 가득한 석고 방향제 만들기 – 8회기 : 서로의 얼굴을 기억하며 '추억의 스토리 포토랙' 만들기 – 9회기 : '스토리 사진첩' 만들기	· 1회기 : 팀별 티셔츠를 만들어 팀 회합을 도모하고 협동력을 키움. – 팀 티셔츠에 어떤 글귀를 넣을지 의견을 모아 완성함. 글귀에는 멘토링 기간 동안 마음 깊이 새겨야 할 가치를 반영함. – 6개 결연팀 티셔츠 글귀 : 햇살 담은 우리, 처음과 같이 항상, 함께 걷는 길, 무지개 다리를 건너서, 희망찬 두 가족, 함께하면 행복 두 배 · 2회기 : 직접 쓴 손 편지를 텀블러에 넣어 부모님께 드리며 감사드림. – 멘토링 집단 활동을 통해 다른 팀과 상호 교류, 친밀감 강화 · 8회기 : 폴라로이드 카메라를 활용하여 즉석에서 생동감 있는 모습을 담아냄. · 9회기 : 1년간 멘토 · 멘티 간의 활동 사진을 중심으로 회기별 사진 선별, 사진에 대한 활동 소감 등으로 추억의 앨범을 직접 꾸미고 서로 교환 – 집단 활동을 바탕으로 관계 강화와 양 문화 정체성 확립을 위한 테마별 과업을 체계적으로 수행
다문화 가족 멘토링 개별 활동	4~11월	9건	· 대상 : 다문화 가족 6세대(멘티), 한국 가족 6세대(멘토) · 내용 – 결연식 및 관계 맺기 활동을 기점으로 매월 1회 이상 소통, 일지 기록, 활동비 지원	– 매월 주어진 테마에 의거, 개별 활동 진행 – 담당자는 매월 말일 활동 일지 확인 후 개별 슈퍼비전 제공 – 멘토 역량에 따라 '다름'을 인정하고 멘토 역량에 맞춰 표현하는 방법을 다양하게 함.

프로그램	일정	횟수	세부 내용	수행 방법
다문화 가족 엄마의 직접 강의를 통한 문화 알림	4~11월	4건	· 대상 : 다문화 가족 6세대(멘티), 한국 가족 6세대(멘토) · 내용 – 사전 논의를 거쳐 국적별 발표자 선정 및 자료 수합 – '가정의 달' 맞이 나라별 어버이날 나누기, 여름철 놀이 문화 나눔(중국), 베트남 노래(동요) 문화 나눔, 중국 노래(동요) 문화 나눔	· 한국 '가정의 달'을 맞이해 나라별 어버이날에 감사의 마음을 전하는 다양한 경험 공유 – 다문화 가족 엄마가 직접 발표한 후 피드백을 나누며 나라별 문화에 대한 이해도를 높임. – 다문화 가족 엄마의 직접 강의를 통한 테마별 모국 문화의 이해도를 높일 계기 마련
학령기 자녀가 직접 만드는 양 문화 신문	4~11월	2건	· 대상 : 다문화 가족 6세대(멘티) 및 한국 가족 6세대(멘토) · 내용 – 함께한 1년의 시간을 4면 신문에 가장 효과적으로 담기 위해 어떤 목차로 구성할지 논의함. – 자녀(초등학생 등)의 경우 말로 표현하는 데 한계가 있어, 그동안 프로그램에 참여하며 느꼈던 점을 그림으로 표현함.	· 총 2회기 동안 '다문화 브릿지 양 문화 신문 만들기' 내용 구상 – 신문 같은 모양으로 서식을 디자인하고, 원고 분량을 조정함. – 멘토 · 멘티의 경험담과 소감 중심으로 신문 내용을 구성하기로 함. – 담당자 원고와 이미지 수합 후, 전문 업체를 거쳐 최종본 완성
다문화 가정 나라별 콘텐츠 구성	4, 5, 9, 10월	4건	· 대상 : 다문화 가족 6세대(멘티) · 내용 – 나눔 활동을 위한 콘텐츠 결정 – 사전에 유선 상으로 의견을 나눈 내용을 적극 반영	· 다문화 가정 엄마가 자국 음식 문화 콘텐츠를 활용한 먹거리 나눔으로 멘티의 재능과 리더십을 발견, 강화하는 계기 마련 – 자국 음식 문화를 홍보하는 효과 – 지역 어르신에게 새로운 음식 문화 경험 기회 제공과 정서적 지지 효과
콘텐츠를 활용한 나눔 활동	5, 6, 10,11월	4건	· 대상 : 다문화 가족 6세대(멘티) 및 한국 가족 6세대(멘토) · 내용 – 다문화 가정별 국가 콘텐츠에 의거해 베트남 음식(월남쌈, 쌀국수) 및 중국 음식(만두, 잡채) 만들기 – 멘티 중 베트남 출신 엄마가 요리 방법 안내 – 지역 내 저소득 어르신에게 음식 전달 – 피드백 나누기	

2. 과정 평가

프로그램	수행 시기	목표량	실적	평가 결과
사업 홍보 및 대상자 모집	1~2월	12세대	12세대	· 대상자 선정 시 목표에 부합하는 참여자 모집 - 멘토 및 멘티단 교류와 상호 작용 향상을 위한 구체적 기준 마련(학령기 자녀를 둔 멘토 및 멘티 가족 봉사단, 비슷한 연령대 모집) - 구체적 기준에 부합하는 적격한 참여자 선발로 효과성 향상에 기여
다문화 가족 멘토링단 집합 교육	3월	2건/12세대	2건/12세대	· 계획 대비 순차적 진행으로 전체 맥락 속에서 효율적 접근 - 단계별 다문화 가족 멘토링단 집합 교육 실시 - 기본 소양 교육을 통해 멘토링 봉사단으로서의 마음가짐과 사명감을 고취시킴.
다문화 가족 멘토링 결연식 및 관계 맺기	4월	1건/12세대	1건/12세대	결연 및 관계 맺기와 관한 공식적 활동을 통해 서로 책임감을 부여하고, 멘티와 멘토 간의 역할에 대해 정립하는 시간으로 적극 활용함.
다문화 가족 멘토링 테마별 집단 활동	4~11월	9건/108세대	9건/103세대	멘토와 멘티단의 자발적 참여로 인한 높은 주체성 및 적극성 확인
다문화 가족 멘토링 개별 활동	4~11월	9건/108세대	9건/108세대	· 멘토 및 멘티단 상호 작용 속에서 서로에 대한 문화, 정서적 공감 등 이해도 향상 - 멘티가 멘토와 문화적 다양성에 대한 이해를 나누며 깊이 공감하는 과정에서 서로 성장함. · 멘토 가족 봉사단 개별 활동 일지 작성 - 총 6세대 가족 봉사단 중 일부는 활동 내용에 대한 정리 미흡 - 일부 멘토 가족 봉사단의 경우 제출 기한 연기 - 컴퓨터 사용이 어려워 직접 수기로 간략히 작성 제출한 경우 발생
다문화 가족 엄마의 직접 강의를 통한 문화 알림	4~11월	4건/48세대	4건/45세대	· 중국인, 베트남인 등 다문화 가족 엄마가 직접 나라별(모국) 문화에 대한 생생한 경험담을 들려줌. - 해당 국가에 대한 문화 이해도가 높아짐. - 적극적인 경청과 참여 이끌어냄.
학령기 자녀가 직접 만드는 양 문화 신문	4~11월	8건/96세대	2건/21세대	다문화 가족 엄마의 강의 내용을 바탕으로, 양 문화에 대한 학령기 자녀의 관점을 반영하여 나라별 신문 형식의 피드백 결과물을 자녀가 직접 만들어냄.
다문화 가정 나라별 콘텐츠 구성	4, 5, 9, 10월	4건/24세대	4건/12세대	· 멘티단의 강점 강화 및 자긍심 고취를 통한 공식 나눔 활동 - 다문화 가족이 스스로 강점을 찾아내면서 자신감을 얻고, 사회 내 적응력 향상에도 긍정적 기여를 함.
콘텐츠를 활용한 나눔 활동	5, 6, 10, 11월	4건/48세대	4건/46세대	

3. 효과 평가

성과 목표 1.	성과 지표	자료 수집 방법
농촌 지역 학령기 자녀를 둔 다문화 가족의 멘토링단 결연을 통해 사회적 지지 체계 구축 및 관계망을 확대한다.	사회적 지지 체계 및 관계망 확대 정도(20% 이상 향상)	사회적 지지 척도
평가 결과		

· 사회적 지지 척도 분석 결과 : 집단의 하위 영역별 사회적 지지 검사

- 박지원(1985)에서의 Cronbach's a값이 .9393임. 본 조사에서는 Cronbach's a값이 .9717로 나타남. 각 문항 내용들은 조사 대상자가 비공식적 지지 체계인 가족, 친척, 친구 및 이웃에게서 받는 사회적 지지의 여러 측면을 모두 포함한 것으로 평가됨.
- 다문화 브릿지 프로그램에 참여한 집단의 사회적 지지 정도가 어느 정도 향상되었는지 알아보기 위하여 사전·사후 검사 T-검정을 실시함. 하위 영역인 정서적 지지, 정보적 지지, 물질적 지지, 평가적 지지, 종합적인 사회적 지지 점수 결과의 평균과 표준 편차는 [표 1]에 제시함.

[표 1] 집단의 하위 영역별 사회적 지지 검사 평균과 표준 편차

구분		N	평균	표준 편차	평균의 표준 오차
정서적 지지	사전	6	17.3333	4.36654	1.78263
	사후	6	24.8333	5.30723	2.16667
정보적 지지	사전	6	15.5000	3.44964	1.40831
	사후	6	22.3333	2.80476	1.14504
물질적 지지	사전	6	14.1667	3.92003	1.60035
	사후	6	21.0000	5.01996	2.04939
평가적 지지	사전	6	15.3333	3.32666	1.35810
	사후	6	22.1667	2.78687	1.13774
사회적 지지 (합계)	사전	6	61.3333	12.86338	5.25145
	사후	6	90.3333	14.44530	5.87727

[그림1] 집단의 하위 영역별 사회적 지지 사전 · 사후 검사 점수의 평균

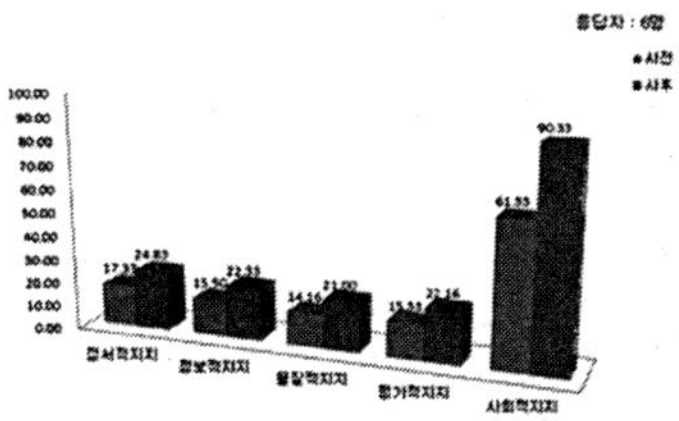

[표 2] 집단의 사회적 지지 검사 대응 표본 검정

		대응 차					T	자유도	P
		평균	표준 편차	평균의 표준 오차	차이의 95% 신뢰 구간				
					하한	상한			
정서적 지지	사전·사후	-7.50000	4.92950	2.01246	-12.67320	-2.32680	-3.727	5	.014
정보적 지지	사전·사후	-6.83333	3.60093	1.47007	-10.61227	-3.05439	-4.648	5	.006
물질적 지지	사전·사후	-6.83333	3.43026	1.40040	-10.43317	-3.23350	-4.880	5	.005
평가적 지지	사전·사후	-6.83333	5.26941	2.15123	-12.36324	-1.30343	-3.176	5	.025
사회적 지지 (합계)	사전·사후	-29.00000	13.60882	5.55578	-43.28158	-14.71842	-5.220	5	.003

평가 결과
· 집단의 사회적 지지 검사 대응 표본 검정(표2)에서 나타난 '집단의 사회적 지지 검사' 하위 영역별 사전 · 사후 비교 T값, 유의 확률을 통한 집단 프로그램의 유의미한 차이 – 사회적 지지도 중 첫 번째 하위 영역인 정서적 지지의 사전 · 사후 비교 결과는 T=−3.727로 나타남. P값이 0.014이므로 P)0.05 수준으로 평균의 차이가 발견됨. 즉 정서적 지지 정도를 보여주는 사랑, 이해, 격려, 신뢰, 관심 등의 역량이 프로그램을 통해 향상된 것으로 보임. – 두 번째 하위 영역인 정보적 지지의 사전 · 사후 비교 결과는 T=−4.648로 나타남. P값이 0.006이므로 P)0.05 수준으로 평균의 차이가 발견됨. 이는 문제 해결과 관련된 참여자들의 정보 제공 능력 등 정보적 지지 정도가 향상된 것으로 평가할 수 있음. – 세 번째 하위 영역인 물질적 지지의 사전 · 사후 비교 검사 결과는 T=−4.880으로 나타남. P값이 0.005이므로 P)0.05 수준으로 평균의 차이가 발견됨. 즉 프로그램을 통해 돈, 물건 등 물질적 지지 정도가 향상되었다고 볼 수 있음. – 네 번째 하위 영역인 평가적 지지의 사전 · 사후 비교 결과는 T=−3.176으로 나타남. P값이 0.025이므로 P)0.05 수준으로 평균의 차이가 발견됨. 평가적 지지 정도(칭찬, 인정 등) 부분에서 참여자들의 사회적 지지 정도가 향상되었다고 볼 수 있음. – 종합적으로 보면, 다문화 브릿지 집단 프로그램을 통한 사회적 지지 검사에서 사전 · 사후 비교 결과는 T=−5.220으로 나타남. P값이 0.003이므로 P)0.05 수준임. 결과적으로 프로그램을 통해 참여자들의 사회적 지지도가 향상되었음을 알 수 있음.

성과 목표 2.	성과 지표	자료 수집 방법
농촌 지역 학령기 자녀를 둔 다문화 가족의 테마별 문화 이해 프로그램을 통해 양 문화 정체성을 형성한다.	양 문화 정체성 형성 정도	자체 제작 설문 조사
평가 결과		
· 자체 제작 설문 조사에서 나타난 양 문화 정체성 형성 정도 – 프로그램 목표 달성 정도 "다문화 가족의 가족 멘토링단 결연을 통한 사회적 지지 체계 구축 및 관계망 확대 정도"를 묻는 질문에 응답자(멘티) 6명의 답변은 "매우 그렇다" 6명(100%)으로 긍정적 결과가 나타남. "테마별 문화 이해 프로그램을 통한 양 문화 정체성 형성 도움 정도"를 묻는 질문이나, "프로그램별 내용을 설명하는 용어들의 쉽고 분명한 정도"에 대해 묻는 질문에 대해서도 "매우 그렇다"는 긍정적 응답이 6명(100%)이었음. – 프로그램 내용 이해도 "프로그램별 진행 내용을 잘 이해한 정도"를 묻는 질문에 6명(100%)이 "매우 그렇다"고 응답함. – 프로그램 참가 후의 긍정적 변화 프로그램별 참가 후의 긍정적 변화에 대한 응답 비율은 "양 문화 정체성 확립"이 2명(33.2%)으로 가장 높았으며 "자녀와의 관계 강화" 1명(16.7%), "한국 생활에서의 자신감 향상" 1명(16.7%), "공동체 의식 향상" 1명(16.7%), "사회적 지지 체계 강화" 1명(16.7%) 순으로 같은 비율을 차지했음. · 우수 사례 발굴과 사전 · 사후 인터뷰 분석을 통한 다문화 브릿지 프로그램 참가자의 긍정적 변화 – 사전 조사에서는 참가자들이 전반적으로 한국 생활 적응의 어려움, 사회적 편견, 양 문화로 인한 정체성 혼란을 느끼고 있었음. 그러나 프로그램 종료 후 진행한 사후 조사에서는 스스로 소중한 존재이며 내적으로 충분히 경쟁력이 있음을 깨달음. 즉 본 프로그램은 멘티가 자신의 강점을 인식하고 내적 역량을 강화하는 계기로 작용함을 알 수 있음. – 멘토 역시 다문화 가정에 대한 편견을 벗고 이들을 있는 그대로 존중하는 마음을 가짐. 양 문화 정체성 확립을 위해 멘토링에서 가장 중요한 것은 라포 형성임을 알 수 있음. 멘토와 멘티는 서로의 문화에 대한 관심을 바탕으로 상호 수용, 상호 이해의 과정을 원활하게 수행함. · 다문화 브릿지 프로그램 체험 전의 멘토 · 멘티 인터뷰 요약(사전 조사) – 멘티 : 한국 생활에 보다 빨리 적응하려면 양 문화에 대한 이해와 습득의 시간이 필요하지만 평소에는 기회가 없고 자신도 없었음. – 멘토 : 다문화 가정에 대한 편견이 있었지만 스스로 변화가 필요하다고 생각하였으며, 제대로 된 자원봉사 활동을 경험하고 싶었음. · 다문화 브릿지 프로그램 체험 후의 멘토 · 멘티 인터뷰 요약(사후 조사) – 멘티 : 서로의 문화를 이해하고 공감하는 시간을 통해 친구가 될 수 있었고, 스스로 자신감이 생김. – 멘토 : 다문화 가정을 있는 그대로 수용하고 양 문화에 대해 한층 더 깊이 이해하고 체험하며 뿌듯함을 많이 느낌.		

평가 결과
· 멘토 사전·사후 조사 응답 사례 – 멘토 1 : 서로에 대한 정확한 이해와 수용의 시간 마련 "가족 봉사 활동을 찾던 중 신청했지만 문화적 차이를 잘 극복하고 제대로 된 나눔을 할 수 있을지 걱정입니다."(사전 인터뷰) "서먹함보다 서로를 챙겨주며 생각해주는 시간이 늘고 한층 더 성숙해진 아이들의 얼굴에서 환한 웃음이 흘러넘치는 것 같습니다. 힘든 한 해였지만 서로 부딪치면서 아이들이나 지나 책에서 배울 수 없는 멘티들의 따뜻한 마음을 배웠습니다." (사후 인터뷰) – 멘토 2 : 다문화 사회 및 다문화 가정에 대한 인식 재정립 "다문화 시대에 서로에 대해 이해를 할 수 있었고, 제대로 된 자원봉사가 가능할 것 같다고 생각해요."(사전 인터뷰) "이전 삶과 이후의 삶의 인식이 확 바뀌었습니다. 또 한 번 시간이 주어진다면 적극적인 자세와 주어진 목표를 확실히 설정해서 정말 잘 할 수 있을 것 같습니다. 조금은 낯설었지만 함께할 수 있다는 생각도 소중한 것 같습니다."(사후 인터뷰) – 멘토 3 : 어울림을 통한 공감대 형성, 편견 및 차별의 해소 "단순한 노력 봉사보다 소통할 수 있는 자원봉사 활동을 찾다가 주변 추천으로 다문화 브릿지를 만나게 되었는데, 좀 걱정도 되고 문화적 차이로 거부감이 들까 봐 걱정입니다."(사전 인터뷰) "가족들이 함께할 수 있는 봉사 활동을 생각하다 우연히 시작했지만 가족 모두 생각을 전환할 좋은 기회가 되었습니다. 멘토와 멘티 관계로 다문화 가족과 만났지만, 그냥 이웃 주민으로 생각하고 어울렸던 것 같습니다. 이런 다양한 프로그램들이 많아지면 조금이나마 편견과 차별이 줄어들 것이라고 생각합니다."(사후 인터뷰) · 멘티 사전·사후 조사 응답 사례 – 멘티1 : 서로에 대한 문화적 이해도 향상 "그냥 아이와 함께 재미있는 추억도 만들고 한국 친구도 많이 사귀어 일상에서 많은 도움을 받고 싶어요."(사전 인터뷰) "어색한 모습을 뒤로 한 채 같이 게임도 하며 우리는 하나가 되었습니다. 중국 문화, 베트남 문화에 대해 서로 알아가고 같이 게임도 하며 우리는 하나가 되었습니다."(사후 인터뷰) – 멘티 2 : 한국 생활 적응력 향상 및 삶의 활력소 획득 "불안감에서 벗어나고 싶었고, 한국 생활에 빨리 적응하기 위해 서로의 문화에 대해 이해하는 시간을 경험하고 싶었습니다."(사전 인터뷰) "참여하게 되어 기쁘고 재미있었습니다. 복지관에 와서 기쁘고 재미있었습니다. 오늘이 마지막 날이라 너무 섭섭합니다. 내년에도 프로그램에 꼭 참여하고 싶습니다. 복지관에 다니면서 많이 배웠습니다. 모두 정말 감사합니다."(사후 인터뷰) – 멘티 3 : 한국 친구 만들기와 자녀 양육 등 다양한 일상 정보 공유 "아이가 학교에 들어가면서 정보도 없고 문화적 차이로 걱정이 많이 돼서 신청을 하게 되었습니다." (사전 인터뷰) "한국 사람과 만나고 많은 대화를 할 수 있어 더 좋았습니다. 자녀 양육에 많은 정보를 받을 수 있어서 고맙습니다."(사후 인터뷰)

성과 목표 3.	성과 지표	자료 수집 방법
농촌 지역 학령기 자녀를 둔 다문화 가족에 임파워먼트적으로 접근, 다양한 콘텐츠를 활용한 나눔 활동으로 지역 사회에 기여한다.	· 임파워먼트적 접근의 나눔 활동 전개 정도 · 나눔 활동을 통한 지역 사회 기여 정도	자체 제작 설문 조사
평가 결과		
· 콘텐츠를 활용한 나눔 활동으로 지역 사회에 기여한 정도 및 만족도 설문 – "다문화 가족에 임파워먼트적으로 접근, 다양한 콘텐츠를 활용한 나눔 활동으로 지역 사회에 기여한 정도"를 묻는 질문에 대한 멘티 응답은 "매우 그렇다" 6명(100%)으로 긍정적 결과가 나타남. · 멘토 · 멘티의 사전 · 사후 인터뷰 사례에 드러난 긍정적 변화 및 프로그램 효과 파악 – "양 문화 정체성 확립 프로그램에 참여한 후 일어난 변화"에 대한 멘티 응답에서, 멘티는 자신에게서 긍정적 변화상을 발견하였고 멘토와 지역 주민에게는 긍정적 인식 변화를 유도하였음을 알 수 있었음. – 멘티 인터뷰 사례 : 자신감 향상 및 서로의 문화를 이해하는 계기 마련 "다문화 브릿지 가족들이 함께 우리 중국 만두를 만들 기회가 생겨 참 행복했어요. 직접 빚은 만두를 지역 내 어르신들에게 나누어 드리고 중국 음식을 소개할 수 있는 기회가 되어 가슴이 뿌듯했어요. 중국 사람이 만든 만두는 처음 먹어 본다며 매우 기뻐하는 어르신들을 보면서 입가에 미소가 번졌어요. 오늘 빚은 중국 만두가 세상에서 가장 맛있는 음식이었던 것 같아서 행복했어요."		

평가 결과

- 멘토 인터뷰 사례 : 서로의 문화에 대한 이해의 시간 마련
"서로의 팀명과 함께 커플 티셔츠를 만들면서 함께하는 소속감이 생겼고, 어려운 환경에서도 잘 자라는 선인장 화분을 만들면서 생명의 소중함을 느낄 수 있었습니다. 그 외에 코르크 보드에 행복이 묻어나는 가족의 이름들을 쓰고, 서로의 음식 문화를 나누면서 정도 함께 나누었습니다."
- 지역 주민 인터뷰 사례 : 다문화에 대한 편견 해소 및 새로운 인식 계기 마련
"직접 만든 중국 및 베트남 음식 문화를 맛보고 그들의 문화에 대해 체감하는 시간은 새로운 경험이었고, 그동안 내가 편견에 사로잡혀 있었구나 하는 생각을 많이 했어요. 적극적이고 양 문화를 사랑하며 실천하는 가족의 모습이 아름답다고까지 느꼈어요. 그 마음을 생각하며 나도 더 열심히 살아야겠고, 스스로 소중한 존재임을 인식하는 계기가 되었어요."

Ⅳ. 사업 성과

1. 학령기 자녀를 둔 농촌 지역 다문화 가족의 사회적 지지 체계 구축 및 관계망 확대

학령기 자녀를 둔 농촌 지역 다문화 가정의 주변 환경 여건을 충분히 고려해, 다양한 지지체로서의 역할 및 개별 욕구에 기반한 실질적이고 다각적인 지원을 하였다. 또한 나라별(중국, 베트남) 문화에 대해 실제 다문화 가정의 엄마가 모국에 대한 생생한 정보를 직접 들려주는 시간을 통해 양(兩) 문화 이해도를 높였으며 보다 적극적인 경청과 참여를 이끌어낼 수 있었다. 양 문화 정체성 확립을 위한 일련의 활동을 함께하면서 멘토와 멘티 사이에 강한 라포가 형성되었고, 이를 바탕으로 양국 가족이 서로에게 흠뻑 빠지는 시간을 가졌다. 멘티와 멘토는 결연식 등 공식적 활동을 함께하며 서로 책임감을 부여하고 상호 역할에 대해 정립하기도 하였다. 또한 과거 단순히 서비스 수혜자에 머물렀던 다문화 가정 가족이 '다문화 가족 멘토링단'을 통해 멘토인 한국 가족과 함께 짝을 이뤄 멘티로서 문화적 다양성에 대한 이해를 나누고 서로 공감하며 사회적 지지 체계를 획득할 수 있었다.

2. 인적 · 사회적 자원 발굴 및 다문화 가정에 대한 긍정적 인식 변화

양 문화 정체성 확립을 목표로 한 본 사업은 멘토링 도구로서의 관계 형성과 테마별 집단 활동 및 개별 활동에 초점을 뒀다. 이에 일련의 구조화된 과정들을 수행한 결과 참가자들의 적극적 참여를 이끌어 내고, 긍정적인 변화상을 파악할 수 있었다. 양 문화 정체성 확립을 위한 단계별 과업 수행으로 상반기에는 다문화 가족 멘토링단 집합 교육, 다문화 가족 멘토링 결연식 및 관계 맺기, 멘토링 테마별 집단 활동 및 개별 활동을 진행하였다. 하반기에는 다문화 가족 엄마가 직접 강의하는 모국 문화 알림, 학령기 자녀가 직접 참여한 양 문화 신문 만들기, 다문화 가정 나라별 콘텐츠 구성, 다문화 가정의 음식 문화 콘텐츠를 활용한 베트남 쌀국수와 중국 만두 나눔을 진행하였다. 본 프로젝트에서 지속적이고 다양한 경험을 갖춘 지역 사회 내 한국 가족 봉사단을 인적 자원화하는 것은 무엇보다 절실한 과제였다. 이에 적극적인 홍보와 자원 발굴 노력을 통해, 양 문화 정체성 확립의 가이드 역할을 도맡아줄 가족 봉사단을 지역 사회에서 찾아냈다. 이들의 참여가 있었기에 프로그램의 원활한 진행이 가능했으며, 지역 사회 내 유용한 인적 자원을 활용할 수 있었다.

V. 향후 계획

본 프로그램의 표적 대상은 달성군 지역 내 학령기 자녀를 둔 다문화 가정이다. 다문화 가정은 더 이상 우리에게 낯선 이웃이 아니며 농촌 지역에서 외국인 며느리를 보는 것은 이미 흔한 일이 되었다. 그러나 다문화 가정의 특수성으로 인해 2세들은 학습 부진 및 집단 따돌림 등으로 정서적 충격을 겪는 상황이다.

초등학교 과정에서 인성 교육을 통한 정체성이 확립되는 만큼 다문화 가정의 자녀도 소중한 우리 사회의 일원이며 스스로 충분히 경쟁력이 있는 학생임을 일깨워 주어야 한다. 때문에 학령기 자녀를 둔 다문화 가정의 양 문화 정체성 확립과 관련된 문제는 그 어떤 사회적 문제보다도 중요하면서도 복잡하다. 따라서 농촌 지역 학령기 자녀를 둔 다문화 가족을 대상으로 스스로의 강점을 인식케 하고, 멘토링 기법을 활용한 내적 역량을 강화하며, 사회적 관계망 확대로 올바른 양 문화 정체성을 확립하여 지역 사회 공동체의 한 구성원으로서 건강하게 살아가도록 돕고자 하였다.

이를 토대로 다문화 가족 양 문화 정체성 확립에 대한 초석을 다졌으나 멘토의 지속성, 전문성, 접근성 확보를 위해서는 지역 내 다양한 자원(기업의 인프라, 전문 지식과 경험 등)이 필요함을 다시금 확인하였다. 또한 양 문화 정체성 확립과 관련한 멘토링 사업 영역이 확대되어야 함을 확인하였다. 멘토의 역량과 에너지 투입 정도에 따라 멘티의 마인드 변화 정도에 차이가 나므로, 멘토에 대한 관심과 지속적 슈퍼비전 제공이 필요하다. 멘토 역시 멘티로 하여금 긍정 에너지만 받는 것이 아니라 부정적 피드백으로 인해 소진되는 경우가 일부 발생할 수 있으므로, 멘토에 대한 지속적 에너지 투입 역시 필요하다고 볼 수 있다. 따라서 인적 자원 양성 시스템 구축, 재능 기부형 진로 멘토 확보가 시급하다. 다문화 가족의 양 문화 정체성 확립을 위해서는 학령기 자녀를 둔 다문화 가족이 지역 공동체의 구성원으로서 건강하게 살 수 있도록 내실화가 절실하다.

이에 본 복지관에서는 다문화 가정의 양 문화 정체성 확립과 관련한 세부 프로그램 개발을 통해 멘토링의 구조화 및 전문화를 도모하고, 멘토링 활동의 효과성 증진에 기여할 것이다. 또한 멘토링 기법을 활용한 내적 역량 강화 및 사회적 관계망 확대는 양 문화 정체성 확립에 좋은 모델이 될 것으로 여겨진다.

본 프로그램은 1년간 총 10명의 클라이언트 집단을 구성하며, 1기(2016년) 다문화 가정의 양 문화 정체성 확립 사업 사례를 바탕으로 2017년 이후 모델링화할 예정이다. 앞으로도 양 문화 정체성 확립을 위한 통합적 개입 및 지원 사업으로서 본 사업의 확산을 추진하고, 표준화 사업의 질적 향상을 도모할 예정이다.

[부록 3] 사회복지지원재단 사이트 및 현황

- 사회복지공동모금회(www.chest.or.kr). 신청사업, 기획사업, 차량지원, 복권기금 지원, 긴급지원
- 삼성복지재단(welfare.samsungfoundation.org). 작은나눔큰사랑 프로그램 지원
- 아산복지재단(www.asnfoundation.or.kr). 재가장애인 직업재활 장비, 여성결혼이민자 취업교육, 다문화가정 가족캠프, 학교사회복지, 생활시설 주거환경 개선, 저소득 여성가장, 미혼모 · 폭력여성 등 자립지원, 노숙인, 쪽방거주자 등 자립지원, 독거노인 공동생활가정 개보수
- 아름다운재단(www.beautifulfund.org). 사회적 돌봄 '사회적 약자 지원, 꿈꾸는 다음세대' 아동 · 청소년을 지원
- 한국마사회(www.kra.co.kr). 일자리창출(청년, 발달장애인), 취약계층 복지증진
- KT&G복지재단(ktngwelfare.org). 행복 네트워크 운영사업, 사회복지지원사업, 차량지원사업
- SK복지재단(www.skhappiness.org). 사회적기업
- 태평양복지재단(awf.amorepacific.co.kr). 시설개선사업, 물품나눔
- 이랜드복지재단(www.elandwelfare.or.kr). 자립지원(위기가정 지원, 미자립시설 지원, 리프레시투어), 북한주민 지원
- LG공익재단(foundation.lg.or.kr). 어린이집건립 지원, 성장호르몬제 지원, 독거노인생활용품 지원, 주거개선사업, 시각장애인정보화사업 지원
- 서울시복지재단(www.welfare.seoul.kr). 나눔이웃, 위기긴급지원사업
- 바보의 나눔재단(www.babo.or.kr). 문화예술활동 지원사업, 심리정서/ 학습 지원사업, 진로탐색 지원사업

참·고·문·헌

1. 국내 문헌

감정기(2005). 지역사회복지론. 경기 : 나남.

경북사회복지공동모금회(2017). 2017 배분사업 수행안내 자료집.

김상아 · 김장권 · 이원지 · 정현태(2013). 사회복지 프로그램 개발과 평가. 경기 : 공동체.

김영숙 · 김욱 · 엄기욱 · 오만록 · 정태신(2003). 사회복지 프로그램 개발과 평가. 서울 : 교육과학사.

김영종(2008). 사회복지조사방법론. 서울 : 학지사.

______(2010). 사회복지행정. 서울 : 학지사.

김장권(2014). 사회복지조사론. 경기 : 공동체.

김진화 · 정지웅(2000). 사회교육 프로그램 개발의 이론과 실제. 서울 : 교육과학사.

김통원(2005). 사회복지 프로그램 개발과 평가. 서울 : 학지사.

______(2009). 사회복지 프로그램 기획과 평가. 서울 : 신정.

김학주(2008). 사회복지 프로그램 평가. 서울 : 청목출판사.

김형식(1999). 사회복지 프로그램 평가. 서울 : 아시아미디어리서치.

김희성(2009). 사회복지 프로포절 작성법. 경기 : 공동체.

박경일(1998). 청소년 자원봉사관리자를 위한 프로그램 개발. 울산광역시 청소년 자원봉사센터 강의자료.

박경일 외(2016). 사회복지 프로그램 개발과 평가. 경기 : 양성원.

보건복지부 사회복지시설정보시스템. http://www.w4c.go.kr

사회복지공동모금회(2017). 2016 사회복지공동모금회 배분사례집. 사회복지공동모금회.

서인해 · 공계순(2004). 욕구조사의 이론과 실제. 경기 : 나남출판.

서초구립반포종합사회복지관 · 서울대학교 실천사회복지연구회(2003). 사회복지척도집. 서울 : 나눔의집.

신원식 · 김민주(2008). 포로포절 작성의 실제. 경기 : 공동체.

원석조(2008). 사회문제론. 경기 : 양서원.

양정하 외(2011). 사회복지 프로그램 개발과 평가. 경기 : 정민사.

우수명(2004). TP사회복지 프로그램 개발과 평가. 서울 : 인간과복지.

______(2005). 사회복지 프로그램 개발과 평가. 서울 : 학지사.

______(2008). 사회복지평가론. 경기 : 학현사.

정무성(2008). 사회복지 프로그램 개발론. 경기 : 학현사.

정무성 역(1998). 사회복지 프로포절 작성법. Coley, M. Soraya, & Scheinberg, A. Cynthia 저, 서울 : 아시아미디어서치.

정무성 · 정진모(2001). 사회복지 프로그램 개발과 평가. 경기 : 양서원.

정민정 외(2008). 사회복지 프로그램 개발과 평가. 서울 : 창지사.

정진모(1998). 사회복지 프로그램 계획과 평가. 강원 : 원주시사회복지협의회.

최성철(2009). 사회복지조사방법론. 경기 : 공동체.

표갑수 외(2013). 사회복지 프로그램 개발과 평가. 경기 : 양서원

한국청소년개발원(2005). 청소년 프로그램 개발 및 평가론. 서울 : 교육과학사.

황성철(2005). 사회복지 프로그램 개발과 평가. 경기 : 공동체.

Martin and Ketter · 정무성 역(2002). 프로그램 성과평가. 서울 : 나눔의집.

NCS 사회복지 프로그램 운영 학습모듈.

2. 국외 문헌

American Evaluation Association(1995). Guiding Principles for Evaluators. *New Directions for Evaluation*, 66. San Francisco : Jossey-Bass.

Barker, R. L.(1995). *The social work dictionary(3rd ed.)*. Washington, DC : NASW Press.

Borugh, R. F.(1997). *Randomized experiments for planning and evaluation : A practical guide*. Thousand Oaks, CA : Sage.

Bradshaw, Jonathan(1972). The Concept of Social Needs. *New Society*, *19*(March), 640-643.

Chambers, D. E., Wedel, K., & Rodwell, M.(1992). *Evaluation Social Programs*. Boston : Allyn and Bacon.

Clark, A.(1999). *Evaluation Research*. London : Sage.

Davidson, E. J.(2005). *Evailation Methodology Basics*. Thousand Oaks : Sage.

Everitt, A.(1996). Developing Critical Evaluation. *Evaluation, 2*(2).

Fetterman, D. M.(2001). *Foundations of Empowerment Evaluation*. Thousand Oaks, CA : Sage.

Gaber, J.(2000). Meta-needs assessment. *Evaluation and Program Planning, 23*.

Hall, I., & Hall, D.(2004). *Evaluation and Social Research*. New York : Macmillan.

Kettner, P. M., Moroney R. M., & Martin, L.(1999). *Designing and Managing Programs : An Effectiveness-based Approach(2nd ed.)*. Thousand Oaks, Ca : Sage Publications Ltd.

Lipsey, M. W., & Cordray, D. S.(2000). Evaluation methods for social intervention. *Annual Review of Psychology, 51*.

Martin, L.(1993). Total Qauality Management in Human Service Organizations. Newbury Park, CA : Sage

Owen, J.(1999). *Program Evaluation*. London : Sage.

Posavac, E. J., & Carey, R. G.(2003). *Program Evaluation : Methods and Case Study*. Upper Saddle River, NJ : Prentice Hall.

Rapp, C., & Poertner, J.(1992). *Social Administration*. Needham Heights, MA : Allyn & Bacon.

Rebeca Yeo(2001). Chronic Poverty and Disability.

Rossi, P. H., Lipsey, M. W., & Freeman, H. E.(1999). *Evaluation : A Systematic Approach(6th ed.)*. Thousand Oaks : Sage.

Royce, D., & Thyer, B.(1996). *Program Evaluation : An Introduction.* Chicago : Nelson Hall.

Shaw, I.(1999). *Qualitative Evaluation*. Thousand Oaks, CA : Sage.

Skidmore, R.(1995). *Social Work Administration : Dynamic Management and Buman Relatioships*. Boston : Allyn & Bacon.

Stufflebeam, D. L.(2001). Evaluation models. *New Directions for Program Evaluation*, 89. San Francisco : Jessey-Bass.

Weiss, C. H.(1998). *Evaluation(2ne ed.)*. Upper Saddle River, NJ : Prentice Hall.

York, R. O.(1982). *Human Service Planning : Concepts, Tools, and Methods*. Chapel Hill : The University North Carolina Press.

저/자/약/력

■ 김장권

사회복지사 1급 국가고시 출제위원(4, 6회)
근로복지공단 직업재활자문위원 역임
사회복지 정치참여네트워크추진단 사회복지정책자문위원 역임
한국사회복지행정학회 이사 역임
경상북도사회복지공동모금회 배분분과실행위원 역임
대구가톨릭치매센터, 대구가톨릭대학교부속 안심종합사회복지관,
김천부곡사회복지관 등 근무
가톨릭상지대학교 산학협력처장, 산학협력단장, 기획실장,
대외협력실장, 국제교류원장 역임
현 가톨릭상지대학교 사회복지과 교수

NCS 기반 사회복지 프로그램 개발과 평가

|저자| 김장권

|1판 1쇄| 발행 2023년 10월 25일
|1판 2쇄| 발행 2025년 9월 5일

|발행인| 김동훈
|발행처| 공동체

|주소| 경기도 고양시 일산동구 호수로 358-39 동문타워 I 905호
|전화| 031) 814-3000(대표)
|팩스| 031) 814-3100
|홈페이지| http://www.compub.co.kr
|전자우편| compub@naver.com
|출판등록| 2005년 10월 6일
|등록번호| 제396-2005-36호

|ISBN| 979-11-6725-532-7
정가 18,000원